六盘水师范学院教材出版基金资助建设项目（项目编号：LPSSYjczz202409）
贵州省一流课程《旅游资源学》配套建设教学资源
六盘水师范学院旅游管理与服务教育一流专业配套建设教学资源

旅游资源学

朱士鹏　刘安乐◎主编

河海大学出版社
HOHAI UNIVERSITY PRESS
·南京·

图书在版编目(CIP)数据

旅游资源学 / 朱士鹏，刘安乐主编. -- 南京 ：河海大学出版社，2024. 11. -- ISBN 978-7-5630-9433-2

Ⅰ. F590

中国国家版本馆 CIP 数据核字第 2024JY4609 号

书　　名 旅游资源学
LÜYOU ZIYUAN XUE
书　　号 ISBN 978-7-5630-9433-2
责任编辑 杜文渊
文字编辑 薛　垚
特约校对 李　浪　杜彩平
装帧设计 徐娟娟
出版发行 河海大学出版社
地　　址 南京市西康路 1 号(邮编:210098)
网　　址 http://www.hhup.com
电　　话 (025)83737852(总编室)　(025)83787763(编辑室)
(025)83722833(营销部)
经　　销 江苏省新华发行集团有限公司
排　　版 南京布克文化发展有限公司
印　　刷 广东虎彩云印刷有限公司
开　　本 787 毫米×1092 毫米　1/16
印　　张 15
字　　数 269 千字
版　　次 2024 年 12 月第 1 版
印　　次 2024 年 12 月第 1 次印刷
定　　价 49.80 元

前言

随着收入的不断提高，闲暇时间的增多，人们对旅游的需求急剧增加，旅游已经由过去少数人的生活方式变成当前普遍的大众生活方式。受新冠疫情的影响，我国旅游业经历了3年的低迷期，2023年迎来了全面的复苏。据文旅部统计数据显示：2023年，国内出游人次48.91亿，同比增长93.3%；国内游客出游总花费4.91万亿元，同比增长140.3%；出入境旅游方面，据中国旅游研究院数据，2023年我国出入境旅游人数超过1.9亿人次，较2022年增长2.8倍以上。由此可见，我国旅游业发展潜力巨大，空间广阔。

旅游业的发展离不开旅游资源，因为旅游资源是旅游业发展的基础。然而，旅游资源中多数属于不可再生资源，即便是可再生资源，如果不合理利用，也会变成不可再生资源。此外，旅游资源类型繁多，形成机制多样，与所处的自然、社会环境密切相关，有着各自的发展与演化规律。再者，随着科技的发展和旅游市场需求的变化，旅游资源的范畴也在不断扩大，因此，旅游业要持续、健康发展，必须对旅游资源及其开发利用进行系统研究。我国学者对旅游资源及其开发利用的系统研究开始于20世纪90年代，到目前已经有20多年的历史，在此期间，取得了丰硕的成果。一些学者将与旅游资源相关的研究成果进行整理、汇编形成了《旅游资源学》教科书，如甘枝茂、苏文才、杨桂华、陈国生、肖星等。《旅游资源学》教科书对于引导旅游专业学生入门、树立专业思想、完善知识结构、拓宽专业视野、提升人文综合素养乃至培养爱国主义情操具有重要意义。随着我国高等教育对课程思政的重视，《旅游资源分类、调查与评价》(GB/T 18972—2017)新国标的使用，以及以学生为中心的教育理念的全面落实，一些《旅游资源学》教科书的部分内容和形式已经不适应新时代旅游专业人才培养的要求。在此背景下，六盘水师范学院经济管理学院朱士鹏教授及其编写团队与河海大学出版社共同策划、编写了本书。

与国内已有的《旅游资源学》教材相比，本教材有以下几个特点：

(1) 突出课程思政。在每一章的章节前列出了思政目标，并在思政目标中指出了思政元素的融入点，真正将思政教育与专业教育有机结合起来。

(2) 结构新颖，教学资源与案例丰富。为了适应当前旅游教育的新要求，在章节体例编排上，除了传统的"学习目标""教材正文""课后思考"外，增加了"思政目标""课题研讨""案例分析"，并在"教材正文"中增加了"补充阅读""知识链接"。

(3) 学习目标、思政目标表述更加具体。在学习目标、思政目标的表述上，使用了可观察、可操作、可检验的行为动词，如阐述、说出、说明、运用、认识、掌握、举例等。

(4) 强调理论联系实际。每一章节除了旅游资源的相关理论外，还列举了大量案例来支撑理论阐述，同时在章节末设置了与本章节内容关联度非常高的案例分析，便于学生运用所学知识分析解决问题，提高学生解决实际问题的能力。

(5) 注重内容更新。如在"旅游资源分类及成因"一章中，增加了新国标旅游资源分类方案《旅游资源分类、调查与评价》(GB/T 18972—2017)中存在的问题、几种新型的旅游资源分类方法等内容；在"自然旅游资源""人文旅游资源"章节中，根据新国标对旅游资源的主类、亚类、基本类型等相关内容进行了更新；在"旅游资源定量评价方法"章节中，增加了主成分分析法、模糊评价法的介绍等。

本书由朱士鹏教授和刘安乐副教授任主编。其中，朱士鹏负责确定框架和内容，并编写第一章、第六章、第七章；刘安乐负责统稿工作，并编写第二章、第五章；娄昭、宋建堂负责编写第九章；刘建军负责编写第三章；王强负责编写第四章；杨承玥负责编写第八章。

在本书编写过程中，参考引用了大量国内文献，如教材、期刊、研究报告、网络资料等，在此，向有关作者表示深深的感谢。

本书是《旅游资源学》贵州省级金课(线下一流课程)、贵州省高等学校课程内容与教学改革项目(2021279)、贵州省基础研究计划项目(黔科合基础-ZK[2023]一般 444)、校级旅游管理专业一流专业建设项目(LPSSYylzy2207)的主要阶段性研究成果。

受编者学术水平、编写时间等因素的影响，书中难免有错漏之处，恳请各位同仁及读者不吝赐教，以便再版时一并修改、完善。

朱士鹏

2024 年 4 月 22 日于六盘水

目录

第一章　绪论

学习目标：

1. 能够阐述旅游资源的概念和内涵，知道主流专家对旅游资源概念的界定。
2. 能够举例说明旅游资源的特点。
3. 能够说出旅游资源与旅游产品、旅游项目、景区、景点、旅游劳务（服务）的区别。
4. 熟知旅游资源的认知误区。
5. 掌握旅游资源学的研究对象、内容和方法。
6. 能够阐述旅游资源学与相关学科的关系。

思政目标：

通过认识旅游资源合理开发可永续利用、破坏后不能再生的特征以及纠正旅游资源的认知误区，树立正确的资源观。

第一节　旅游资源的概念、内涵、特点

一、旅游资源的概念

“旅游资源”是“旅游”与“资源”的合成词，既具有“资源”的共性特征，又具有鲜明的“旅游”个性。根据《辞海》定义，资源是指“资财的来源”。有用性和基础性是其最基本的属性。显然，旅游资源作为资源的一种，其定义既要体现出可利用性和经济价值这两个共性特征，同时，又要从旅游的角度，阐释其旅游的内涵与特征，即个性特征。近几十年来，国内外学者对旅游资源的定义进行了积极的探讨，虽然表述不太一致，但内涵基本相似。

1. 国外学者对旅游资源的理解。国外研究文献中，一般论及的和“旅游资源”相似性较高的概念是“Tourism Attractions”和“Visitor Attractions”，国内学者通常译为“旅游吸引物”。英国学者霍洛韦（J. C. Holloway）认为“旅游吸引物必须是那些给旅游者积极的效益和特征的东西，它们可以是海滨或湖滨、山岳风景、狩猎公园、有趣的历史纪念物和文化活动、体育运动，以及令人愉快的舒适会议环境”。澳大利亚学者内尔·雷坡（Neil Leiper）在他的《旅游吸引物系统》一文中，将旅游吸引物定义为一个综合系统，由三个要素组成，“旅游者或人的要

素、核心或中心的要素、标识或信息的要素。当这三种要素合而为一时，便构成旅游吸引物”。英国旅游协会认为：“旅游吸引物是一种永久固定的游览目的地，其基本目的之一是允许公众为了满足娱乐、兴趣和教育的需求而进入，而不是一个主要提供体育、戏剧或电影表演的零售市场或地点。吸引物必须每年在预先确定的特定时期向公众开放，而不是需要事先预定，并且应该能够吸引本地居民、旅游者或一日游游客。另外，吸引物必须是独立的，有独立的管理，并且直接从游客那里得到收入。”由此可见，国外学者或旅游组织倾向于从旅游者的角度解读旅游的客体，强调客体对旅游者的吸引性。

2. 国内学者对旅游资源的理解。改革开放之后，伴随着我国旅游业的快速发展，实践中不断要求厘清旅游资源的内涵和外延，以便科学地进行旅游资源的调查、评价、开发与管理，促进旅游资源的价值实现和可持续发展。在此背景下，我国学者对旅游资源的概念进行了不懈的探索，主要有以下观点：

旅游资源是在现有技术和物质条件下，能够被用作组织旅游经济的自然的、技术的和社会经济的因素。（黄辉实，1985）

凡能为人们提供旅游观赏、知识乐趣、度假疗养、娱乐休息、探险猎奇、考察研究，以及人们之间友好往来和消磨闲暇时间的客体和劳务。（郭来喜，1984）

凡能激发旅游者旅游动机，能为旅游业所利用的，并由此而产生经济效益和社会效益的自然和社会的实在物。（苏文才、孙文昌，1998）

在现实条件下，能够吸引人们产生旅游动机并进行旅游活动的各种因素的总和。（陈传康，1990）

对旅游者具有吸引力的自然存在和历史文化遗产，以及直接用于旅游目的的人工创造物。（保继刚，1993）

自然界和人类社会凡能对旅游者产生吸引力，可以为旅游业开发利用，并可产生经济效益、社会效益和环境效益的各种事物和现象。（《旅游资源分类、调查与评价》，GB/T 18972—2017）。

对上述各种定义进行分析，可以看出，虽然它们各自的出发点和强调的重点有所不同，但就资源的基本属性而言，大体是一致的。

二、旅游资源的基本内涵

1. 旅游资源与其他资源一样，是一种客观存在

名山大川、古树名木、文物古迹、城乡风貌、民族风情、建筑设施等客观存在的有形物质资源，人们普遍接受其为旅游资源，具有较强的认同感。而对于诗词歌赋、神话故事、传说等无形的非物质意识现象，则往往缺乏认可与理解，有些人

认为它们不是旅游资源，不应该将其归入旅游资源的范畴。但事实上，这些产生于物质基础并依附于物质基础而客观存在的非物质文化现象，往往才是物质景点的灵魂所在，对游客更具有吸引力。如八仙过海的故事发生于蓬莱仙阁、许仙和白娘子的爱情故事发生于西湖断桥，为上述两地注入了活的灵魂，每年吸引大量的游客前往。因此，无论是具体形态的旅游资源，还是依附于物质景观的精神文化旅游资源，它们与其他资源一样，都是一种客观存在。

2. 旅游资源具有激发旅游者动机的吸引功能

旅游资源是众多资源中的一种，与其他资源（土地资源、水资源等）相比，其最大的差异在于它能激发旅游者的旅游动机，吸引旅游者到旅游目的地进行观赏、度假、科学考察、探险、探亲、消遣娱乐等旅游活动，从而使旅游者获得物质和精神上的满足和享受。因此，吸引力是旅游资源的理论核心，同时也是判断某种资源是否是旅游资源以及资源价值高低的重要指标。

3. 旅游资源具有可利用的价值

任何旅游资源只要被合理开发利用，都能够产生一定的价值，如经济价值（增加当地经济收入）、社会价值（增加就业岗位、推动文化进步等）、生态环境价值（促进生态环境保护和修复），但价值的高低取决于资源的品质。如西江苗寨对汉族及其他少数民族游客具有很大的吸引力，每年到西江苗寨游览的游客较多。大量的游客到来，使西江苗寨的旅游价值得到了充分发挥，具体表现为西江苗寨经济收入显著增加，就业机会显著增多，同时，当地居民在享受旅游发展带来的红利的同时，也会自觉保护和传承苗族文化，这有助于西江苗寨旅游业的可持续发展。

4. 旅游资源的范畴在不断扩大

随着社会的进步、经济的发展以及科学技术水平的提高，旅游者的旅游需求日趋多元化、个性化，为了更好地满足旅游者的需求，一些新的旅游产品不断出现，因此，旅游资源的范畴在不断扩大。旅游活动已不再局限于地面上，开始向空中、水下以及地下发展；不再局限于自然风光、人文古迹，也向许多未知的领域扩展；如航空航天技术的发展，探索未知领域的太空旅游已在欧洲及北美发达地区出现；科技的进步本身可形成新的旅游资源，如贵州平塘天眼。目前，世界上许多国家和地区都在旅游业领域利用高科技大做文章，开发大型综合性娱乐场所和主题景区，如上海迪士尼乐园、台州方特·狂野大陆主题乐园等。

三、旅游资源相关概念辨析

1. 旅游产品与旅游资源

从旅游目的地的角度出发，旅游产品是指旅游经营者凭借特定的旅游资源、旅游设施和其他媒体，向旅游者提供的，以满足旅游者需求的各式各样的物质产品和劳务的总和。从定义可以看出，旅游产品是旅游经营者以市场为导向，开发利用旅游资源的结果，是一种产品形态。旅游资源和旅游产品是两个完全不同的概念，二者是“原料”和“成品”的关系。

2. 旅游项目与旅游资源

旅游项目是将已经存在的旅游资源经过人为改造和设计，使其独特魅力更加充分地展示出来的旅游吸引物，即由各种现实和潜在的旅游资源转化而来的，能真正创造价值和财富的旅游吸引物。旅游项目是连接旅游者和旅游资源的一座名副其实的桥梁。旅游资源和旅游项目之间是一种相互依托的关系。因此，旅游项目并不是简单的旅游资源，旅游项目内涵稍窄一些，包含的内容较旅游资源要少些，但是稳定性却相对较大。

3. 景区、景点与旅游资源

景区、景点是景物集中的地方，是旅游资源经过人工开发后对外开放的地段，国家旅游局(今中华人民共和国文化和旅游部)2003 年曾经发文称“旅游区(点)是具有参观游览、休闲度假、康乐保健等功能，具备相应旅游服务设施，提供旅游服务的独立单位，它是经过开发、利用旅游资源的结果，是旅游产品形态”。景区、景点同旅游资源之间的关系实际上是“产品”和“原料”之间的关系。

4. 旅游劳务(服务)与旅游资源

对于“劳务”是否属于旅游资源，有不同的观点。持肯定意见者把劳务作为旅游资源，是基于许多自然风景和人文景观必须通过相应的导游与服务，才能使旅游者获得充分的精神与物质享受。例如，民俗风情园中穿着特色民族服饰的讲解员，那些艺术造诣很高的民间艺人，旅游者对他们的劳动和技艺有着极大的兴趣，这已经构成旅游吸引力，成为旅游目的地的重要组成部分，在此情况下，这些劳务就具有了旅游资源的性质。但是旅游业中所涉及的服务人员较多，如各种交通工具的驾驶员、饭店与餐厅的服务人员、商店的服务人员、卫生机构的医务人员等，他们的劳动是必不可少的，但旅游者旅游的主要目的不是为了得到他们的服务，也就是说，并不是他们吸引了旅游者前往某地，所以，他们提供的这些劳务不应属于旅游资源的范畴。因此，对于劳务是不是旅游资源这一问题，要视不同情况区别对待。

四、旅游资源的基本特点

(1) 多样性

由旅游资源定义可知，任何对游客具有吸引力的事物和因素，均可成为旅游资源。而这些对游客具有吸引力的事物和因素，从形式看是多种多样的，因此旅游资源表现出明显的多样性特征。旅游资源可以是自然的、也可以是人文的，可以是历史的、也可以是当代的，可以是有形的、也可以是无形的，可以是物质的、也可以是精神的。这种形式的多样性是其他任何资源无法比拟的。旅游资源的多样性与游客的社会组成、心理特点、旅游需求的多样性密切有关。

（2）区域性

旅游资源总是分布于一定的地理空间，其形成受特定区域地理环境各要素的制约，又反过来反映着区域环境的特色，这就是旅游资源的区域性。旅游资源区域性产生的根本原因是不同区域所处的自然环境（地形、气候、生物等）、社会经济环境（民俗、语言、宗教等）不同，如喀斯特山水风光主要分布在热带、亚热带石灰岩发育地带；高耸的教堂在西方国家随处可见，香火旺盛的庙宇大多在东方之国；热带雨林景观主要分布于赤道附近，冰原、苔原景观主要分布于高纬度地区，大漠风光主要分布于内陆地区。正是旅游资源的区域性，导致一地的旅游资源对另一地的旅游者产生较大的吸引力，从而产生旅游者的空间移动。

（3）综合性（整体性）

特定地域中旅游资源的各种组成要素不是孤立存在的，而是相互联系、相互作用，共同组成一个和谐的有机整体，旅游资源正是以一个有机整体来发挥其旅游吸引力。如一条河流要形成一道风景走廊，离不开两岸的远山近木、水势峰情、飞桥高阁；桂林漓江的美，离不开两岸峭拔挺秀的奇峰、星星点缀的村舍；峨眉天下秀，离不开绵亘曲折的山体和茂密葱郁、种类繁多的植被；华山的险，离不开北坡的断崖。

（4）广域性

广域性是指旅游资源在空间分布上十分广泛，地球上不同地域都有旅游资源的分布。地面上有名山大川、遗址遗迹、建筑设施，地下有溶洞、暗河，天空中有流星、闪电、极光、佛光；城市中有现代城市风貌、历史街区、特色小吃，乡村中有民俗风情、特色村寨、田园风光；赤道地区有热带雨林、草原，两极地区有冰天雪地、北极熊、企鹅；沿海地区有海洋生物、碧海蓝天、海蚀柱，内陆地区有大漠风光、塞外草原、雅丹地貌；高山地区有高山、峡谷、瀑布、云海，平原地区有湖泊、水库。几乎所有地域都有旅游资源。

（5）地域固定性

旅游资源是在特定的自然条件和社会经济条件下形成的，是不可能异地重复出现的，具有明显的地域固定性。自然旅游资源是大自然的杰作，是在一定自然条件下形成的，其形态特征、生态环境、旅游功能等都是独有、不可移动的（如泰山雄、黄山奇、华山险、峨眉秀、青城幽）；人文旅游资源是人类社会在特定地域环境和特定历史条件下形成的产物，凝固在特定的地域，是当地历史的见证（如巍巍群山中的万里长城、茫茫沙海中的金字塔），人文旅游资源不能离开其形成的地理环境和历史背景，否则将失去其本身的历史文化价值和观赏价值。

当然，在现代经济技术条件下，在异地可以仿制一些景观，但由于脱离当地的历史和环境，其景观生态不完全，仿制品会失去原有魅力，如淳朴的民族歌舞可以在大都市上演，但却失去了它在故乡的浓郁风情。

旅游资源在地域上是固定的、不可移动的，可形成地域上的垄断性，旅游地可凭借该特点，发展独具特色的旅游吸引游客。

（6）季节的变化性

旅游资源的季节变化非常突出，它表现为旅游景观随季节时间变化，显示出不同景观特征，并影响旅游活动及旅游流的季节变化，从而形成了旅游业的淡季、旺季。

旅游资源的季节变化性主要由自然条件，特别是气候季节性变化而决定，同时也有人为因素影响。

①有些自然景观，只在特定的季节、时间出现。如北京香山的红叶、贵州妥乐的银杏在秋季才能产生，黄山的云海、瀑布夏季多雨时才能出现。

②同样的景物，在不同季节表现出不同的特征。如北温带地区同样一座山脉，在不同的季节，呈现不同的景色：春季万木抽芽，翠烟弥漫；夏季枝繁叶茂，碧海无涯；秋天树色金黄，层林尽染；冬季白雪皑皑，银装素裹。

（7）价值的不确定性

价值的不确定性是指旅游资源的价值难以用货币进行衡量，简单地说，无法衡量某种旅游资源值多少钱。这是因为，旅游资源的价值随着人类的认识水平、审美需要、发现迟早、开发能力、宣传促销等因素的变化而变化。不同历史时期、不同社会经济条件下，旅游资源的含义不同，同种旅游资源的价值也会不同。

不同的人可从不同角度来评价旅游资源的价值，旅游资源的价值也会由于旅游资源开发利用方式、开发利用外部条件不同而不同（如一座风景秀丽的山地，可以用来观光，也可用来休闲度假、登山、疗养，其经济价值显然不同）。

（8）开发利用永续性和不可再生性

开发利用永续性是指旅游资源开发利用保护得当，可长期反复利用。旅游者通常不能带走旅游资源本身，带走的只是对旅游资源的认识、印象和感受，旅游资源的所有权不会改变，故旅游业可得到长期回报、永续利用。不可再生性是指旅游资源开发利用、保护不当，很容易被破坏，一经破坏则难以恢复，即使人工复原也是风韵无存。因此，在开发旅游资源的同时，必须进行旅游资源的保护工作。通过各种保护措施，一方面，减少自然的损耗和人为的破坏，另一方面，保护好生态环境，为某些旅游景观的存在和发展创造良好的条件。

五、旅游资源的认知误区

1. 泛资源论

"泛资源论"是指旅游资源概念的泛化、旅游资源范畴无限制地扩大化。出于发展地方经济或其他目的，将许多非旅游资源强行认定为旅游资源，并予以开发利用。大量市场需求量小、资源价值品位低的事物被当做旅游资源开发，影响旅游目的地资金的使用效率。"泛资源论"的认识误区有以下两种表现：

（1）把旅游资源的赋存环境当作旅游资源

环境的核心概念是周围的情况，实际上是旅游资源生成、演化和现实存在所依托的自然环境、历史文化和社会条件。赋存环境固然是旅游资源开发主要考虑的因素，但其本身和旅游资源是两个不同的体系。旅游环境的许多因素，如地理区位、旅游容量、物资供应、经济状况、管理和服务等，是旅游资源的外围空间，不是真正意义上的旅游资源。

（2）把旅游资源的开发条件当作旅游资源

有的学者将旅游资源开发面临的交通、客源数量、滞留时间、吸引距离、开放时间等也作为旅游资源，这些都是一些开发条件，有些还是市场因素，与旅游资源完全不同。这些条件和因素受原生的旅游环境、人为创造的基础设施、旅游服务等旅游业发展状况的影响，是旅游资源被有效利用的前提，是外加的内容。当然，有时旅游资源开发条件与旅游资源相互渗透，也可能构成旅游资源的一部分。例如对于会务、商务旅游者，有些服务设施尤其是交通设施、通信条件、环境等会成为主要的旅游吸引因素。但这只局限于部分情况，并不能据此将旅游资源开发条件整体划入旅游资源。产生这一认识误区的根本原因在于将旅游资源和旅游资源开发混为一谈。

2."唯资源论"

"唯资源论"主要指的是将旅游资源和旅游产品直接画等号，将发展地区旅游业的成败锁定在该地旅游资源的优劣上。这种认识误区带来的后果是：在旅游资源丰富的地区，容易产生过度、恶性的开发行为，导致科学规划、配套设施、保护措施等跟不上，涸泽而渔；而旅游资源欠缺的地区，人们开发思想僵化，创新意识不足。实际上旅游资源和旅游产品是两个完全不同的概念，二者是"原料"和"成品"的关系，旅游产品是以市场为导向，经过了人为的作用而开发利用旅游资源的结果，是一种产品形态。所以，旅游资源和旅游产品有着本质的区别。旅游资源丰富的地区有可能会因为开发过度或开发不出适销对路的旅游产品而失败。而旅游资源欠缺的地区也有可能因为解放思想、拓展思路，在现有的旅游资源基础上开发出创新型旅游产品，走上特色发展之路。

第二节　旅游资源学概述

一、旅游资源学的学科特点

旅游资源学是资源学与旅游学的交叉学科，其学科特点表现在：

1. 应用性

旅游资源学把资源学的基本理论、基本知识和一般原理应用于旅游资源的研究，其关于旅游资源的类型、数量、质量、调查、评价、开发、保护等方面的研究成果，可直接为区域旅游资源开发与规划提供理论基础和指导，从而实现区域旅游资源的合理开发与利用，因此，旅游资源学是一门应用性很强的学科。

2. 综合性

旅游资源学不仅涉及资源学、地理学、生态学、地质学、气象气候学、园林学、建筑学、历史学、美学、民俗学、文学等学科中的知识，还包括一些相关的经济学、管理学、社会学、数学等学科知识，涉及面宽而复杂，因此，旅游资源学具有很强的综合性。

二、旅游资源学的形成与发展

1. 旅游资源学的形成

在旅游学科体系中，旅游资源学形成较晚。从文献检索的结果看，国外旅游地学方面的学者较早涉及旅游资源的研究，如 1938 年卡尔逊（A. S. Carlson）对新罕布什尔州自然景观旅游资源进行了描述，并根据资源的差异对该区域进行了划分，在此之后，Tanner（1973 年）、Goodall（1975 年）、Manfred（1985 年）等学者也进行了相关研究。在国外旅游地学的研究中，对旅游资源的开发、利用主要是从旅游吸引物的角度加以考虑的。

我国的旅游资源学研究起步较晚，但有关旅游资源知识的记载却很早。如先秦时期的《山海经》系统地记载了当时全国范围内 26 个山区 451 座名山，并指出有“游乐之山”和“游戏之山”的区别。战国时期的《尚书·禹贡》以简洁的文字,对从河流、资源、物产、民族、贡品、道路的地域分布,到交通线路和运输工具的选择都做了描述。我国早期的旅游资源研究,以对旅游资源的描述为主。20 世纪 70 年代末 80 年代初,我国部分地理学家投身于旅游资源的研究,从研究内容看,主要集中于旅游资源的分类、评价,代表的学者有郭来喜、陈传康、卢云亭等。此后,保继刚、吴必虎、陆林、楚义芳等青年学者对旅游资源的开发利用进行了深入研究,这些学者运用地理学的理论与方法,为旅游资源调查、评价、规划和开发初步构建了旅游资源学的框架。这一时期的研究,无论是理论还是实用层面,都还不能算是对旅游资源学的系统研究。

2. 旅游资源学的发展

随着旅游业的发展,旅游开发在世界各地大规模地开展。同时,受可持续发展观念的影响,对旅游资源的适宜性评价及系统开发日益重视,旅游资源学的研究取得了可喜的进展。

在国外,旅游资源学研究主要集中于旅游资源的系统评价方面,如 1969 年加拿大在土地调查中提出的游憩资源评价系统、1974 年英国科波克等人提出的旅游资源评价系统、1975 年美国土地管理局的土地供游憩活动适宜性评估系统。

在国内,从 20 世纪 70 年代末 80 年代初至目前,经过 40 多年的发展,关于旅游资源的研究在理论和实践上均取得了较大进展,呈现出三个重要的发展阶段:

(1) 萌芽起步期。国内第一篇关于旅游资源研究的学术文献发表于 1982 年,这一时期适逢改革开放的重要起步阶段,我国经济发展迈入了全新的轨道,旅游业随之蓬勃发展,旅游资源的调查、评价和开发等工作步入正轨。但是,随后的整个 20 世纪 90 年代,关于旅游资源的研究总体上处于缓慢推进的状态,发文较少,具有影响力的学者或团队数量较少,且发展规模较小。然而,值得一提的是,这一时期以陈传康先生为代表的北京大学旅游地理研究团队和以郭来喜先生为代表的中国科学院地理科学与资源研究所旅游地理研究团队已经初步形成,同时出现了一些有代表性的旅游资源学及与之相关联的教材,如《旅游资源学》(杨桂华等,1994)、《旅游资源学》(苏文才等,1998)、《旅游地理学》(保继刚等,1993)。在研究选题和内容方面,主要关注了宏观层面旅游资源开发过程中遇到的实际问题。其中,区域旅游资源的分类、调查和评价是学者们关注的重点,尤其是“旅游资源非优区”研究引起了广泛关注。同时,该阶段对于“什么是旅游资源”的争论居高不下,学者们从不同视角出发,展开对旅游资源概念内涵、外延和边界的阐述,这些为后续研究工作的开展奠定了良好的基础。

(2) 发展成熟期。进入 21 世纪后的十年间,旅游资源相关研究受到了广泛关注，进入了学术研究的快速发展时期。具体表现为：首先，研究学者数量增多，发表文章数量逐年增多（由 2001 年的 126 篇增加到 2011 年的 237 篇），同时文章质量不断提高，研究的深度和广度进一步加强，研究的话题不断丰富，涉及旅游资源与旅游产业、旅游市场等的量化关系，旅游资源开发中的可持续发展等内容，逐步厘清了旅游资源保护与开发的二元对立关系；其次，点轴理论、模糊理论、竞合理论、共生理论等成为旅游资源问题研究的新视角，从不同层面解释了旅游资源应用中的新机遇和挑战；再次，旅游资源学及与之相关联的教材也取得了长足发展，数量较前期显著增加，比较有代表性的有《旅游资源学》（高曾伟等，2002）、《旅游资源学》（郑耀星，2009）、《旅游资源学》（吴国清，2009）、《旅游资源与开发》（肖星等，2000）、《旅游资源与开发》（杨桂华等，2010）、《旅游资源开发及管理》（马耀峰，2010）等；最后，国家质量监督检验检疫总局（今国家市场监督管理总局）发布了国家标准《旅游资源分类、调查与评价》（GB/T 18972—2003）。该阶段旅游资源研究框架、研究方法、研究范式已初见雏形。

（3）停滞衰退期。关于旅游资源的研究，在经历了发展成熟期的稳步持续推进之后，遇到了拓展延伸研究的发展瓶颈。首先，从 2012 年开始，旅游资源相关研究的发文数量总体上呈现减少的趋势；其次，这一时期出版的旅游资源学及与之相关联的教材较上一阶段也显著减少。主要原因：一是在学术研究层面，传统意义上的旅游资源研究已相对成熟，而新的理论突破或创新需要学术共同体进行长时期的探索和推进，故而导致探索性研究成果明显减少；二是，在实践应用层面，中国旅游业正在经历由资源、市场、资本和政策共同驱动的革新历程，传统旅游业态不断改造、升级、融合，实践应用中正在遇到或可能存在的问题处于震荡浮现期，从实践中引发的理论思考有待加强。

三、旅游资源学的研究内容

旅游资源学是一门以资源科学、旅游学为基础，研究旅游资源的类型、形成、分布、组合、评价、开发、保护与可持续利用的学科，主要研究内容如下：

1. 旅游资源学基础理论研究

旅游资源学的基础理论研究主要包括对旅游资源这一客观研究对象的科学界定和剖析，对旅游资源的基本特性、价值和功能的研究，以及系统分析各项影响因素对旅游资源的形成、空间分布、质量状况、开发利用的影响规律，旅游资源的评价方法等。

2. 旅游资源的形成与分类研究

不同类型的旅游资源形成的条件及过程不同。自然旅游资源是各种自然要素（地貌、气候、生物、水文等）相互影响、相互作用、长期演化的结果，人文旅游资源则是特定社会、历史、文化等人文环境因素相互作用的产物。对旅游资源形成机制的研究，可以让人深入了解旅游资源的特征、差异性及科学价值，深入挖掘其自然与文化内涵并进行合理开发、利用，获得最佳效益。旅游资源的科学分类是认识和研究旅游资源的前提条件，对旅游资源进行分类研究，可以系统地认识旅游资源，区分旅游资源之间的差异，提炼各类旅游资源的鲜明特色，为因地制宜合理开发旅游资源提供理论基础。旅游资源分类研究，要从有利于认识旅游资源的角度，积极开展旅游资源类型划分方法、标准的研究，建立科学合理的旅游资源分类体系。

3. 旅游资源调查与评价研究

旅游资源的调查与评价，是旅游资源开发的前提和基础。通过旅游资源调查，可以摸清区域内可供利用的旅游资源的类型、赋存数量、空间分布，以及已开发旅游资源的利用程度及效益等，从而为旅游资源评价奠定基础。通过对旅游资源进行系统评价，可以摸清旅游资源的质量特征，从而为旅游资源是否值得开发、如何开发、开发的时序、开发方向提供科学依据。因此，应加强旅游资源调查与评价的程序、方法及内容体系的研究，为旅游资源调查及评价实践提供理论指导。

4. 旅游资源的开发与规划研究

旅游资源必须经过开发才能转变成旅游产品供旅游者消费，才能产生经济效益、社会效益及环境效益。但是，有很多旅游资源属于不可再生资源，开发一点，就少一点。即使是可再生资源，如果开发利用不当，如过度开发，会破坏或损坏旅游资源，造成旅游资源的数量减少、质量下降。因此，旅游资源学要对旅游资源开发与规划进行研究，重点探讨旅游资源开发的模式、原则、内容、程序、方法，开发规划的原则、编制程序、内容等，为旅游资源开发实践提供指导，以促进旅游资源可持续利用。

5. 旅游资源分区

旅游资源分区是对客观存在的旅游资源区域所进行的逐级划分和归类。通过旅游资源分区，有助于全面认识把握区域的旅游资源特色、优势和开发利用方向，可为各地区合理开发利用旅游资源与因地制宜地发展旅游业奠定科学基础。因此，要研究旅游资源分区的原则与方法，推动旅游资源的科学区划，以便更好地发展区域旅游。

6. 旅游资源的保护和可持续利用研究

旅游资源和资源环境是旅游业发展的基础。在旅游资源开发过程中，由于诸多原因，导致旅游资源和环境受到了严重破坏，这不利于旅游业的可持续发展，因此，旅游资源学应该以生态理论、可持续发展理论、人地关系理论为基础，重点研究生态环境的承载力、造成旅游资源破坏的原因及保护对策、旅游资源可持续利用的路径与对策。

四、旅游资源学的研究方法

1. 野外调查法

旅游资源类型复杂多样，总是分布在特定的区域中，各自有其形成演化规律与进程。要认识旅游资源的类型与特色，掌握旅游资源的形成机制，揭示旅游资源的价值，就必须深入实地进行调查。尤其是自然景观旅游资源，它是由地质、地貌、水文、气候、动物、植物等多种因素综合作用的结果，因此，对它的认识与了解，需要深入实地，调查资源所处的自然环境，充分认识资源的特色和价值，掌握各种要素对旅游资源形成的作用和影响，进而提出符合可持续发展要求的利用与保护策略。旅游资源野外调查包括三方面的内容：一是旅游资源环境调查，包括自然环境、人文环境；二是旅游资源属性调查，包括类型、特征、规模、成因等；三是旅游资源开发条件调查。

2. 社会调查法

社会调查法是对社会现象的观察、度量及分析的研究方法。利用社会调查，可以直接在现实的社会生活中系统地收集文物古迹、民俗风情等人文景观旅游资源资料，然后依据在调查中所获得的第一手资料来分析和研究人文景观旅游资源现象及其内在的规律，这样有利于人文景观旅游资源的合理利用和保护。此外，旅游资源开发决策过程中客源市场的定位与分析，以及旅游资源开发地区的社会经济、社会环境容量等方面，都需要进行深入的社会调查。社会调查可根据不同的目的采用座谈访问、社会测量、随机抽样等不同方法进行。

3. 统计分析法

统计分析法是将收集的第一手资料和第二手资料进行分析，对一些可以量化的资料和数据进行分类与计算机处理，从量上初步得到一些有关规律性、精确性、预测性的统计分析资料，进而对区域内的旅游资源可形成一个较全面的认识，这样就能更好地把握区域旅游资源的特色、价值、环境容量等。

4. 文献分析法

文献分析法就是通过检索、查阅已有文献中的相关资料来了解、证明所要研究对象的方法。在人文景观旅游资源中，有不少是人类社会各个历史时期有关生产、生活、军事、宗教、文学、艺术等方面的文化遗产，它们与当时的社会、经济、军事、政治、文化密切相关，通过查阅与人文景观旅游资源相关的文献，并进行分析，才能对其有一个全面、正确的认识，才能深入挖掘其历史价值和文化内涵，从而为人文景观旅游资源合理开发提供科学依据。

5. 比较分析法

比较分析法指的是对同一类旅游资源的不同个体、不同类型旅游资源以及不同区域的旅游资源进行比较、分析和评价。这种方法有利于发现旅游资源特色及区域特色，合理确定旅游资源开发时序，有效进行资源整合，从而发挥各地的旅游资源优势，扬长避短，防止低水平重复开发，防止旅游产品雷同，避免造成资源和资金的浪费，以及景区之间因争夺同类型客源而恶性竞争。

6. 数学方法

国内外很多学者试图运用数学思想或构建数学模型来解决旅游资源研究中的一些问题，其中，比较常用的有以下三种：

（1）层次分析法

层次分析法（Method of Analytic Hierarchy Process，简称 AHP）是将与决策有关的元素分解成目标、准则、方案等层次，在此基础之上进行定性和定量分析的决策方法。该方法最早由美国运筹学家，匹兹堡大学教授萨蒂（T. L. Saaty）于 20 世纪 70 年代初提出。层次分析法的特点是在对复杂的决策问题的本质、影响因素及其内在关系等进行深入分析的基础上，利用较少的定量信息使决策的思维过程数学化，从而为多目标、多准则或无结构特性的复杂决策问题提供简便的决策方法，尤其适合于对决策结果难于直接准确计量的问题。层次分析法在旅游资源评价中得到了广泛应用，此外，在旅游资源开发的位序选择、区域影响及区域旅游资源综合竞争力的对比研究中也有应用。

（2）主成分分析法

旅游资源研究往往涉及大量互相关联的自然因素和社会要素，要素众多往往增加了数学模型构建的难度和运算的复杂性，同时，不利于分析问题的本质。主成分分析法是通过数理统计分析，将众多影响要素的信息压缩表达为若干具有代表性的合成变量，然后选择信息最丰富的少数因子作为主成分，以每个主成分所对应的特征值占所提取主成分特征值之和的比重作为系数，进行聚类分析。主成分分析法克服了变量选择时的冗余和相关，既简化数据，又抓住了主要矛盾。

（3）模糊评价法

模糊评价法以模糊数学为理论基础，通过数量化的描述和运算，对系统中多个相互影响的因素进行综合评价。模糊评价法的基本原理是将评价对象视为由多种因素组成的模糊集合（评价指标集），通过建立评价指标集到评语集的模糊映射，分别求出各指标对各级评语的隶属度，构成评判矩阵（或称模糊矩阵），然后根据各指标在系统中的权重分配，通过模糊矩阵合成，得到评价的定量解值。模糊评价法根据模糊隶属度理论将定性评价转为定量评价，较好地处理了多因素、系统模糊性及评价的主观判断问题，实现了定性与定量的有机结合。模糊评价法用于区域旅游资源的综合评价、分级分型，有利于找准区域旅游资源特色和重点开发区域，有利于旅游资源开发、保护与管理行为走上标准化、规范化与科学化的健康发展轨道。学者们在这方面做了开拓性研究，仍有待于深入探讨。

7. “3S”技术法

旅游资源学研究与其他学科一样离不开现代科学技术手段的支持。“3S”技术指 RS、GIS、GPS。RS 具有观测范围大、获取信息量大、速度快、实时性好、动态强等优点，使旅游资源研究中的空间基础地理信息的采集更为准确，更具有时效性和现实性。GIS 技术具有强大的空间信息管理、属性数据查询、三维影像显示、空间分析等功能，为旅游资源评价、开发规划的编制、模拟与评判研究提供了理想的技术平台。GPS 是利用卫星发射的无线电信号进行导航定位的卫星无线电导航定位系统。具有全球性、全方位、全天候、高精度、快速实时的三维导航、定位、测速和授时功能，为旅游资源的图件制作及评价与开发提供精密数据和科学依据。

五、旅游资源学与相关学科的关系

（一）与旅游学及其分支学科的关系

旅游学是研究旅游者及其旅游活动、旅游业及其开发和经营活动，以及旅游供求双方活动的开展对旅游接待地区的社会、经济和环境影响的科学，研究内容主要包括旅游主体、旅游客体、旅游媒体及三者之间的关系。由于旅游活动是一种综合性的社会现象，它涉及自然的、经济的、社会的、法律的诸多因素，所以旅游学研究的范围很广，涉及多种学科，如资源学、地理学、经济学，管理学，社会学、心理学、法学、美学等，其中，每一种学科的理论同旅游学相结合，便形成了旅游资源学、旅游地理学、旅游经济学、旅游管理学、旅游社会学、旅游心理学、旅游法学、旅游美学等学科。旅游资源学研究旅游资源的类型、数量、质量、分布、组合、评价、开发、管理与保护，其研究对象是旅游资源，属于旅游学研究内容的一个方面，正因为如此，旅游资源学是旅游学的一门分支学科，与旅游学是部分与整体的关系。旅游学的基本原理为旅游资源学提供理论支撑，其研究为旅游资源学的研究提供指导。

旅游资源学与旅游地理学、旅游经济学、旅游管理学、旅游社会学、旅游心理学、旅游法学、旅游美学等都属于旅游学的分支学科，因此，旅游资源学与旅游学的其它分支学科，如旅游地理学、旅游经济学、旅游美学等是平行关系。由于旅游资源学的研究内容与旅游学其它分支学科或多或少都有联系，所以，旅游学其它分支学科的研究成果对旅游资源学的研究具有一定的参考价值。

（二）与资源学及其分支学科的关系

旅游资源学属于资源学的研究范畴。资源学是为解决或缓解人与资源之间的关系，由自然科学、社会科学和工程技术科学相互交叉、相互渗透、相互结合产生的学科领域。资源学的主要分支学科可分为三种类型：一是学科性的理论研究，即综合资源学，包括资源地理学，资源生态学、资源经济学、资源法学等；二是个体资源研究，即部门资源学，包括气候资源学、生物资源学，水资源学、土地资源学、矿产资源学、海洋资源学、旅游资源学等；三是区域资源学，它是综合资源学与部门资源学在具体时空的结合。显然，旅游资源学是资源学的一门分支学科，在资源学中属于部门资源学。旅游资源学与资源学的其它分支学科，如生物资源学、土地资源学等是平行关系。

（三）与其他相关学科的关系

由于旅游资源涉及众多的自然景观资源和人文景观资源，是一个庞大的资源体系，而且只有经过规划开发后才能为旅游业所吸收和利用，故旅游资源的研究要涉及诸如地理学、地质学、园林学、建筑学、民俗学、历史学、规划学、生态学、宗教学、美学、文学等其它许多学科的知识。学习和掌握这些相关学科的基本知识和基础理论，有助于对旅游资源学内容的理解和把握。

课后思考

1. 什么是旅游资源？如何理解旅游资源的内涵？
2. 举例说明旅游资源具有哪些特点。
3. 简述旅游资源学的研究内容。
4. 简述旅游资源学与其他相关学科的关系。

课题研讨

研讨主题：旅游资源如何服务国家发展大局。

案例分析：

关于旅游资源的一些争议

1．“物质”和“精神”的争议

第一种观点：只有客观存在的实在物（湖光山色、阳光海滩、花草树木、变幻天象、文物古迹、园林建筑等物质的东西）才能称为旅游资源，“非物质”的东西不是旅游资源。

第二种观点：“精神”的东西也应属于旅游资源，主要原因是“精神”由物质产生，并依附于物质而存在，所以同物质景点结合的“精神”应属于旅游资源。况且“精神”的东西往往是物质景点的灵魂所在。

2．“自然”和“开发”的争议

第一种观点：旅游资源，是指未经开发的自然的物质条件，即原始地理环境，已经开发的不列入旅游资源范畴。

第二种观点：必须经过开发，才能成为有吸引力的事物，即为旅游业利用并产生经济、社会、生态效益的事物才是旅游资源。

第三种观点：综合前两种观点之长，认为无论是未经开发，还是已经开发的，只要有旅游吸引力的事物，均可称之为旅游资源。其范畴广，为广义的旅游资源。

资料来源：https://max.book118.com/html/2019/0102/7146145030001201.shtm（最后一次访问时间：2024 年 5 月 23 日）。

结合材料，谈一谈你对旅游资源的理解。你支持哪一种观点？阐述自己的理由。

参考文献

[1] 肖星，王景波．旅游资源学[M]．天津：南开大学出版社，2013：2-21.
[2] 谢泽明．旅游资源学[M]．北京：机械工业出版社，2022：23-24，107-108.
[3] 王伟．旅游资源学[M]．武汉：华中科技大学出版社，2023：1-16.

[4] 杨阿莉.旅游资源学[M].北京:北京大学出版社,2020:3-19.

[5] 张凌云.市场评价:旅游资源新的价值观——兼论旅游资源研究的几个理论问题[J].旅游学刊,1999(2):47-52+79.

[6] 宋子千,黄远水.旅游资源概念及其认识[J].旅游学刊,2000(3):46-50.

[7] 张勇.旅游资源、旅游吸引物、旅游产品、旅游商品的概念及关系辨析[J].重庆文理学院学报(社会科学版),2010,29(4):155-159.

[8] 白凯,王馨.《旅游资源分类、调查与评价》国家标准的更新审视与研究展望[J].自然资源学报,2020,35(7):1525-1540.

[9] 姚明广.浅析我国旅游资源学的研究现状及其学科的构建与发展[J].山西师大学报(社会科学版),2007(S1):171-172.

[10] 杨瑞.基于AHP的农村旅游资源评价——以陕西韩城市为例[J].农业技术与装备,2022(10):86-88.

[11] 余敏.层次分析法在旅游资源评价中的应用[J].西南民族大学学报(人文社科版),2003(6):100-102.

[12] 程道品,林治.模糊评价法在旅游资源评价中的应用[J].桂林工学院学报,2001(2):186-190.

[13] 赵宏利,姜玲,陈修文,等.模糊评价法在旅游资源评价中的应用——以云浮市郁南县为例[J].广东石油化工学院学报,2013,23(6):73-75.

[14] 马丽君,孙根年,孙亚军.中国西部10省(市)区旅游资源综合实力评价[J].统计与决策,2007(24):105-107.

[15] 张洁,张晶.RS和GIS在旅游资源调查研究中的应用[J].首都师范大学学报(自然科学版),2006(6):99-103+108.

[16] https://max.book118.com/html/2019/0102/7146145030001201.shtm(最后一次访问时间:2024年5月23日).

第二章 旅游资源分类及成因

学习目标：

1. 能够用自己的语言阐述旅游资源分类的原则。

2. 熟悉旅游资源分类方法，掌握国家标准分类方案（GB/T 18972—2017）。

3. 能够结合实例，阐述旅游资源形成的原因。

4. 能够说出旅游资源分类的依据及国家标准分类方案（GB/T 18972—2017）中存在的问题。

思政目标：

通过对自然旅游资源成因的学习，学会用联系、发展的观点去分析问题，深刻领悟唯物辩证法。

通过对人文旅游资源成因的学习，深刻认识发展旅游对于文化传承的重要性。

第一节 旅游资源分类

一、旅游资源分类原则和依据

分类是指“根据事物的特点分别归类”，即根据分类对象的共同点和差异点将对象分为不同类型的过程。旅游资源分类，就是根据旅游资源的同质性和差异性，按照一定的目的和需要，将旅游资源进行集合归类，区分为具有一定从属关系的不同类别系统。

（一）分类的原则

1. 相似性与差异性原则

相似性与差异性原则，即所划分出的同一级同一类型的旅游资源必须具有相同的属性，不同的类型之间必须具有一定的差异性。相似性与差异性原则是旅游资源进行分类时必须遵循的首要原则。

2. 逐级划分原则

逐级划分原则，即将同一大类的旅游资源按照其相似性和差异性逐级划分为具有隶属关系的不同层次、不同等级的亚系统。旅游资源是一个极其复杂的系统，逐级分类可以避免出现分类的逻辑性混乱，通过先确定高一级的旅游资源类型，再将其划分为多个次一级的亚类型，然后将每一亚类型向下划分出更低一级类型。例如，自然旅游资源之下可划分为地文景观、水域景观、生物景观、天象与气候景观四个次一级的亚类型，水域景观亚类型之下可再分为河系、湖沼等再次一级的类型。根据需要，还可再向下划分出多个次一级的类型。

3. 对应性原则

对应性原则是指旅游资源分类逐级划分出的次一级类型，在内容上必须完全对应于上一级类型的内容，即上一级类型在内容上应涵盖所有下一级类型的内容，下一级类型的内容不得超出上一级类型的内容，上、下级类型的内容相互对应。

（二）分类的依据

1. 旅游资源属性

旅游资源的属性是指旅游资源的性质、特点、存在方式、状态等。如根据旅游资源的自然和人文属性，将旅游资源分为自然旅游资源和人文旅游资源两大类。由于部分旅游资源同时具有自然和人文属性，所以，近年来，有些学者建议在自然旅游资源和人文旅游资源之外，增加综合旅游资源这一类型。

2. 旅游资源成因

旅游资源的成因是指旅游资源形成的基本原因、过程。如人们根据成因将地貌旅游资源分为流水地貌、风力地貌、冰川地貌等基本类型。

3. 旅游资源功能

旅游资源功能指旅游资源能够满足开展某种旅游活动的需求。根据旅游资源功能的不同可以把旅游资源分为观光游览类、休闲度假类、运动探险类、文化娱乐类、商品购物类等类型。

4. 旅游资源级别

旅游资源质量存在差异，通常质量高的旅游资源价值大，等级高，管理级别也高。人们在进行旅游资源分类时，也会根据旅游资源的管理级别进行分类。如按照管理级别可将旅游资源分为世界级、国家级、省级、市(县)级。

5. 其他

在旅游资源划分时，有些学者还依据旅游资源形成的时间、材质结构、开发利用情况、属地性质等进行分类。

二、旅游资源分类方法

（一）按旅游资源基本属性的分类方法

1. 二分法

旅游资源的属性是指旅游资源的性质、特点、存在方式、状态等。依据旅游资源的基本属性，将旅游资源分为自然旅游资源和人文旅游资源两大类，我们把这种分类方法称之为“二分法”。

（1）自然旅游资源是指天然赋存和具有观赏价值，能使人产生美感的自然环境及其景象的地域组合，主要包括地文景观、水域景观、生物景观等。

（2）人文旅游资源是指古今社会人类活动所创造的具有旅游价值的物质财富和精神财富，主要包括历史遗迹、建筑与设施、人文活动等。

除了二分法以外，有些学者还提出了三分法，即自然、人文、综合三大类，或自然、人文、社会三大类，或自然、人文、服务三大类。

2. 国家标准分类方案

我国比较权威的对旅游资源的分类方案有三个：一个是中国科学院地理研究所与国家旅游局旅游资源开发司于 1992 年提出的《中国旅游资源普查规范（试行稿）》，通常称为“1992 年版旅游资源分类分级系统”；另外两个是由国家旅游局提出，由国家质量监督检验检疫总局发布的《旅游资源分类、调查与评价》（GB/T 18972—2003）、《旅游资源分类、调查与评价》（GB/T 18972—2017）。

（1）1992 年版《中国旅游资源普查规范》分类方案

1992 年版《中国旅游资源普查规范》分类方案是根据旅游资源的选择和状态、旅游资源特征指标的一致性、类型之间的差异性等原则进行分类，共分为 6 类 74 种基本类型。其中，地文景观类 13 种、水域风光类 7 种、生物景观类 6 种、古迹与建筑类 32 种、消闲求知健身类 11 种、购物类 5 种。后来，在 1992 年版的基础上进行了修订，提出了更为科学的旅游资源分类分级体系，通常称为“1997 年版旅游资源分类分级系统”，该体系包括 3 个景系、10 个景类、95 个景型。

（2）《旅游资源分类、调查与评价》（GB/T 18972—2003）

国家标准《旅游资源分类、调查与评价》（GB/T 18972—2003）主要依据旅游资源的性状（现存状况、形态、特性和特征），对稳定的、客观存在的实体旅游资源和不稳定的、客观存在的事物和现象进行分类，将全部旅游资源分为三个层次，依次为“主类”（8 个）、“亚类”（31 个）、“基本类型”（155 个），8 个主类分别是地文景观类、水域风光类、生物景观类、天象与气候景观类、遗迹遗址类、建筑与设施类、旅游商品类、人文活动类。

(3)《旅游资源分类、调查与评价》(GB/T 18972—2017)

国家标准《旅游资源分类、调查与评价》(GB/T 18972—2003)实施以来，得到了广泛应用，但在应用过程和学界业界研究实践中，也发现其存在很多问题，如分类项目过于烦琐，应用起来不方便、部分概念模糊、基本类型前后重复等。后来，在2003年版的基础上进行了修订，提出了更为科学的旅游资源分类分级体系，即《旅游资源分类、调查与评价》(GB/T 18972—2017)，该体系包括8个主类、23个亚类、110个基本类型，具体见表2-1。

GB/T 18972—2017与GB/T 18972—2003相比，除编辑性修改外，主要差异如下：

◆旅游资源分类表做了继承性修编，分类层次和类型做了简化。

◆旅游资源主类的排名和名称做了调整，将原主类的第五类“遗迹遗址”和原主类的第六类“建筑与设施”前后移位，分别改为第六类和第五类；“水域风光”“遗址遗迹”“旅游商品”分别修改为“水域景观”“历史遗迹”“旅游购品”。

◆旅游资源亚类设置了23个，比原亚类总数减少8个，主要改变为取消重复类型、同类归并，名称也随之做了相应调整。

◆旅游资源基本类型设置了110个，比原来总数减少了45个，主要改变为同类归并，科学吸纳和整合相关物质和非物质遗产类资源，名称也随之做了相应调整。

表2-1　旅游资源分类表(GB/T 18972—2017)

主类	亚类	基本类型
A地文景观	AA自然景观综合体	AAA山丘型景观 AAB台地型景观 AAC沟谷型景观 AAD滩地型景观
	AB地质与构造形迹	ABA断裂景观 ABB褶曲景观 ABC地层剖面 ABD生物化石点
	AC地表形态	ACA台丘状地景 ACB峰柱状地景 ACC垄岗状地景 ACD沟壑与洞穴 ACE奇特与象形山石 ACF岩土圈灾变遗迹
	AD自然标记与自然现象	ADA奇异自然现象 ADB自然标志地 ADC垂直自然带
B水域景观	BA河系	BAA游憩河段 BAB瀑布 BAC古河道段落
	BB湖沼	BBA游憩湖区 BBB潭池 BBC湿地
	BC地下水	BCA泉 BCB埋藏水体
	BD冰雪地	BDA积雪地 BDB现代冰川
	BE海面	BEA游憩海域 BEB涌潮与击浪现象 BEC小型岛礁

续表

主类	亚类	基本类型
C 生物景观	CA 植被景观	CAA 林地 CAB 独树与丛树 CAC 草地 CAD 花卉地
	CB 野生动物栖息地	CBA 水生动物栖息地 CBB 陆地动物栖息地 CBC 鸟类栖息地 CBD 蝶类栖息地
D 天象与气候景观	DA 天象景观	DAA 太空景象观赏地 DAB 地表光现象
	DB 天气与气候现象	DBA 云雾多发区 DBB 极端与特殊气候显示地 DBC 物候景象
E 建筑与设施	EA 人文景观综合体	EAA 社会与商贸活动场所 EAB 军事遗址与古战场 EAC 教学科研实验场所 EAD 建设工程与生产地 EAE 文化活动场所 EAF 康体游乐休闲度假地 EAG 宗教与祭祀活动场所 EAH 交通运输场站 EAI 纪念地与纪念活动场所
	EB 实用建筑与核心设施	EBA 特色街区 EBB 特性屋舍 EBC 独立厅、室、馆 EBD 独立场、所 EBE 桥梁 EBF 渠道、运河段落 EBG 堤坝段落 EBH 港口、渡口与码头 EBI 洞窟 EBJ 陵墓 EBK 景观农田 EBL 景观牧场 EBM 景观林场 EBN 景观养殖场 EBO 特色店铺 EBP 特色市场
	EC 景观与小品建筑	ECA 形象标志物 ECB 观景点 ECC 亭、台、楼、阁 ECD 书画作 ECE 雕塑 ECF 碑碣、碑林、经幢 ECG 牌坊牌楼、影壁 ECH 门廊、廊道 ECI 塔形建筑 ECJ 景观步道、甬路 ECK 花草坪 ECL 水井 ECM 喷泉 ECN 堆石
F 历史遗迹	FA 物质类文化遗存	FAA 建筑遗迹 FAB 可移动文物
	FB 非物质类文化遗存	FBA 民间文学艺术 FBB 地方习俗 FBC 传统服饰装饰 FBD 传统演艺 FBE 传统医药 FBF 传统体育赛事
G 旅游购品	GA 农业产品	GAA 种植业产品及制品 GAB 林业产品与制品 GAC 畜牧业产品与制品 GAD 水产品及制品 GAE 养殖业产品与制品
	GB 工业产品	GBA 日用工业品 GBB 旅游装备产品
	GC 手工工艺品	GCA 文房用品 GCB 织品、染织 GCC 家具 GCD 陶瓷 GCE 金石雕刻、雕塑制品 GCF 金石器 GCG 纸艺与灯艺 GCH 画作
H 人文活动	HA 人事活动记录	HAA 地方人物 HAB 地方事件
	HB 岁时节令	HBA 宗教活动与庙会 HBB 农时节日 HBC 现代节庆

(4) 2017 年版国标“旅游资源分类方案”中存在的问题

①释义存在的问题

◆部分旅游资源基本类型的释义缺乏科学性和严谨性。不同专业、不同领域的人参考该分类方案时,在认知理解上会产生偏差,容易造成旅游资源调查等实际工作中的误判或者疏漏。例如:ACC 垄岗状地景的释义为“构造形迹的控制下长期受溶蚀作用形成的岩溶地貌”,这与地质科学中对垄岗状地景的释义有差异,地质学中对“垄岗状地景”的解释为“由大致平行排列的多条垄岗和垄岗低地构成的地貌景观,按其成因可分为风蚀垄岗、冰川垄岗、溶蚀垄岗等”。显然前者的释义不完善,不严谨,所提及的岩溶地貌还不能算是垄岗状地景的典型代表。后者对于垄岗状地景的解释更加科学、严谨,清晰地说明了垄岗状地景的成因不仅是受溶蚀作用,还受到风力侵蚀、冰川侵蚀等其他外力作用。ECH 门廊、廊道的释义为“门头廊形装饰物,不同于两侧基质的狭长地带”,这与建筑学中对门廊的释义有差异,建筑学中门廊指在建筑物入口有顶棚的半围合空间,多见于别墅或者独立的楼房。根据不同的需求,常见的门廊有开放式门廊、封闭式门廊、半封闭式门廊。门廊,是房屋中一处独特的风景,它是室内外空间的延伸和交融。显然建筑学对于门廊的解释更加科学、严谨。

◆部分释义仅仅停留在理论层面上,没有联系实际进行解释说明,不够客观具体,致使实际操作性不强。例如 BDA 积雪地的释义为“长时间不融化的降雪堆积面”。长时间不融化是一个动态的概念,无法作为统一的判定标准,这在实践中很难操作。因为在现实生活中,积雪融化时间长短与当地的地理环境密切相关,受到多种因素的影响,尤其是温度。例如我国的南北方地区由于纬度差异,冬季温度呈现出南高北低的情况,北方的积雪在短期内不易融化,而南方的积雪可能在几天之内就会融化。通过该释义去判断南北方的积雪地这一基本类型就只能依靠个人的经验积累或是社会大众普遍的认知理解。

◆释义不准确,导致概念不全。这可能会导致一些初级人员在进行实地的旅游资源调查研究以及对旅游资源开发利用中容易出现失误。例如:ADA 奇异自然现象释义为“发生在地表一般还没有合理解释的自然界奇特现象”。该释义不够全面、不够准确,因为奇异自然景观还应该包括“有合理解释但异于常理的自然界奇特现象”。随着科学技术的进步,人们逐渐探索出造成部分奇特自然现象的原因,并给予了科学合理的解释。ACB 峰柱状地景释义为“在山地、丘陵或平地上突起的峰状石体”,该释义不够全面、不够准确,因为峰柱状地景还应包括“在山地、丘陵或平地上突起的峰状土体”,如土林。

②名称存在的问题

◆某些基本类型的名称不够准确,与具体释义不相符、不统一,容易引起混淆重复。例如:ADA 奇异自然现象,单从名称来看,该基本类型不仅包括地表奇异自然现象,还应包括地下和天空中的奇异自然现象。而该基本类型的释义为“发生在地表一般还没有合理解释的自然界奇特现象”。名称与释义不相符,容易引起混淆和重复,因此将名称改为“ADA 地表奇异自然现象”更为准确。

◆部分主类名称的命名比较牵强,不太合理,且不属于人们惯常使用的词语,这容易造成个人理解上的差异。例如:G 旅游购品这一主类名称在实际中很少见,甚至无法找到“旅游购品”这一词语的确切的含义,像是生搬硬凑出的新词。国标中应该避免使用这类词语，而应该使用社会大众熟悉的，有明确解释的词语作为主类名称。所以，笔者认为，将G旅游购品改为旅游商品会更合适。

③资源分类存在的问题

◆部分基本类型的细分问题。有些旅游资源的基本类型划分过于笼统，指向不明确，应该进一步细分。笼统的划分会导致在对旅游资源单体分类时，符合释义的旅游资源单体都被归入同一基本类型，这无法凸显各个旅游资源单体的特性，弱化了旅游资源单体之间的区分度、差异性。例如：ACB峰柱状地景指的是“在山地、丘陵或平地上突起的峰状石体”，该基本类型的范围过大，包括凸峰、独峰、峰丛、峰林、土林等。而这些旅游资源单体具有明显的差异，若将它们笼统地归为ACB峰柱状地景，便无法突出它们的特性。2003年版国标将凸峰、独峰等单独列为不同的基本类型，但最新版国标在对基本类型进行合并、简化工作时将这几种单体归为一个亚类，这种简化不是太合理。

◆基本类型存在重叠现象。两种基本类型之间存在涵盖关系，界限不清晰，降低了两种基本类型的区分度，容易造成重复计数，进而影响实践操作的准确性。例如：建筑与设施类中EAG的释义（进行宗教、祭祀、礼仪活动场所的地方）与EAI纪念地与纪念活动场所的释义（为纪念故人或开展各种宗教祭祀、礼仪活动的馆室或场地）后半部分出现重叠，在对旅游资源分类、调查时，很难将两者区分开，容易造成同一旅游资源的重复统计，建议将EAG与EAI进行合并；EAE文化活动场所释义（进行文化活动、展览、科学技术普及的场所）与EBD独立场、所的释义（具有观赏游览功能的文化、体育场馆等空间场所）出现重叠，前者已经包含“进行文化活动的场所”，后者重复包括“具有观赏游览功能的文化空间场所”。两者的范围出现重叠，区分度不高，建议将EAE与EBD进行合并。建筑与设施类中ECD书画作的释义（具有一定知名度的书画作品）与旅游购品中GCH画作的释义（具有一定观赏价值的手工画成作品）出现重叠，界限不清晰，很难区分，结合亚类名称，ECD书画作修改为摩崖字画更合适，相应的释义也要做修改。

◆部分基本类型的分类不合理，甚至出现明显的错误，导致各层次的类别相互矛盾，逻辑较混乱。例如：EB实用建筑与核心设施是指为了满足人们的实际需要，人工修建的各类建筑与设施，应该突出实用性与人工修建两个特点。而该亚类下EBI洞窟释义为“由水的溶蚀、侵蚀和风蚀作用形成的可进入的地下空洞”，说明此类洞窟是在自然作用下形成的，不是由人工打造、修建的，因此，国标对EBI洞窟的分类是不合理的，亚类与基本类型出现矛盾。为了使基本类型与亚类相吻合，需要对洞窟的释义重新进行修订，笔者认为 EBI 洞窟应释义为"为防御、储物、居住、宗教等目的而开凿的洞室或石窟"。

◆分类不严谨，层次不清晰。有些基本类型的释义中提及的旅游资源单体又被单独列出作为其他基本类型，分属于不同的亚类，这容易导致在对旅游资源单体分类时产生歧义。例如：EA 人文景观综合体亚类下的 EAD 建设工程与生产地释义中提及的农田、牧场、林场、养殖场又被单独列出，作为 EB 实用建筑与核心设施下的 EBK 景观农田、EBL 景观牧场、EBM 景观林场、EBN 景观养殖场。显而易见，EAD 释义中的农田、牧场、林场、养殖场的范围更宽泛，包括景观农田、景观牧场、景观林场和景观养殖场。分类不严谨，层次不晴晰造成基本类型释义与其他基本类型的交叉、混合，进而造成实际操作的不便。

④其他问题

其他问题主要体现在部分旅游资源基本类型的名称与释义出现常见的语法错误。

◆词语的重复赘余。例如 EAG 的释义后半部分为"礼仪活动场所的地方"。从语法上来看，场所和地方含义相同，出现重复赘余，应该删去其中一个词语。所以，EAG 准确的释义应该为"进行礼仪活动的地方(场所)"。

◆用词不准确。例如 EBB 特性屋舍，"特性"是指某事物所特有的性质，用在此处修饰屋舍既不太恰当，也与其对应的释义"具有观赏游览功能的房屋"不符。结合前后基本类型的名称，EBB 特性屋舍改为特色屋舍更合适。

（二）其他常见的旅游资源分类方法

1. 按旅游资源的价值和管理级别分类

由于旅游资源存在质量差异，其旅游价值有高有低，通常质量高的旅游资源价值大，等级高，管理级别也高。根据旅游资源的价值和管理级别进行分类，可将旅游资源分为世界级旅游资源、国家级旅游资源、省级旅游资源、市(县)级旅游资源。

(1) 世界级旅游资源

这类旅游资源品位突出，其历史价值、科学价值、观赏价值在世界上具有重要意义，或其资源珍贵、稀少，奇特程度在国内属于独有或罕见。例如，由联合国教科文组织在全球范围内遴选公布的世界遗产、世界非物质文化遗产、世界地质公园以及世界自然联盟公布的人与生物圈保护区等，这些都是世界公认的最具吸引力的旅游资源。

补充阅读：我国世界遗产名录、我国世界非物质文化遗产名录

我国世界遗产名录

我国自1985年加入世界遗产公约，至2021年7月25日，共有56个项目被联合国教科文组织列入《世界遗产名录》，数量位居世界第一，其中世界文化遗产33处，世界自然遗产14处，世界文化和自然遗产4处，世界文化景观遗产5处。

世界文化遗产(34处)：周口店北京人遗址(1987)、敦煌莫高窟(1987)、长城(1987)、秦始皇陵及兵马俑坑(1987)、北京和沈阳的明清皇宫(1987)、武当山古建筑群(1994)、曲阜三孔(孔庙、孔林、孔府)(1994)、承德避暑山庄及周围寺庙(1994)、拉萨布达拉宫历史建筑群(大昭寺、罗布林卡)(1994)、苏州古典园林(1997)、平遥古城(1997)、丽江古城(1997)、北京皇家祭坛——天坛(1998)、北京皇家园林——颐和园(1998)、大足石刻(1999)、皖南古村落——西递和宏村(2000)、明清皇家陵寝(2000)、龙门石窟(2000)、青城山与都江堰(2000)、云冈石窟(2001)、高句丽王城、王陵及贵族墓葬(2004)、澳门历史城区(2005)、殷墟(2006)、开平碉楼与村落(2007)、福建土楼(2008)、登封"天地之中"历史建筑群(2010)、元上都遗址(2012)、大运河(2014)、丝绸之路(2014)、土司遗址(2015)、鼓浪屿：历史国际社区(2017)、良渚古城遗址(2019)、泉州：宋元中国的世界海洋商贸中心(2021)。

世界自然遗产(14处)：四川九寨沟(1992)、四川黄龙(1992)、湖南武陵源(1992)、云南三江并流(2003)、四川大熊猫栖息地(2006)、中国南方喀斯特(2007)、江西三清山(2008)、中国丹霞(2010)、中国澄江化石地(2012)、中国新疆天山(2013)、湖北神农架(2016)、青海可可西里(2017)、贵州梵净山(2018)、中国黄(渤)海候鸟栖息地(第一期)(2019)。

世界文化和自然遗产(4处)：泰山(1987)、黄山(1990)、峨眉山—乐山大佛(1996)、武夷山(1999)。

世界文化景观遗产(5处)：庐山国家公园(1996)、五台山(2009)、杭州西湖文化景观(2011)、红河哈尼梯田文化景观(2013)、左江花山岩画文化景观(2016)。

资料来源：根据网络资料整理。

我国世界非物质文化遗产名录

源远流长的历史使中国继承了一份十分宝贵的世界文化和自然遗产，它们是人类的共同瑰宝。我国的世界非物质文化遗产数量位居世界第一，截至

2022年12月，共计43项：昆曲(2008)；古琴艺术(2008)；新疆维吾尔木卡姆艺术(2008)；蒙古族长调民歌(2008，与蒙古国联合申报)；中国传统蚕桑丝织技艺(2009)；南音(2009)；南京云锦织造技艺(2009)；宣纸传统制作技艺(2009)；侗族大歌(2009)；粤剧(2009)；格萨尔(2009)；龙泉青瓷传统烧制技艺(2009)；热贡艺术(2009)；藏戏(2009)；玛纳斯(2009)；花儿(2009)；西安鼓乐(2009)；中国朝鲜族农乐舞(2009)；中国书法(2009)；中国篆刻(2009)；中国剪纸(2009)；中国传统木结构建筑营造技艺(2009)；端午节(2009)；妈祖信俗(2009)；中国雕版印刷技艺(2009)；蒙古族呼麦歌唱艺术(2009)；羌年(2009)；黎族传统纺染织绣技艺(2009)；中国木拱桥传统营造技艺(2009)；京剧(2010)；中医针灸(2010)；麦西热甫(2010)；中国水密隔舱福船制造技艺(2010)；中国活字印刷术(2010)；中国皮影戏(2011)；赫哲族伊玛堪(2011)；福建木偶戏后继人才培养计划(2012)；中国珠算(2013)；二十四节气(2016)；藏医药浴法(2018)；送王船(2020，与马来西亚联合申报)；太极拳(2020)；中国传统制茶技艺及其相关习俗(2022)。

资料来源：根据网络资料整理。

(2) 国家级旅游资源

由国务院审定公布或批准建立的国家级重点风景名胜区(浙江杭州西湖风景名胜区、广西漓江风景名胜区、甘肃鸣沙山月牙泉风景名胜区等)、国家历史文化名城(如北京市、洛阳市、泉州市、开封市、南京市、西安市等)、全国重点文物保护单位(如江苏省太平天国天王府遗址、湖北省八七会议遗址、宁夏须弥山石窟等)和国家级自然保护区(如黑龙江扎龙自然保护区、广西花坪自然保护区、四川卧龙自然保护区)、国家森林公园(如陕西省的太白山、四川省的剑门关等)、国家湿地公园(如湖北省东湖国家湿地公园、广东省海珠国家湿地公园、浙江省西溪国家湿地公园等)等。这类资源具有重要的游览观赏、历史文化及科学考察价值，对旅游者能够形成较强的吸引力，其客源市场往往定位于国际游客及国内游客，并蜚声国内外。

(3) 省级旅游资源

包括省级风景名胜区(如乌蒙大草原景区、妥乐古银杏景区等)、省级历史文化名城(如黄平旧州古镇、织金县等)、省级文物保护单位(如平坝平庄汉墓、大方三塔之扶风塔等)以及省级自然保护区(如贵州百里杜鹃自然保护区、贵州屋脊赫章韭菜坪风景名胜区等)、森林公园(如娄山关省级森林公园、龙泉山省级森林公园等)和地质公园等。这类旅游资源具有较重要的旅游观赏、历史文化和科学考察价值，在本省内具有较大的影响力，有地方特色，可吸引省内和省外的国内游客。

(4) 市(县)级旅游资源

主要包括市(县)级风景名胜区、文物保护单位和森林公园等。这类旅游资源具有一定的观赏、历史文化和科学价值,主要是对本地及邻近地区游客具有吸引力。

2. 按照旅游资源的功能分类

旅游资源功能指旅游资源能够满足开展某种旅游活动需求的作用。根据旅游资源功能的不同可以把旅游资源分为观光游览型、文化知识型、参与体验型、康乐疗养型、购物型、情感型6种类型。

(1) 观光游览型:主要是供旅游者观光游览的自然风光、园林建筑、城镇风貌等旅游资源。

(2) 文化知识型:能够使旅游者获得一定的科学文化知识、开阔视野、增长阅历的遗址遗迹、宗教文化、社会风情、建筑与设施等旅游资源。

(3) 参与体验型:旅游者能够亲自参与体验的旅游资源,如节庆活动、民俗风情、滑雪、攀岩、探险等。

(4) 康乐疗养型:旅游者可获得休闲、娱乐、保健和疗养的温泉、度假村、海滩等旅游资源。

(5) 购物型:以土特产品、旅游纪念品为主,可供旅游者购买的旅游资源。

(6) 情感型:可以开展寻根祭祖、怀古、传统教育、探亲访友等旅游活动的旅游资源,如名人故居、纪念地、陵墓等。

(三) 几种新型的旅游资源分类方法

1. 按旅游资源的存在状况分类

按旅游资源的存在状况,可将旅游资源分为原生性旅游资源、萌变性旅游资源。

(1) 原生性旅游资源

原生性旅游资源是指经过漫长的自然与社会历史过程形成的,对于现今而言是先天赋予的旅游资源,如名山大川、传统民族风俗、文物古迹等。

(2) 萌变性旅游资源

萌变性旅游资源包括通过现代社会发展及其投资因素新营造出来的人为旅游吸引物。如现代城乡风貌、当代人造景观、节事活动与娱乐、主题乐园等方面的吸引因素,以及名优特新产品及商贸购物场所等。此外,还包括经现代人工改造过的自然景观,如人工湖等。这类旅游资源具有不断萌生和发展变化的性质,并且大多具有可模仿性强和可创新发展的特点。

2. 按照旅游目的地旅游资源的吸引强度和辐射能力分类

按照旅游目的地旅游资源的吸引强度和辐射能力，可将旅游资源分为核心资源、支撑资源、配套资源、储备资源四大类。

(1) 核心资源(Core-Resources)

核心资源是指能开发成为满足游客特定或综合出游动机的，实现游客核心利益需要的目的地型产品的旅游资源。核心资源品质极高，主题鲜明，地方特色突出。

(2) 支撑资源(Supportive-Resources)

支撑资源是指为直接支持旅游目的地打造，构建旅游线路，丰富旅游目的地游览内容和功能，强化游览主题，提供更加多元服务的起支撑作用的旅游资源。

(3) 配套资源(Subsidiary-Resources)

配套资源是指属于旅游目的地打造的间接支持型资源。

(4) 储备资源(Reserved-Resources)

储备资源是指资源具备一定品级，有开发利用的价值，但由于处于同类或相近核心资源、可替代资源、抢占先机的资源等阴影下而被遮蔽的、起储备作用的旅游资源，或由于资金约束、交通条件限制和市场需求量不足等因素而在开发时序上予以后置的资源。这些资源的存在增加了旅游目的地的资源丰度、市场容量和规模。

除上述分类外，还有一些其他的分类，如根据资源的可持续利用潜力，将旅游资源分为可再生、不可再生、可更新旅游资源；根据开发状态，可将旅游资源分为已开发利用旅游资源、正在开发利用旅游资源、未开发利用旅游资源(潜在旅游资源)。

(四) 国外及世界组织旅游资源分类方案

1. 西方国家主要分类方案

在众多的旅游资源分类方案中，M. Clawon 和 J. L. Knetsch 在 1996 年提出的按照旅游资源特征与游客体验分类方案影响深远，其分类系统如下：

(1) 利用者导向型游憩资源

利用者导向型游憩资源以利用者需求为导向，靠近利用者集中的人口中心，通常满足的主要是人们日常的休闲需求，如球场、动物园、一般性公园。面积一般为 40～100 公顷，通常由地方政府(市、县)或私人经营管理，海拔一般不超过 1 000 m，距离城市在 60 km 的范围内。

(2) 资源基础型游憩资源

这类资源可以使游客获得亲近自然的体验。资源相对于客源地的距离不确定，主要供旅游者在中长期度假中利用，如自然风景、历史遗迹及远足、露营、垂钓等所用资源，面积一般在 1 000 公顷以上，主要是国家公园、国家森林公园、州立公园以及某些私人领地。

（3）中间型游憩资源

中间型游憩资源的特性介于上述两者之间，主要为短期（一日游或周末度假）游憩活动所利用，游客的体验相比利用者导向型游憩资源更接近自然，但又比资源基础型游憩资源差一些。

2. 日本主要分类方案

与西方国家不同，日本对旅游资源的分类主要着眼于目的地属性特征。末武直义（1984）在自然资源、人文资源两分法之下，将自然资源进一步分为观赏旅游资源和滞留旅游资源两大类，共 41 小类；将人文资源分为文化旅游资源、社会旅游资源、产业经济有关的旅游资源三大类，共 67 小类。足羽洋保（1997）在其《观光资源论》中，将旅游资源分为自然资源、人文资源、社会资源、产业资源 4 种基本类型。其中，人文资源和社会资源都分别给出了有形资源和无形资源两种情况，产业资源主要将产业旅游活动场所，如工厂、观光农林业、观光牧场、观光渔业、展览设施等单独列为一类。

3. 世界旅游组织推荐的分类方案

联合国旅游组织（UNWTO）于 1997 年在杭州向中国推荐了全国性和区域性旅游规划的理论方法，提出的资源类别确定为 3 类 9 组。3 类，即潜在供给类、现实供给类以及技术资源类，其中，潜在供给类旅游资源包括文化景点、自然景点和旅游娱乐项目；现实供给类旅游资源包括途径、设施、整体形象；技术类旅游资源包括旅游活动的可能性、手段和地区潜力。

第二节　旅游资源的形成原因

一、自然旅游资源的成因

1. 地球各个圈层是自然旅游资源形成的基础

构成陆地环境的自然地理要素包括地质地貌、大气、水文、生物等，相应形成了岩石圈、大气圈、水圈和生物圈，这些圈层是自然旅游资源形成的基础。岩石圈在地球漫长的历史演变中，发生了无数次构造运动、岩浆活动、火山喷发等，形成了岩浆岩、变质岩等各种岩石，产生了褶皱、断层、构造活动带、火山地震带等，这些为名山大川、地质遗迹等景观的形成提供了基础；生物圈中分布着植物、动物与微生物，为自然保护区、森林公园、野生动物园等生物景观旅游资源的形成提供了基础；水圈中的江、河、湖、沼、海、泉等水体为水域景观旅游资源的形成提供了基础；大气圈中特殊的空气成分以及大气的折射、反射、衍射等，形成了气候疗养胜地、佛光、蜃景等天象气候旅游资源。

2. 地质作用是自然旅游资源形成的根本原因

地质作用分为内力作用与外力作用。内力作用表现为地壳运动、岩浆活动、变质作用等形式，决定着海陆分布、地势起伏等变化，对资源的类型及形成具有一定的控制作用，可以形成名山大川、火山地貌、地质遗迹、地热、温泉等自然景观，如火山喷发形成了世界著名的富士山、五大连池、长白山天池等；断块隆起形成了著名的华山、泰山、庐山等名山；岩浆活动形成了腾冲温泉、地狱谷温泉等；地壳褶皱隆起形成了喜马拉雅山、阿尔卑斯山等高海拔的名山。外力作用表现为风化作用、侵蚀作用、搬运作用、沉积作用、固结成岩作用，外力作用主要对内力作用形成的地表粗毛坯进行再加工，在加工的过程中，可以形成峡湾、峡谷、溶洞、石林、钙化、雅丹地貌等自然景观，如流水溶蚀作用形成了织金洞、龙宫、路南石林等知名岩溶地貌景观，流水沉积作用形成了黄龙钙化沉积地貌景观，流水侵蚀形成了长江三峡、黄果树瀑布等知名水体景观，冰川侵蚀形成了挪威峡湾、美国五大湖景观，风力侵蚀形成了新疆风蚀城堡、雅丹地貌景观。地质作用除了直接影响地貌景观、水体景观的形成外，也可间接影响气候、生物等景观的形成，如地壳运动形成了高大雄伟的乞力马扎罗山，巨大的高差造成该山地气候垂直差异显著，生物资源种类、数量非常丰富；断块上升造就了高大的庐山，夏季比同纬度地区气温低，成为著名的避暑旅游地。

3. 自然地理要素的地域组合决定了自然旅游资源的形成与特色

自然地理要素包括地质地貌、大气、水文、生物等，这些要素在一定的地域内相互联系，相互制约，有规律地组合形成了具有内部相对一致性的自然景观单元。一个区域的自然地理要素及其组合状况决定该区域的自然景观旅游资源的形成、类型及特色。不同的地域，自然地理要素及其组合有很大的差异，因此，形成的自然景观旅游资源也有很大的差异，且特色不同。如赤道地区水热条件较好，非常适合生物的生长，植被茂密，形成了独特的热带雨林景观；两极地区水热条件差，不利于生物的生长，植被稀疏，形成了独特的冰原、苔原景观；内陆地区降水少，气候干旱，植被覆盖率低、风沙地貌广布，形成了独特的大漠景观；海滨地区，阳光、沙滩、大海等要素有机结合，形成了独特的海滨风光。

4. 生物的演化丰富了自然旅游资源的类型

生物是地球表面生命有机体的总称，包括动物、植物和微生物。从地球上出现生命到现在，经历了漫长的时间，在这个漫长的过程中生物不断进化，其中一些生物适应不了环境，死亡灭绝，其遗体保存下来，就成了具有研究价值和观赏价值的古生物化石旅游资源，如三叶虫、恐龙化石等。还有一些生物只有在特定的条件下才能存活，成为珍贵稀有的动植物旅游资源。如大熊猫、银杏、白鳍豚、朱鹮等；此外，国家为保护珍贵稀有动植物、植物群落、生态系统等建立的自然保护区，现已成为科学研究和旅游开发的重要场所，如新疆的博格达峰、四川卧龙、湖北神农架等。

5. 气候条件是自然旅游资源区域差异形成的重要因素

气候是某一地区多年天气的综合特征。气候对自然旅游资源中风景地貌的形成、水域景观的形成、动植物的生长及演变等都有着控制性的影响，如西北地区干旱的气候，造就了独特的风沙地貌景观；赤道地区的湿热气候形成了独特的热带雨林生物景观等。气候的地域差异，决定自然景观旅游资源分布的地域差异，如非洲大陆从赤道向两侧分别为热带雨林气候、热带草原气候、热带沙漠气候、地中海气候，相应其生物景观旅游资源分别为热带雨林景观、热带草原景观、热带荒漠景观、亚热带常绿硬叶林景观；气候的垂直差异，造成自然景观在垂直方向上发生变化，进而形成山地立体旅游资源。

二、人文旅游资源的成因

1. 人类历史遗存

人类出现之后到目前，经历了漫长的历史阶段，在此期间，人类创造了丰富多样的物质财富和精神财富，如聚落、寺庙、园林、雕塑、壁画、水利工程、桥梁等。这些物质财富和精神财富凝聚着人类的智慧，是当时政治、经济、文化的反映。众多在人类历史发展过程中被保存下来的人类财富是当时历史的见证，能引起后人的兴趣，成为具有强大吸引力的旅游资源。如我国的长城、故宫，埃及的金字塔等，因其工程浩大，建筑宏伟，文物价值极高，成为中外游客光顾的主要对象；北京周口店、盘州大洞等古人类遗址，对研究人类进化和社会发展具有重要的价值，成为科考爱好者、学生经常参观的场所。

2. 社会文化的地域差异

社会文化是一定地域的人群根据其所在的地理环境，利用群体智慧创造形成的物质、制度、思想、生产生活方式等的总称。不同的地域，人们所处的自然环境、社会环境不同，形成的社会文化有很大的差异，如我国与西方国家文化的差异、我国南方与北方文化的差异。文化的地域差异会导致一地区的人对另一地区的文化产生好奇感,进而促使一地区的人向另一地区移动,去了解另一地区的文化。因此,不同地域社会文化的差异,是人文旅游资源形成的一个重要原因。

3. 不断变化的市场需求

随着社会经济的不断发展,人们的收入不断增加,旅游需求呈现出个性化、多样化的趋势,为了更好地满足旅游者的需求,新的旅游景区、景点不断形成。一方面,一些原来不是旅游场所的教育科研单位、工厂、矿区、农田、牧场等已被开发为旅游景点,具备了旅游资源的属性,如北大校园、博物馆、西湖龙井茶厂等;另一方面,交通便利、客源充足的经济发达地区为了满足旅游者多方面的需求,利用高科技手段,创造了大量的人造景观,这些人造景观已成为一项新型的旅游资源,如上海迪士尼乐园、台州方特·狂野大陆主题乐园等;此外,随着某一社会事件发生或人类对自然的多角度发现,原本已经存在的某些自然和人文实体被赋予了新的社会文化价值,从而形成更新层次上的旅游景观资源,如由于电影《你好,李焕英》的上映,该部电影的拍摄地三线老工厂——襄阳卫东机械厂一时名声大噪,成为旅游热点。

4. 科技的进步

当今世界,科技发展日新月异。科技的进步,是一些人文旅游资源形成的重要因素。首先,科技进步本身会形成新的人文旅游资源,如贵州平塘天眼成为人文旅游资源是天文技术发展的结果;其次,利用先进的科学技术,打造了一些新的人造景观,这些人造景观属于新型人文旅游资源,如利用 AR、VR、MR、人工智能、全息投影等高科技手段打造的中华恐龙园旅游度假区、陕西文旅数字体验馆等。

课后思考

1. 简述旅游资源分类的原则。
2. 简述新国标旅游资源分类存在的问题。
3. 简述旅游资源的形成原因。

案例分析:

世界古银杏之乡——妥乐村

贵州省盘州市石桥镇妥乐村共 24 个村民组,1 349 户,总人口 4 503 人。妥乐村始建于明代,整个村庄位于山谷地带,房屋高低分布,错落有致,与银杏树相辅相成,这里小桥流水,风景秀丽,古树绵绵,奇峰傍寺。秋日的妥乐村,更为漂亮，金灿灿的古银树与村舍、小桥、流水相映成趣，组成一幅美丽的乡村田园画。

妥乐村生长有1 450多株古银杏树，平均树龄300年以上，植株高大，胸径大多在1～2米，冠幅、高度15～30米。特别是妥乐村中心的银杏树王，树龄1 500年以上。妥乐村是世界上古银杏生长密度最高、保存最完好的地方。在妥乐村，无论是小径上、田埂边，还是在屋檐下、石阶上，都能随处看到古银杏树枝以其独特的姿态向四面八方充分伸展。妥乐人世世代代都在这庞大的银杏根基上生活着、耕织着，到处都呈现出安静祥和的景象，达到了古树与村寨的完美结合，彰显了“千年人代惊弹指，独有参天鸭脚存”的独特风韵，谱写了一曲“人树相依”的华美乐章。

妥乐古银杏景区占地面积3.5平方公里，主要景点有小桥流水人家、西来寺、仙人庙、仙马湖、琴湖湿地、古民居、树王、上马桥、下马桥、杏湖、镜湖、东盟论坛会议中心等。

资料来源：根据妥乐银杏景区有关网络资源整理。

（1）根据《旅游资源分类、调查与评价》(GB/T 18972—2017)，判断树王、东盟论坛会议中心分别属于哪一主类、亚类、基本类型。

（2）分析妥乐村旅游资源形成的原因。

参考文献

[1] 肖星，王景波.旅游资源学[M].天津：南开大学出版社，2013：17-63.

[2] 谢泽明.旅游资源学[M].北京：机械工业出版社，2022：61-85.

[3] 王伟.旅游资源学[M].武汉：华中科技大学出版社，2023：22-37.

[4] 杨阿莉.旅游资源学[M].北京：北京大学出版社，2020：24-44.

[5] 何效祖.对国家标准《旅游资源分类、调查与评价》的若干修订意见[J].旅游科学，2006(5)：62-67.

[6] 国家旅游局.旅游资源分类、调查与评价：GB/T 18972—2017[S].北京：国家旅游局，2017：1-16.

[7] 张瑞.谈对2017版国标《旅游资源分类、调查与评价》中旅游资源分类方案的认识[J].智库时代，2019(33)：279-280.

[8] 韩雷.旅游资源的分类与评价统计分析[J].赤峰学院学报(自然科学版)，2013，29(10)：60-62.

[9] 吴惠智，凌善金.旅游资源分类方法及其应用研究[J].云南地理环境研究.2010，22(6)：96-100.

第三章　自然旅游资源

学习目标：

1. 能够举例说明地文、水域、生物、天象与气候景观旅游资源的特征及旅游价值。

2. 掌握地文、水域、生物、天象与气候景观旅游资源的类型划分及典型代表。

3. 能够运用多学科知识分析地文、水域、生物、天象与气候景观旅游资源的成因。

思政目标：

通过对地文景观、水域景观、生物景观、天象与气候景观旅游资源的学习，认识自然旅游资源的美学特征及价值，提高审美能力及旅游资源保护意识，树立绿水青山就是金山银山的发展理念。

第一节　地文景观旅游资源

地文景观是指在自然环境的影响下，地球内、外营力共同作用形成的景观。地文景观旅游资源是指在长期地质作用中形成的，对游客具有吸引力，能够被旅游业开发利用，产生经济效益、社会效益、生态环境效益的地文景观。

一、地文景观旅游资源的形成

地文景观旅游资源的形成与地质作用有关。地质作用按照能源来源方式不同，分为内营力作用和外营力作用，内营力作用主要表现为地壳运动、岩浆活动、变质作用、地震等，外营力作用主要表现为风化、侵蚀、搬运、沉积、固结成岩作用。

不同的地质内营力作用会形成不同类型的地文景观旅游资源，如火山喷发作用会形成火山锥、火山口、火山遗迹等地貌景观旅游资源（如我国的长白山天池、日本的富士山、美国的夏威夷群岛）；岩浆活动会形成地热景观、温泉（如冰岛的地热、日本的温泉）等旅游资源；地壳水平运动产生的褶皱，会形成褶皱山脉旅游资源，如喜马拉雅山、阿尔卑斯山、安第斯山脉等；地壳垂直运动产生的断块隆起，会形成断块山旅游资源，如我国陕西的华山、江西的庐山、山东的泰山等；地震会产生地震遗址、遗迹等旅游资源，如青川县东河口地震遗址公园等。

内营力作用形成地表的粗毛坯，外营力作用则不断对粗毛坯进行再加工，在再加工的过程中，也会形成各种类型的地文景观旅游资源，如流水的侵蚀、溶蚀、沉积作用会形成峡谷、溶洞、石林、钙化、海蚀柱等流水地貌及喀斯特地貌旅游资源（如我国的长江三峡、贵州的织金洞、云南的路南石林、四川的黄龙钙华、海南三亚的南天一柱、美国的科罗拉多大峡谷、印度尼西亚加里曼丹岛石林等）；风力的侵蚀、沉积作用会形成风蚀蘑菇、风蚀城堡、雅丹地貌、新月形沙丘等风沙地貌旅游资源（如甘肃敦煌鸣沙山、新疆乌尔禾魔鬼城、罗布泊）等；冰川作用会形成冰斗、角峰、槽谷、峡湾等冰蚀地貌旅游资源（如我国四川的海螺沟、挪威西海岸的峡湾等）。

二、地文景观旅游资源的特征

1. 天然赋存性

从成因来看，任何地文景观都是地球内营力和外营力作用的结果，是大自然长期发展变化的产物，远非人力所能为。所以，地文景观旅游资源具有显著的天然赋存性特点。如喜马拉雅山、路南石林、织金洞它们都是大自然对人类的馈赠。

2. 地域性

不同地区自然环境（地形、气候、植被、水文、岩石）不同，因此，形成的地文景观旅游资源也不相同，所以，地文景观旅游资源具有显著的地域性特点，如雅丹地貌在我国主要分布于西北地区，喀斯特地貌在我国多分布于西南地区，冰川地貌多分布于高纬度或高海拔地区。

3. 不可再生性

地文景观旅游资源经历了漫长的地质历史时期，是地球内、外营力亿万年长期作用的结果，远非人力所能为，又加上地文景观旅游资源占地面积广，空间规模大，所以，地文景观旅游资源一旦遭到破坏，将永远在地球上消失，人工无法复原，具有显著的不可再生性特点。如鸭嘴岩位于美国俄勒冈州的州立公园内，它经历数千年的风化，把自己雕琢成了一只鸭嘴兽的形状，非常受游客的喜爱，后来被一群“熊孩子”故意推倒，千年的景观就此消失。

4. 形成年代久远

地文景观是在漫长的地质历史时期内，由内、外营力作用形成、发展并遗留下来的自然景观，所以地文景观旅游资源具有形成年代久远的特点，如广东丹霞山是从中生代后期到新生代初期经历数百万年才形成，河南嵩山经历了 30 多亿年的演化才形成了今天的样子。

三、地文景观旅游资源的价值

1. 美学观赏价值

地文景观以其千姿百态的形态美和多样的色彩美而展示其特有的美感，具有很高的美学观赏价值。

(1) 形态美。如游览泰山，你会被其雄伟之姿所吸引。泰山以雄伟之姿、磅礴之势凌驾于齐鲁大地之上，登上泰山，你才能真正领会“会当凌绝顶，一览众山小”这句诗所描写的意境。来到黄山，你会被其奇妙姿态所陶醉。黄山有无数的奇峰(如莲花峰、光明顶、天都峰)、奇松(如迎客松、蒲团松、黑虎松)和奇石(如猴子观海、狮子抢球、仙女弹琴、仙人指路)。登上华山，你会被其险峻之势所折服。华山以险著称，有着“奇险天下第一山”之美誉。景区内的“千尺幢”“百尺峡”“上天梯”“鸽子翻身”等路段几乎垂直，非常险峻。

(2) 色彩美。地文景观的色彩既可由岩体本身颜色所形成，还可通过植被、气象条件等其他因素的渲染而显现。如以山色叫绝的丹霞山，构成它的红色砂、砾岩呈现出绚丽的色彩，远看似染红霞，近看五彩斑斓，令人称奇。温带地区高大山脉的植被随着一年四季的更替，为山地换上了不同颜色的衣服，使山地更加妩媚动人：春天草木抽芽，翠烟弥漫；夏天枝繁叶茂，碧海无涯；秋天草木枯黄，层林尽染；冬季银装素裹，天地一色。色彩美赋予了地文景观以变化和生机，让人们可以领略到不同风格的美景，获得不同的审美感受。

2. 科普教育价值

地文景观是大自然的杰作，其形成、发展具有一定的规律性，蕴含一定的科学道理。因此，通过游览地文景观，可以了解其产生与演变的原理，学到新的科学知识，满足旅游者开阔视野、丰富阅历、增长见识、接受科普教育等多种需求。如游览云南路南石林和贵州织金洞，你能很容易理解喀斯特地貌是如何形成的；参观古生物化石，你可以认识地质历史时期生物的演化和环境的变化；看了天坑以及地壳运动的痕迹(褶皱、断层等)，你比较容易理解地壳运动的知识；参观地震、火山遗址博物馆，你可以增长地质灾害知识，提高防灾意识。

3. 康体健身与探险价值

地文景观的康体健身包括疗养和体育锻炼两个方面。就疗养而言，主要是利用山地和其他自然要素如气候、水域、森林等的协调组合向旅游者提供避暑、养身、休憩等服务，如江西庐山海拔高，夏季气温低，植被覆盖率高，空气质量好，成为我国夏季著名的疗养、避暑胜地；就体育锻炼而言，山地是理想的去处，在山地可开展徒步登山、滑雪、滑草、攀岩等康体运动活动。

"无限风光在险峰""登高极顶景无穷""洞穴深处最神秘",因此,许多名山大川的主峰,沟壑洞穴的深处常常是富有冒险和挑战精神的旅游者经常光顾的地方。如亚洲的喜马拉雅山、贵州的一些溶洞,每年都会吸引来自全球的探险者前往。

4. 文化旅游价值

我国古代文人墨客多有寄情自然,借助书画来抒发自己情怀、志向的传统,因此,我国许多山岳,多留有古人诗词题赋。流传下来的许多千古名句和壮美的诗篇,为山岳景观注入了灵魂,强化了景观的文化内涵。游客登上这些留有古人诗词题赋的名山,不仅能欣赏到美丽的自然风景,也能深刻领会诗词的深刻内涵、意境。如杜甫《望岳》一诗中"会当凌绝顶,一览众山小",描绘出的泰山雄伟高大,表现出的诗人不怕困难、敢于攀登绝顶、俯视一切的雄心和气概,只有游客亲自登上泰山山顶,俯瞰齐鲁大地,才能深刻理解、领会。另外,我国的许多山岳,往往与宗教文化密切相关,如峨眉山、嵩山是佛教名山,武当山、青城山是道教名山等。游客登上这些名山,不仅能欣赏到美丽的风景,还能深刻了解、体验道教、佛教等宗教文化,包括宗教信仰、活动(祭祀、礼仪等)。综上所述,地文景观也具有重要的文化旅游价值。

四、地文景观旅游资源的主要类型

地文景观旅游资源是旅游资源中最为常见,且分布较为广泛的资源类型。《旅游资源分类、调查与评价》(GB/T 18972—2017)中,将地文景观旅游资源分为4个亚类17个基本类型(表3-1)。

表3-1 地文景观分类表

主类	亚类	基本类型	简要说明
A 地文景观	AA 自然景观综合体	AAA 山丘型景观	山地丘陵内可供观光游览的整体景观或个别景观
		AAB 台地型景观	山地边缘或山间台状可供观光游览的整体景观或个别景观
		AAC 沟谷型景观	沟谷内可供观光游览的整体景观或个体景观
		AAD 滩地型景观	缓平滩地内可供观光游览的整体景观或个别景观
	AB 地质与构造形迹	ABA 断裂景观	地层断裂在地表形成的景观
		ABB 褶曲景观	地层在各种内力作用下形成的扭曲变形
		ABC 地层剖面	地层中具有科学意义的典型剖面
		ABD 生物化石点	保持在地层中的地质时期的生物遗体、遗骸及活动遗迹的发掘地点

续表

主类	亚类	基本类型	简要说明
A 地文景观	AC 地表形态	ACA 台丘状地景	台地和丘陵形状的地貌景观
		ACB 峰柱状地景	在山地、丘陵或平地上突起的峰状石体
		ACC 垄岗状地景	构造形迹的控制下长期受溶蚀作用形成的岩溶地貌
		ACD 沟壑与洞穴	由内营力塑造或外营力侵蚀形成的沟谷、劣地，以及位于基岩内和岩石表面的天然洞穴
		ACE 奇特与象形山石	形状奇异、拟人状物的山体或石体
		ACF 岩土圈灾变遗迹	岩石圈自然灾害变动所留下的表面痕迹
	AD 自然标志与自然现象	ADA 奇异自然现象	发生在地表一般还没有合理解释的自然界奇特现象
		ADB 自然标志地	标志特殊地理、自然区域的地点
		ADC 垂直自然带	山地自然景观及其自然要素（主要是地貌、气候、植被、土壤）随海拔呈递变规律的现象

（一）自然景观综合体

1. 山丘型景观

山丘型景观指山地丘陵内可供观光游览的整体景观或个别景观。

（1）山地

山地是指海拔在 500 米以上的高地，地势起伏很大。按其海拔可分为极高山（海拔在 5 000 米以上）、高山（海拔在 3 500～5 000 米）、中高山（海拔在 1 000～3 500 米）、低山（海拔在 500～1 000 米）。山地一般具有特殊的气候、地貌和生物条件，景色优美，气候宜人，空气新鲜。此外，有些山脉与文化深度融合（如宗教文化、祭祀文化、红色文化），如泰山、峨眉山、井冈山等，具有深厚的文化底蕴。因此，大部分山地对于旅游者来说具有很强的吸引力，是重要的旅游资源。以山地为基础形成的旅游景点，其最重要的旅游功能是观赏、科普、文化、康体健身与探险。国内外著名的山地有：

我国五岳名山：东岳泰山（山东泰安市）、西岳华山（陕西华阴市）、南岳衡山（湖南衡阳市）、北岳恒山（山西大同市）、中岳嵩山（河南登封市）。

我国四大佛教名山：山西五台山（文殊菩萨道场，有“清凉佛国”之称）、四川峨眉山（普贤菩萨道场，有“仙山佛国”之称）、安徽九华山（地藏菩萨道场，有“莲花佛国”之称）、浙江普陀山（观音菩萨道场，有“海天佛国”之称）。

我国四大道教名山：湖北武当山、四川青城山、安徽齐云山、江西龙虎山。

我国其他名山：安徽黄山（四绝：奇松、怪石、云海、温泉）、江西庐山（四大奇观：瀑布、奇峰、云海、植被）、江西井冈山（红色革命文化）、广东丹霞山（中国红石公园)、西藏珠穆朗玛峰(世界最高峰)等。

国外著名的山脉:欧洲的阿尔卑斯山、非洲的乞力马扎罗山、日本的富士山、南美洲的安第斯山脉、北美洲的落基山脉等。

(2) 丘陵

丘陵是指地球表面形态起伏和缓,绝对高度在500米以内,相对高度不超过200米,由各种岩类组成的坡面组合体。丘陵地区,尤其是靠近山地与平原之间的丘陵地区,往往由于山前地表水和地下水由山地供给而水量丰富,自古就是人类重要的农耕、居住之地,也是果树林带丰产之地。丘陵地带风景优美,且盛产水果、茶叶等农产品,具有重要的观光、康体健身及农产品采摘体验等价值,是重要的旅游资源。我国著名的丘陵有:江南丘陵、两广丘陵、辽东丘陵、山东丘陵等。

2. 台地型景观

台地型景观是指山地边缘或山间台状可供观光游览的整体景观或个别景观。台地是一种四周有陡崖的、直立于邻近低地、顶面基本平坦似台状的地貌,根据成因可分为构造台地、剥蚀台地、冻融台地等,根据物质组成又可分为基岩台地、黄土台地、红土台地等。台地在长期外力作用下,造型独特,再加上色彩绚丽的岩层及岩石,一般具有很高的观赏价值。我国比较著名的台地有内蒙古乌兰察布市的红崖台地、山西运城市的峨眉台地、云南香格里拉市的白水台等。

3. 沟谷型景观

沟谷型景观是指沟谷内可供观光游览的整体景观或个体景观。沟谷主要由河流、冰川等侵蚀、搬运作用而成,其最重要的旅游功能是科学考察、观赏、探险。我国著名的沟谷型景观主要有雅鲁藏布江大峡谷、长江三峡等。

补充阅读:雅鲁藏布大峡谷

雅鲁藏布大峡谷是世界上最大、最深的峡谷。北起米林县大渡卡村,南到墨脱县巴昔卡村,全长504.6千米,平均深度2 268米,最深处达6 009米,平均海拔在3 000米以上,是世界第一大峡谷。整个峡谷地区冰川、绝壁、陡坡、泥石流和巨浪滔天的大河交错在一起,环境十分恶劣。许多地区至今仍无人涉足,堪称“地球上最后的秘境”,是地质工作少有的空白区之一。

雅鲁藏布大峡谷,映衬着雪山冰川和郁郁苍苍的原始林海,云遮雾涌,神秘莫测。大峡谷的水,从固态的万年冰雪到沸腾的温泉,从涓涓细流、帘帘飞瀑到滔滔江水,真是千姿百态。大峡谷的山,从遍布热带雨林的山脉到直入云天的皑皑雪山,让人感觉如神来之笔。大峡谷的奇异景观还体现在生物的多样性上,在同一坡面上,从高到低形成了九个垂直自然带。不同高度的自然带呈现出不同的自然景观，犹如凌空展开的一幅神奇美丽的画卷。在这里，可以见到从寒冷的北极到炎热的赤道分布的动植物。许多珍贵的林木和花卉生长在人迹罕至的地方，各种野生动物攀援穿梭其间，真不愧"植物类型博物馆"和"动物王国"的美誉。

资料来源： https://baike.baidu.com/item/%E9%9B%85%E9%B2%81%E8%97%8F%E5%B8%83%E5%A4%A7%E5%B3%A1%E8%B0%B7/715983?fr=ge_ala（最后一次访问时间：2024 年 11 月 21 日）

4. 滩地型景观

滩地型景观是指缓平滩地内可供观光游览的整体景观或个别景观，大多位于海滨或大河之滨。平缓细腻的沙滩与周围壮阔的水景、奇特的海岸地貌或河谷地貌结合在一起，构成一幅美丽的画卷。在海滨或大河之滨的沙滩，既可欣赏到美丽的风景，又可开展多种沙滩体验旅游活动，如堆沙、沙滩排球、沙滩挖宝、沙滩足球、赶海等，因此，海滨或大河之滨的沙滩地往往是游客经常光顾的地方。我国著名的滩地型景观旅游地有：青岛的黄金海岸、秦皇岛的北戴河、北海的银滩、三亚的亚龙湾等。

（二）地质与构造形迹

1. 断裂景观

断裂景观指地层断裂在地表形成的景观，包括断层景观和节理景观。

（1）断层景观

断层是指岩层断裂后，断裂面两侧的岩体有明显位移和错动的断裂构造。断层往往可以形成独特的自然景观。断层发生时，上升一侧的岩块相对位置较高，形成雄伟、陡峭的断块山，断裂面处两侧岩体相对位移、错动，一般会形成陡峭、雄伟的断崖。断块山和断崖极具旅游美学特征，具有很高的观赏、探险价值。我国比较著名的断块山有山东的泰山、陕西的华山、江西的庐山等；比较著名的断崖有陕西华山北坡断崖、台湾花莲县清水断崖、宁夏银川苏峪口断崖等，其中，台湾花莲县清水断崖（南北长 21 km，地质以片麻岩和大理岩为主，呈 90 度角直插入太平洋，高度均在 800 米以上），是我国最大、最险的海岸断崖，也是世界第二大海岸断崖。

（2）节理景观

节理是岩层破裂后，破裂面两侧的岩层没有发生明显位移和错动的断裂构造。垂直岩面上的节理具有观赏价值，如太行山、贺兰山一些地区悬崖上的节理，斑驳陆离，显示出一种特有的自然纹理与质地，给人浑厚、古朴、沧桑的美学感受。此外，节理的存在可加速各种外营力的侵蚀过程，是一些地貌旅游资源形成的关键，如张家界砂岩峰林、石林县路南石林等，就是沿垂直节理侵蚀的产物。

2. 褶曲景观

褶曲是指岩层受到地壳运动产生的挤压力的作用所形成的扭曲变形。褶曲仅指岩层的单个弯曲，而岩层的连续弯曲则称为“褶皱”。岩层剖面上出现的褶皱，有奇特的观赏价值。坚硬的岩石被弯曲成不同形态，有的呈波浪形，有的呈锯齿形，让人领略到大自然的鬼斧神工。“褶皱”一般有两种形态，即背斜和向斜。背斜岩层向上拱起，向斜岩层向下弯曲，在没有受到外力作用的情况下，背斜一般成山，向斜一般成谷。正因为褶皱与许多山脉、盆地（谷地）的形成有关，并影响矿产资源的形成，所以，褶皱成为专业人员进行科学研究，青少年进行研学的重要内容。如嵩山的褶皱构造成为地质旅游和研学旅游的重要景点，每年吸引着大量的国内外学者和青少年学生前往。

3. 地层剖面

地层是地壳发展过程中形成的各种成层岩石的总称。地层剖面指地层中具有科学意义的典型剖面，其具有较高的科学研究和科普教育价值，可以广泛开展科学考察专项旅游以及青少年科普旅游。我国地层出露较全，许多地层在国际上具有代表性。例如，我国第一个国际地层剖面——云南昆明梅树村的寒武纪剖面，对探索生命起源以及与生物有关的矿产形成具有重要意义。国家地质公园之一的陕西洛川黑木沟，现存有世界闻名的第四纪黄土典型地层剖面，是不可多得的第四纪沉积及古气候变迁科普教育旅游资源。

4. 生物化石点

古生物化石，指人类史前地质历史时期形成并赋存于地层中的生物遗体和活动遗迹，包括植物、无脊椎动物、脊椎动物等化石及其遗迹化石。生物化石点指保持在地层中的地质时期生物遗体、遗骸及活动遗迹的发掘地点。古生物化石是地球历史的见证，是研究生物起源和进化等的科学依据。古生物化石对于青少年学生、科考人员等具有很大的吸引力，是一种重要的地文景观旅游资源。以古生物化石点为基础形成的旅游景点，具有重要的科学考察及科普教育功能。

补充阅读：我国著名的古生物化石群、世界著名化石遗址类博物馆（自贡恐龙博物馆）

恐龙化石群：主要分布在黑龙江嘉阴一带，四川自贡及四川盆地其它地区，山东诸城，内蒙古二连浩特盐池和查干诺尔，广东南雄，山西天镇，河南西峡、内乡，新疆准噶尔盆地，以及广西抚绥，浙江永康，贵州等地。

山旺生物群：位于山东省东部，主要保存于中新世山旺组硅藻土层中（距今约1 400万年),其种类之多、保存之完整为世界罕见。目前已发现的化石有十几个门类600多种。动物化石包括昆虫、鱼、蜘蛛、两栖、爬行、鸟及哺乳动物。昆虫化石翅肢清晰,保存完整,有的还保留绚丽的色彩,已研究鉴定的有11目46科100属182种。

云南澄江生物群:位于云南省南部。赋存距今大约5.3亿年前的寒武纪地层中,以多门类海生软躯体和保存有软体部分的古无脊椎动物化石为代表。包括海绵、腔肠动物、蠕虫、腕足类、软舌螺、内肛虫、节肢动物和一些位置不明的化石。化石丰富、其软体组织、器官保存完美,是迄今世界上已知少数几个早期珍贵无脊椎动物化石产地之一。

贵州关岭生物群:主要位于黔西南。主要赋存距今2.27亿年前中三叠世晚期地层中,包括大量完整、精美的珍稀海生爬行动物和海百合化石,并伴有鱼类、菊花类、双壳类和腕足类等多类古生物化石。

资料来源:根据我国古生物化石群相关网络资料整理。

自贡恐龙博物馆位于四川省自贡市的东北部,距市中心11公里。它是在世界著名的"大山铺恐龙化石群遗址"上就地兴建的一座大型遗址类博物馆,是中国继半坡遗址和秦始皇兵马俑坑之后,又一大型现场博物馆,也是我国第一座专业性恐龙博物馆,世界三大恐龙遗址博物馆之一。

博物馆占地面积6.6万多平方米,馆藏化石标本几乎囊括了距今2.01—1.45亿年前侏罗纪时期所有已知恐龙种类,是世界上收藏和展示侏罗纪恐龙化石最多的地方之一。被美国《国家地理》杂志评价为"世界上最好的恐龙博物馆"。大山铺恐龙化石遗址于1972年发现,已陆续发掘出大批珍贵的恐龙化石,成为一个罕见的化石宝库。经勘察,大山铺恐龙化石遗址化石富集区达1.7万平方米,共分为3到4个小层。在仅两个800多平方米范围内就发掘出恐龙个体化石近百个,完整和较完整的自贡恐龙博物馆骨架30余具。其恐龙动物群包括3个纲、11个目、15个科、近20个种,并出土了一批珍贵的伴生动物化石。这个化石群中,相当部分是新属新种,有长达20米的亚洲第二长龙、植食性长颈椎蜥脚恐龙、凶猛的食肉性恐龙、身材矮小的鸟脚类恐龙和极珍贵的原始剑龙,在国内外同地质时代的地层中实为罕见,具有很高的科研价值和游览观光价值。为研究恐龙及古爬行动物分类、生态、生理、生活、演化规律以及古地理、古气候和中生代地学等提供了实物依据,成为世界侏罗纪化石研究的重要场所,同时也为中外游客提供了一个扣人心弦的异景奇观,被誉为"恐龙群窟,世界奇观","中国的国宝"。

资料来源: https://baike.baidu.com/item/%E8%87%AA%E8%B4%

A1%E6%81%90%E9%BE%99%E5%8D%9A%E7%89%A9%E9%A6%86/444423? fr=ge_ala#5(最后一次访问时间:2024 年 5 月 24 日)

(三) 地表形态

1. 台丘状地景

台丘状地景是指台地和丘陵形状的地貌景观,典型的如丹霞地貌景观、沙丘地貌景观等。

(1) 丹霞地貌景观

丹霞地貌(Danxia Landform)即以陆相为主(可能包含非陆相夹层)的红层(不限制红层年代)发育的具有陡崖坡的地貌,目前该定义被大多数学者们接受,也可表述为"以陡崖坡为特征的红层地貌"。红色陡崖坡是丹霞地貌最重要的识别要素。丹霞地貌主要发育于中上白垩系的红色陆相砂砾岩地层中,以我国广东的丹霞山最为典型。丹霞地貌最突出的特点是"赤壁丹崖"广泛发育,形成了顶平、身陡、麓缓的方山、石墙、石峰、石柱等奇险的地貌形态。丹霞地貌形状奇异的山石、色彩绚丽的地层,极具旅游美学特征,具有很高的观赏价值。我国丹霞地貌分布广泛,除广东丹霞山外,福建武夷山、湖南崀山、贵州赤水、甘肃麦积山、江西龙虎山等地也有分布,其中,有些分布区已成为重要的旅游地,如广东丹霞山、贵州赤水、江西龙虎山等。

补充阅读:赤水丹霞

赤水丹霞国家地质公园位于贵州省赤水市 ,地处四川盆地南缘,紧靠黔北大娄山北麓,扬子准地台西部。是青年早期丹霞地貌的代表,其面积达 1 200 多平方公里,是全国面积最大、发育最美丽壮观的丹霞地貌。赤水丹霞与湖南崀山、广东丹霞山、福建泰宁、江西龙虎山、浙江江郎山等六大著名丹霞地貌景区组合成为"中国丹霞",并在第 34 届世界遗产大会上通过表决,成为我国第 8 个世界自然遗产项目。赤水丹霞地貌的形成发展大致可分为四个阶段,即古湖沉积期、抬升剥蚀期、幼年丹霞期以及青年丹霞期。古湖沉积期:三叠纪中晚期的印支运动,使得四川中台坳发生断陷下沉形成巴蜀古湖,在三叠纪晚期至白垩纪期间一直处于内陆湖盆环境,并沉积了厚达上千米的红层和含煤组合,为后期赤水丹霞地貌的发育准备了良好的物质基础。抬升剥蚀期:白垩纪末期的燕山运动使得四川中台坳脱离内陆湖盆环境,原来在巴蜀古湖中沉积的巨厚红层暴露地表,并在第三纪期间连同其南侧的黔北台隆经历了较长时间的间歇性剥蚀夷平过程,形成了多级地形起伏较和缓的夷平面。地形上整体表现为东南高、西北低。青年丹霞Ⅰ期：进入第四纪后，受新构造运动的影响，贵州丹霞赤壁高原掀斜式抬升，导致赤水丹霞的地貌向回春方向发育。四川盆地受到强烈挤压，其边缘地区挤压尤为强烈。由于四川盆地刚性较强，褶皱发育较差，上升幅度不大，大多数地区地层倾角较为和缓，但陡顷的X节理极为发育。赤水丹霞所在的四川盆地南缘地区的侏罗系、白垩系红层受贵州高原的迅速抬升影响，发生显著上升。贵州高原和四川盆地在地势上的高差进一步拉大。赤水河及其支流受此影响强烈下切，产生继承性发育，并沿大型节理塑造出较深的峡谷，第三纪形成的古夷平面开始解体。但因下切侵蚀的时间不长，沟谷不深，许多地区还保留了大面积连片的高原面，台地的四周因重力崩塌的影响，开始发育出一些赤壁丹崖，但高度均不大。青年丹霞Ⅱ期：随着赤水河及其支流的不断下切，丹霞地貌向深性发育。东部核心区山顶高度基本一致（1 400～1 500 m），古夷平面依稀可见，山原峡谷型丹霞景观十分典型。"V"形丹霞深谷的数量大大增加，深度也较前一阶段大很多，沟底至山顶的相对高差一般可达数百米。作为赤水丹霞代表性景观的丹霞崖壁不论是数量和还是高度方面，均较前一阶段有很大的发展，高达数百米的丹崖随处可见。西区处于回春发育的青年早期阶段，分水岭地区保留了较大面积的高原面，但周边地区已开始遭受较为强烈的切割而趋于破碎，但峡谷的深度和空间分布密度远不及东部核心区，形态上属于典型的高原峡谷型丹霞地貌，和东部核心区形成了较为明显的空间反差。

资料来源：https://upimg. baike. so. com/doc/5761267-5974030. html（最后一次访问时间：2024 年 5 月 24 日）。

（2）沙丘地貌景观

沙丘地貌是指由强劲风力侵蚀、搬运、堆积而成的沙丘或沙垄，主要分布于我国西北干旱、半干旱地区。沙丘主要有新月形沙丘、金字塔沙丘等。沙垄则有横向沙垄和纵向沙垄之分。我国西北地区的沙丘地貌景观一般规模宏大，比较壮观，具有重要的观赏价值。一些沙丘每当风吹流沙时会发生沙鸣现象，如甘肃敦煌鸣沙山、宁夏沙坡头、内蒙古响沙湾等，其中以甘肃敦煌鸣沙山最为著名。对鸣沙机制的研究，吸引国内外大批学者前往这些地区。此外，沙丘地貌广布区，自然环境恶劣，人迹罕至，适合探险。我国比较著名的沙丘地貌景观旅游地有：甘肃敦煌鸣沙山、宁夏沙坡头、新疆库木塔格沙漠、塔克拉玛干沙漠、内蒙古库布齐沙漠、乌兰布和沙漠等。

2. 峰柱状地景

峰柱状地景是指在山地、丘陵或平地上突起的峰状石体或土体，包括峰丛、峰林、孤峰、石林、土林等。

(1) 峰丛及峰林:峰丛是基部完全相连成簇分布的石灰岩山峰,其顶部多为圆锥状;峰林是成群分布的山体基部分离的石灰岩山峰群,其相对高度为 100～200 m,高者达 300 m,坡度大于 45°,通常是峰丛进一步发展的结果。峰丛与峰林的主要区别是峰丛山峰间基部相连的高度比例大于上部分开部分,而峰林则相反。比较有代表性的景观有贵州兴义的万峰林。

(2) 孤峰:竖立在平原上的孤立的石灰岩山峰。它是岩溶平原和溶蚀谷地中常见的地貌形态之一,相对高度 100 米左右。比较有代表性的景观有广西桂林的独秀峰。

(3) 石林:地表水沿可溶性岩石的裂隙进行溶蚀、侵蚀形成凹下的沟槽,称为溶沟。溶沟间突起的部分称为石芽。众多高大的石芽排列如林,形成了石林。我国比较著名的石林景观有云南路南石林、四川兴文石林、贵州赤水石林等。

(4) 土林:土林是一种土状堆积物塑造的、成群的柱状地形,因远望如林而得名。我国比较著名的土林有元谋土林、大同土林。

补充阅读:黄土高原上的魔鬼城——大同土林

"大同土林"位于山西省大同市东南 18 公里处的云州区杜庄村。这里有神奇壮观的地质地貌和有被誉为"东方古人类文化摇篮"的泥河湾盆地旧石器文化遗址。大同土林是经过数十万年第四系上更新统马兰组和第四系下更新统泥河湾组共同演变形成的奇特地质地貌。它既不同于云南元谋土林,也不同于西藏阿里扎达土林,它是黄土高原上的奇迹。时间统领着风和水,在这块土地上喧嚣着的洪荒之力,让软绵散漫的黄土凝聚起来,站立起来,形成奇特的黄土土林,显示了黄土高原的坚韧和刚强。独立而又互相关联的土壁、土柱聚集在这里,矗立在这里,或如城堡孤悬,或如将军列阵,或如大漠孤驼,或如猛虎卧岗,或如奇峰独秀,或如少女玉立,亦真亦幻,如情如梦,"横看成岭侧成峰,远近高低各不同",不同的角度、不同的距离,有着不同的视觉冲击力,充分展示了大自然的神奇魅力!

资料来源:https://baike.so.com/doc/1669106-1764757.html(最后一次访问时间:2024 年 5 月 24 日)。

3. 垄岗状地景

由大致平行排列的多条垄岗和垄岗低地构成的地貌景观,按其成因可分为风蚀垄岗、冰川垄岗、溶蚀垄岗等,典型的垄岗状地景为雅丹地貌。雅丹地貌是一种典型的风蚀地貌,又称风蚀垄槽,或者称为风蚀脊(Yardang),在极干旱地区的一些干涸的湖底，常因干涸而裂开，风沿着这些裂隙吹蚀，裂隙愈来愈大，使原来平坦的地面发育成许多不规则的背鲫形垄脊和宽浅沟槽。由于大风不断剥蚀，风蚀沟谷和洼地逐渐分开了孤岛状的平台小山，后者演变为石柱或石墩，长达数十米到数百米，高可达 10 米。有些雅丹地貌外观像古城堡，俗称“魔鬼城”。雅丹地貌占地面积大，造型千奇百怪，具有很高的观赏价值。我国著名的雅丹地貌有新疆的白龙堆雅丹、乌尔禾雅丹、三垄沙雅丹，甘肃的敦煌雅丹等。

4. 沟壑与洞穴

沟壑与洞穴是指由内营力塑造或外营力侵蚀形成的沟谷、劣地，以及位于基岩内和岩石表面的天然洞穴。沟壑与洞穴景观一般具有较强的观赏性，另外，洞穴还是科考、探险的好去处，具有很高的科考和探险价值，如我国黄土高原地区由于黄土特有的属性，加上当地地形、气候以及人类活动的影响，形成了独特的沟壑景观，具有很高的观赏价值；贵州毕节织金县地表广布可溶性岩石，在气候、流水等因素的作用下，形成了地下溶洞奇观——织金洞，具有极高的观赏价值和科研价值。此外，我国著名的洞穴景观还有安顺的“龙宫”、桂林的“芦笛岩”、江苏宜兴的“善卷洞”、辽宁本溪的“水洞”等。

补充阅读：岩溶瑰宝——织金洞

织金洞，位于贵州省织金县官寨苗族乡，原名打鸡洞。织金洞是一个多格局、多层次、多类型的高位旱洞，洞内岩溶生长独特，景物规模宏大，雄伟壮观，千姿百态，精妙绝伦。全洞初勘长 12.1 公里，面积达 70 平方米，两壁最宽处 173 米，垂直高度多在 50～60 米，最高处达 150 米。洞内空间开阔，地形起伏跌宕，岩溶堆积物达 40 多种，囊括了世界溶洞所有的形态类别。洞内遍体洁白，高 17 米的“银雨树”以及形态各异的“塔松”“卷曲石”“穴罐”“鸡血石”等堪称稀世珍品，具有极高的观赏价值和科研价值。经有关专家、学者考察，被誉为汇集天地美景、天下奇观一洞的“地下艺术宝库”和“举世无双的岩溶博物馆”。中科院下辖的《中国国家地理》等国家级地理研究部门给予了高度赞誉，称其为“中国最美的旅游洞穴”，“黄山归来不看岳，织金洞外无洞天”！

资料来源：https://baike.baidu.com/item/%E7%BB%87%E9%87%91%E6%B4%9E/187740?fr=ge_ala（最后一次访问时间：2024 年 5 月 24 日）。

5. 奇特与象形山石

奇特与象形山石是指形状奇异、拟人状物的山体或石体。奇特与象形山石除了具有奇特的形状之外，有的还被人们赋予了深刻的寓意，并以此创造了许多动人的故事，正因为如此，奇特与象形山石对游客具有很大的吸引力，成为重要的地文景观旅游资源。

我国著名的象形山景观有：贵州贞丰的“双乳峰”、广西桂林的“象鼻山”、河南信阳“鸡公山”、湖南张家界“天门山”等。

我国著名的象形石景观有：黄山的“石猴观海”、九华山的“观音台”、张家界的“夫妻岩”、路南石林的“阿诗玛”等。

6. 岩土圈灾变遗迹

岩土圈灾变遗迹是指岩石圈自然灾害变动所留下的表面痕迹，包括地震遗迹、火山遗迹、冰川遗迹等。

（1）地震遗迹

地震遗迹是指地震发生时所留下的痕迹，是地震遗迹旅游资源形成的基础。以地震遗迹为基础形成的旅游景点，如青川县东河口地震遗址公园，其最基本的旅游功能是考学考察、科普，通过考察、参观，获得有关地震的知识，认识地震发生时对人类造成的危害，提高防震的意识。

补充阅读：东河口地震遗址公园

东河口地震遗址公园，是汶川大地震第一个地震遗址保护纪念地，位于四川省广元市青川县。2008 年 11 月 12 日举行了开园暨震后旅游市场启动仪式。该地震遗址公园是由汶川大地震中地球应力爆发形成的，也是地质破坏形态最丰富、体量最大、地震堰塞湖数量最多、最为集中、伤亡最为惨重的地震遗址群。主要景点有：地震遗址广场、东河口堰塞湖、祭祀台、王阳坪观景台、东河口大桥遗址、地震石、地震知识长廊等。

资料来源：https://baike.baidu.com/item/%E4%B8%9C%E6%B2%B3%E5%8F%A3%E5%9C%B0%E9%9C%87%E9%81%97%E5%9D%80%E5%85%AC%E5%9B%AD/7380597?fr=ge_ala（最后一次访问时间：2024 年 5 月 24 日）。

（2）火山遗迹

火山遗迹是指火山喷发留下的各种遗迹，如火口湖、堰塞湖、火山锥、温泉、熔岩洞穴等，是吸引旅游者的重要旅游资源。如吉林长白山天池是著名的火口湖、黑龙江五大连池是著名的堰塞湖、日本富士山是著名的锥状火山、云南腾冲火山口温泉群是著名的火山温泉群。

（3）冰川遗迹

冰川遗迹指在冰川发生、发展和消亡过程中，直接形成的堆积物和地貌。如由冰蚀作用产生的"U"形谷、角峰、冰斗等,冰积作用形成的侧碛、底碛丘和终碛等。冰川遗迹景观形态奇特(如围椅子状的冰斗、尖峭的角峰、匍匐状的羊背石等)、稀有少见(主要分布于高纬度和高海拔地区),正因为如此,对游客具有很大的吸引力,成为重要的地文景观旅游资源。冰川遗迹景观最重要的旅游功能是观赏、科普、科学考察和探险。我国著名的冰川遗迹景观有:甘肃的透明梦柯冰川、西藏的绒布冰川、四川的海螺沟冰川等。

补充阅读:西藏的绒布冰川

绒布冰川是珠峰之下的复式山谷冰川,有着"中国最美六大冰川之首"的美誉。珠峰地区纬度低,太阳辐射强,冰川表面的小气候差异造成冰面差别消融("差别消融"就是冰的融化速度不同),形成许多奇丽的景色。冰川上有千姿百态、瑰丽罕见的冰塔林、冰斗、角峰、刀脊、冰柱、冰桌、冰锥、冰蘑菇、冰茸、冰桥等,又有高达数十米的冰陡崖和步步陷阱的明暗冰裂隙,还有险象环生的冰崩雪崩区。由于景色奇绝,故被登山探险者们誉为世界最大的"高山上的公园"。

资料来源:https://baike.baidu.com/item/%E7%BB%92%E5%B8%83%E5%86%B0%E5%B7%9D/1238942?fr=ge_ala(最后一次访问时间:2024年5月24日)。

(四)自然标志与自然现象

1. 奇异的自然现象

奇异的自然现象指发生在地表,一般还没有合理解释或有合理解释但异于常理的自然界奇特现象。我国有许多目前未能合理解释的奇异自然现象,如位于沈阳的帽山西麓怪坡,自行车或汽车不用借助外力,就能从坡底自动滑行到坡顶;此外,还有云南大理的"蝴蝶泉"、湖南衡山的"群蛙朝圣"等,这些奇异的自然现象,极具神秘性,从而吸引旅游者前往观光探索。

2. 自然标志地

自然标志地是指标志特殊地理、自然区域的地点。我国有一些地点、界线,具有特殊的天文地理意义,如台湾嘉义、广西桂平、广东汕头、云南墨江等地是北回归线穿过的地方,我国在这些地区分别建立了北回归线标志;"亚洲中心地理标志"的位置在新疆乌鲁木齐市永丰乡包家槽子村(东经87°19′52″、北纬43°40′37″);秦岭不仅是我国南北方的界山,还是亚热带和暖温带的分界线、湿润区和半湿润区的分界线、水田与旱地的分界线、一月份0℃等温线和800 mm年等降水量线的通过地,同时,还被认为是中华文明的发源地之一,承载着丰富的文化和历史意义。这些自然标志点适宜开展科普旅游。

3. 垂直自然带

垂直自然带是指山地自然景观及其自然要素(主要是地貌、植被、气候、土壤)随海拔呈递变规律的现象。垂直自然带形成的主要原因为:随着海拔高度的增加,水热条件发生变化,导致不同海拔高度形成不同的气候,进而发育不同的自然带,最终呈现自然带水平方向延伸,垂直方向递变的现象。垂直自然带景观在低纬度高海拔的山脉上发育最为典型,如非洲的乞力马扎罗山(位于赤道与南纬 3°之间,海拔:5 892 m):其迎风坡海拔 0～1 000 m 为热带雨林带,1 000～2 000 m 为热带草原带,2 000～2 800 m 为常绿阔叶林带,2 800～3 400 m 为落叶阔叶林带,3 400～4 400 m 为高寒草甸带,4 400～4 900 m 为高寒荒漠带,4 900 m 以上为积雪冰川带。

第二节　水域景观旅游资源

水域景观是指以江、河、湖、海、泉、瀑、冰川等形式存在的景观。水域景观旅游资源是指对游客具有吸引力,能够被旅游业开发利用,产生经济效益、社会效益、生态环境效益的水域景观。

一、水域景观旅游资源的形成

地球表面三分为陆,七分为海,因此,地球有"水的星球"之称。地球上的水以固态、液态、气态等形式分布于海洋、陆地、大气之中,形成了海洋水、陆地水、大气水等各种类型的水体,其中,陆地水包括河流、湖泊、沼泽、冰川等。各种形态的水体在地质地貌、气候、生物等因素的配合下,形成不同类型的水域景观,其中有些水域景观对游客具有很大的吸引力,能够满足游客的某种需求,就成为重要的水域景观旅游资源。如热带海滨地区在阳光、沙滩、椰林等因素的配合下,极具观赏、运动、疗养价值,形成极具吸引力的海滨旅游资源;桂林的漓江在两岸青山的映衬下,具有很高的观赏价值,形成极具吸引力的江河旅游资源。

二、水域景观旅游资源的构景要素

1. 水形

水形指水体不同的形状。地球上的水体多以各种不同形状的地理实体表现出来。海洋、河流、溪涧、湖泊、泉等，都有不同的形状，给人不同的美感。如江、河、溪、涧等线型水体，其长短、宽窄、曲直变化万千；大海、湖泊、水库等面型水体，有开阔、辽远的美感。

2. 水声

水声指水体流动或冲击时所发出的各种美妙的声音。这种声音通过听觉器官，形成听觉美感。如：惊涛拍岸（大海）、涓涓细流（小溪）、雄浑的飞瀑、泉水叮咚等。

3. 水色

水色指水体的颜色。水本身是无色的，但是由于水体处在不同的地理环境中，所含矿物质及洁净程度不同，或者透入水中的光线受水中悬浮物以及水分子的选择吸收与选择散射的作用影响，可呈现出不同的颜色。如在纯水中，蓝光易被散射，水体多呈浅蓝色或蓝色；黄河因含沙量大，成为世界上特有的黄色巨流，在阳光下宛如一条金色的带子。

4. 水味

水味指水的味道。自然界的水体因水中所含成分的不同，会有不同的味道，如陕西的甘泉，其泉水水质清澈、甘甜醇香；希腊境内的奥尔马加河，河水甜度相当于蔗糖的75%，被称之为甜河；非洲安哥拉的勒尼达河，喝水能散发扑鼻的香味，被称为香河。

5. 水影

水影指映在水中的倒影。水体近周的山、石、树、花及白云、蓝天、桥梁建筑等都会因光反射而在水中形成倒影。实物虚影相互辉映，构成美景。如六盘水市的明湖，四面环山，山湖相映，景色非常优美，被誉为"瑶池仙境"。

6. 水态

指水体的状态。液态的水体从它的表现形式上有动态和静态之分；从它的运行过程上有喷涌、流动、跌落、平静之分；静态的水体常以泉、湖、塘、池等形式出现，给人以安详朴实的感受；动态的水体常以河流、海洋、瀑布等形式出现，波涛汹涌的大海、滚滚的江河、跌宕的飞瀑、潺潺流淌的小溪，无不给人一种不断运动变化的动态之美。

三、水域景观旅游资源的特征

1. 承载力小

水域景观相对于地文景观、生物景观等来说，体量小、自我净化和生物降解能力弱，往往是风景区生态环境最为脆弱的区域，对旅游活动的承载力较小。一旦超载，水域景观就会受到破坏，治理起来难度大，时间长。如云南滇池，20世纪90年代，由于周边污水大量排放，水体严重富营养化，水质恶化，水体发臭，后来，对滇池周边的工厂、酒店、饭店等进行了关停，减少了污水的排放，同时采取了生物、化学等措施进行治理，到目前，虽然水质有所改善，但距污染前的水质还有很大的差距，仍需要很长的时间进行治理。

2. 性状多变

水体景观的构景要素包括水形、水声、水色、水影、水味、水态，其中水声、水色、水影、水态常随外界环境的变化而变化，具有显著的性状多变的特点，正因为如此，水域景观才变得多姿多彩。如大海在无风的时候，风平浪静，比较安详，在有风的时候，波涛汹涌，气势磅礴；湖泊在早晨、傍晚会出现湖面与天空连成一片，浑然一色（红色）的景象；在白天天气晴朗的条件下，在水体中会出现近处事物优美的倒影，在其他时间则不会出现；瀑布在丰水期和枯水期水量有明显的差异，其气势也有很大的差异。

3. 活化景观的作用显著

水是重要的构景要素，其对景观的活化作用比较显著，主要表现如下：

（1）水是景区“灵气”之所在。古人云：“水得山而媚，山得水而活。”古往今来无论是皇家园林，还是雅士别院，都采取引水注入方式，非常重视山水的组合。园林中只要有了水，一切都活起来了。如果说山是园林的骨架，那么水是园林传神的眼睛。

（2）水体可以丰富景观的声响。雨打芭蕉、溪流淙淙、惊涛拍岸、飞瀑流泉等都丰富着自然景观的声响，使游人听到不同于都市喧嚣、机器轰鸣的自然之声。

（3）水体增添了景观的动感。山岳景观千百年来岿然不动，天象景观稍纵即逝，只有江河奔流、潮涨潮落等水体景观，能够在较长时间段增添景观的动感。

四、水域景观旅游资源的价值

1. 美学观赏价值

水体景观以它独有的水形、水色、水声、水影、水态展示其特有的美感，具有很高的美学观赏价值。

（1）水的壮阔之美

面对波澜壮阔的大海、飞流直下的瀑布、波涛滚滚的江河，人们往往会感到心胸豁然开朗，惊叹于大自然的波澜壮阔，产生仰慕或敬畏之情。我国贵州的黄果树瀑布、陕西的壶口瀑布都是以雄壮著称，当瀑布直下水流撞击崖壁、深潭时，水雾弥漫，声震四野，似雷鸣，似万马奔腾，惊心动魄。

（2）水的秀丽之美

平静的水面，舒缓的江面，在两岸或周围的山脉、树木、桥梁等的映衬下，会给人秀丽、柔和、安详的美感。如广西漓江，宽阔的江面，平缓明净的流水，两岸青山如黛，间以农田、村舍，给人以秀丽美妙之感。

（3）水的奇特之美

水的奇特之美，源自于其形、色、声等。如黄山瀑布景观中的“人字瀑”“一字瀑”等具有奇特的形状；九寨沟的五彩池高低错落，层层相连，呈现奇特的色彩，被誉为“人间瑶池”；“死海”堪称世界之奇，湖水含盐量非常高，即使不会游泳的人在湖中也不会溺水，正因为如此，才有“死海不死”的美誉。

2. 疗养价值

水体景观，如湖泊、温泉、海水、水库等具有疗养的价值。一是有些水体中含有多种微量元素，对人体有一定的药理和生物化学作用，如硫化氢泉可改善皮肤血液循环及新陈代谢，对银屑病、神经性皮炎、湿疹等有明显的疗效；二是湖泊、水库、海洋热容量大，温差小，同时这些地区视野开阔，风景秀丽，是人们疗养和旅游的好去处，如河北秦皇岛的北戴河、广西北海的涠洲岛。

3. 娱乐体验价值

水体是最富有吸引力的娱乐型旅游资源，借助水体，人们可以开展丰富多彩的体育娱乐活动，如游泳、垂钓、潜水、冲浪、漂流、划水、滑雪等。这些娱乐活动具有很强的体验性，深受游客的喜爱，是游客旅游时的首选。如广西北海银滩利用其优美的滨海环境（洁白的沙滩、海水、椰树等）开展了海水浴、冲浪、海钓、潜水等体验性旅游活动，吸引了大批国内外游客。

4. 文化旅游价值

水体资源不仅是旅游资源的重要部分，也是人们吟诗作赋的主要对象。古往今来，有不少文人墨客以江河湖泊、瀑布、泉水为对象，写下了许多优美的诗篇，如大诗人李白观庐山瀑布时，留下了“飞流直下三千尺，疑是银河落九天”的著名诗句；韩愈曾以“江作青罗带，山如碧玉簪”的诗句赞美漓江；王勃曾用“落霞与孤鹜齐飞，秋水共长天一色”来描写晚霞下的鄱阳湖美景。除了这些流传下来的诗文以外，还有许多水体资源旁边的摩崖石刻、传说故事等，形成了丰厚的文化积淀和浓郁的文化氛围，增强了水体景观的文化价值，如八仙过海的故事发生于蓬莱仙阁、许仙和白娘子的爱情故事发生于西湖断桥，为上述两地注入了文化元素，增强了对游客的吸引力，每年都有大量的海内外游客前往。

5. 品茗价值

茶与水的关系极为密切，俗语说好水冲好茶。古人对泡茶用水的选择，一是甘而洁，二是活而鲜，三是贮水得法。泡茶的水如果水质较差，会严重损害茶的味道。此外，有些茶必须用特定的水才能泡出原本的汤色和味道，如杭州西湖龙井茶，只有用虎跑泉的水冲泡，茶水才能清澈无比、清淡甜美。饮茶品茗，以修身养性，陶冶情操是我国人民生活中经常做的一件事，正因为如此，现在很多景区都结合本地区良好的水质和茶叶，开展游客品茗项目。

五、水域景观旅游资源的主要类型

《旅游资源分类、调查与评价》(GB/T 18972—2017)中，将水域景观旅游资源分为 5 个亚类 13 个基本类型(表 3-2)。

表 3-2 水域景观分类表

主类	亚类	基本类型	简要说明
B 水域景观	BA 河系	BAA 游憩河段	可供观光游览的河流段落
		BAB 瀑布	河水在流经断层、凹陷等地区时垂直从高空跌落的跌水
		BAC 古河道段落	已经消失的历史河道现存段落
	BB 湖沼	BBA 游憩湖区	湖泊水体的观光游览区与段落
		BBB 潭池	四周有岸的小片水域
		BBC 湿地	天然或人工形成的沼泽地等带有静止或流动水体的成片浅水区
	BC 地下水	BCA 泉	地下的天然露头
		BCB 埋藏水体	埋藏于地下的温度适宜、具有矿物元素的地下热水、热气
	BD 冰雪地	BDA 积雪地	长时间不融化的降雪堆积面
		BDB 现代冰川	现代冰川存留区域
	BE 海面	BEA 游憩海域	可供观光游憩的海上区域
		BEB 涌潮与击浪现象	海水大潮时潮水涌进现象，以及海水涨潮时的击岸现象
		BEC 小型岛礁	出现在江海中的小型明礁或暗礁

(一) 河系

地表上有相当大的水量且常年或季节性流动的天然水称之为“河”。河流在我国的称谓很多，规模大的称为江或河，规模小的叫溪或涧。河系旅游资源包括游憩河段、瀑布、古河道段落三种类型。

1. 游憩河段

游憩河段是指可供观光游览的河流段落。大河，一般可分为五个区段，即河源段、上游段、中游段、下游段和河口段。不同的河段，其形态和景观不同。需要注意的是游憩河段不是河流的自然地理分段，而是指风景优美、具有旅游开发价值的河流的某个区段。游憩河段依其资源特色及景观特征可以分为以下四种类型：

(1) 急流涧溪型：多发育在河流上游的山地地区，河床比降大，水流湍急，两岸层峦叠嶂、景色迷离，是泛舟漂流的好地方，如长江上游的金沙江。

(2) 峡谷型：多发育于河流的中上游地区，狭窄的江面、湍急的水流、中流的砥柱与浅滩、两岸的造型地貌，把游人带入了仙界幻境，如长江三峡、长江虎跳峡等。

(3) 河曲型：多分布于河流的中下游地区，宽阔的河面、迂回曲折的河道、舒缓的流水、两岸优美的田园风光或草原风光，构成一幅浪漫优美的画卷，如陕西清涧太极湾、延川乾坤湾、吉林集安太极湾、新疆巴音布鲁克草原上的开都河九曲十八弯等。

(4) 河流三角洲型：河流从上游带来的大量泥沙，在河口处由于地势起伏较小以及海水顶托力的作用，水流速度非常缓慢，大量的泥沙沉积，形成一个近似三角形的平原，称三角洲。三角洲地区地形平坦、土壤肥沃、湿地广布、水流平稳、生物繁多，形成一个由河流网结合湿地、村庄、渔场、农田为主题的特殊旅游地，如我国的长江三角洲、珠江三角洲都是著名的旅游目的地。

补充阅读：长江三峡

长江三峡是重庆十大文化符号之一，中国40佳旅游景观。长江三峡西起重庆奉节的白帝城，东到湖北宜昌的南津关。是瞿塘峡、巫峡和西陵峡三段峡谷的总称，是长江上最为奇秀壮丽的山水画廊，全长200千米左右，也就是常说的"大三峡"。除此之外，还有大宁的"小三峡"和马渡河的"小小三峡"。这里两岸高峰夹峙，港面狭窄曲折，港中滩礁棋布，水流汹涌湍急。"万山磅礴水泱漭，山环水抱争萦纡。时则岸山壁立如着斧，相间似欲两相扶。时则危崖屹立水中堵，港流阻塞路疑无。"著名诗人李白经过三峡时，留下了"两岸猿声啼不住，轻舟已过万重山"的著名诗句。

资料来源：https://baike.baidu.com/item/%E9%95%BF%E6%B1%9F%E4%B8%89%E5%B3%A1/371964?fr=ge_ala(最后访问时间：2024年5月27日)。

2. 瀑布

瀑布是指河水在流经断层、凹陷等地区时垂直从高空跌落的跌水。在形态上，瀑布飞流急泻、喷珠溅玉；在声势上，瀑布或如雨声，或如雷鸣，或如万马奔腾；在色彩上，瀑布下落时，或似"白练"，或似"堆雪"；瀑布是形、色、声、动的集合体，具有很高的美学观赏价值。瀑布根据成因，可分为以下6种类型(表3-3)。

表 3-3　瀑布分类表

名称	成因	典型案例
构造型瀑布	由地壳运动使地层发生断层所形成的瀑布	江西庐山三叠瀑布
堰塞瀑布	山崩、滑坡、泥石流等堆积物、冰碛物、火山喷发的熔岩流等堵塞河道，造成跌水而形成的瀑布	黑龙江吊水楼瀑布
袭夺瀑布	由河流的袭夺造成。被袭夺的河流由于高于袭夺河流的谷底而跌落下来，从而形成袭夺瀑布	贵州安顺滴水滩瀑布
差异侵蚀瀑布	当两种不同抗冲能力的岩层在一起，并同时受到一条河流的冲蚀，则会产生差异侵蚀瀑布	云南石林大叠水瀑布
喀斯特瀑布	在岩溶地区，因流水溶蚀作用使可溶性岩石岩层、落水洞等发生坍塌或钙化层的不断堆积，河道中出现天然的坝坎等因素而形成	贵州安顺黄果树大瀑布、四川阿坝牟尼沟钙化瀑布
悬谷瀑布	因冰川的刨蚀作用形成，往往以古冰斗为积水潭，再经由冰斗边缘的陡坎、夺路飞泻跌落形成	江西庐山王家坡瀑布

知识链接：河流袭夺

河流袭夺指处于分水岭两侧的两条河流，其中侵蚀速度较快、侵蚀较深的河流首先切穿分水岭，导致分水岭另一侧高位河流的上游河段被龚夺，成为此河支流。

补充阅读：黄果树大瀑布

黄果树大瀑布位于贵州省安顺市镇宁布依族苗族自治县，是黄果树瀑布群中规模最大的一级瀑布，是世界著名大瀑布之一，以水势浩大著称。瀑布高度为77.8米，其中主瀑高67米；瀑布宽101米，其中主瀑顶宽83.3米。“透陇隙南顾，则路左一溪悬捣，万练飞空，溪上石如莲叶下覆，中剜三门，水由叶上漫顶而下，如鲛绡万幅，横罩门外，直下者不可以丈数计，捣珠崩玉，飞沫反涌，如烟雾腾空，势甚雄厉，所谓‘珠帘钩不卷，匹练挂遥峰’，俱不足以拟其状也。盖余所见瀑布，高峻数倍者有之，而从无此阔大者。但从其上侧身下瞰，不免神悚。”黄果树大瀑布属喀斯特地貌中的侵蚀裂典型瀑布，最早因河床突然出现了一个裂点，经河水长年累月不断的冲刷和溶蚀，便裂点踏隙，形成了一个落差，也就形成了瀑布的基本面貌，后因风雨溶蚀和雨水不断冲刷，又使原先形成的瀑布不断向后撤。据地质学家考证，瀑布形成今天这种稳定的局面，曾有过三次大的变迁，它后撤距离长达205米，现今的三道滩、马蹄滩、油鱼井便是它后撤留下的遗迹，在地质学上，这一现象并称为“向岩后撤”。

资料来源：https://baike.so.com/doc/3139092-3308366.html（最后一次访问时间：2024年5月24日）。

3. 古河道段落

古河道段落指已经消失的历史河道现存段落。古河道形成的原因有很多，主要有构造运动、河流自身的作用等。

构造抬升迫使河流改道，使废弃河道露出地面，形成出露型古河道，而下降时，因河道被掩埋，形成埋藏型古河道，如渤海、台湾海峡的海底均发现了古河道。

河流下游地区，地势低平，河道弯曲，在流水的作用下，河弯的凹岸不断崩坍，河弯变得更加弯曲，河弯继续自由发展就形成几乎对穿的河环，河环狭窄处一旦被洪水冲穿，便发生自然裁弯，自然裁弯发生后，河水从河曲颈部通过，成为新河，老河道被废弃为古河道，如尺八口、沙滩子是荆江改道留下的古河道；此外，河流下游地区，水流速度缓慢，泥沙大量淤积，河床抬高形成地上河，当河流决口后，河流改道，原河道被废弃为古河道，如华北平原分布有许多黄河的古河道。

（二）湖沼

1. 游憩湖区

游憩湖区是指湖泊水体的观光游览区与段落。我国湖泊众多，共有湖泊 24 800 多个，其中，常年水域面积在 1 平方公里以上的天然湖泊有 2 800 多个，主要分布于东部平原、青藏高原和蒙新地区。湖泊按成因可以分为九类(表 3-4)。

表 3-4 湖泊分类表

名称	成因	典型案例
构造湖	因地壳运动而发生的褶皱、断层、下陷等作用形成凹地，积水成湖	云南的滇池、青海的青海湖、俄罗斯的贝加尔湖
火山口湖	火山通道被阻塞，火山口成为封闭的洼地，水体填充成湖	吉林长白山天池、云南腾冲大龙潭火山口湖
堰塞湖	山崩、滑坡、泥石流等堆积物，冰碛物，火山喷发的熔岩流等堵塞河床	黑龙江五大连池、陕西聚湫池
岩溶湖	岩溶地区的溶蚀凹地积水成湖	贵州威宁草海、云南中甸的纳帕海
冰蚀湖	冰川的刨蚀或冰碛作用形成凹地，积水成湖	美国的五大湖、新疆喀纳斯湖
河迹湖	河流的变迁、蛇曲形河道自行裁弯取直后，遗留下来的旧河道形成的湖泊	洪湖
海迹湖	沿岸沙嘴、沙洲等不断向外伸展，封闭海湾而形成的湖泊	杭州西湖、无锡太湖
风蚀湖	风蚀作用形成的洼地积水形成的湖泊	毛乌素沙地的湖泊、腾格里沙漠的草湖
人工湖	人工建造而成	浙江淳安千岛湖、吉林松花湖

补充阅读：贝加尔湖，喀纳斯湖

贝加尔湖是世界上最古老、最清澈、最深的湖，被誉为“西伯利亚的蓝眼睛”，位于布里亚特共和国和伊尔库茨克州境内。其由地层断裂陷落而成，湖型狭长弯曲，宛如一弯新月，所以又有“月亮湖”之称。它长 636 千米，平均宽 48 千米，最宽 79.4 千米，面积 3.15 万平方千米，平均深度 744 米，最深点 1 620 米，湖面海拔 456 米。贝加尔湖风景秀美、景观奇特，湖内物种丰富，是一座集丰富自然资源于一身的宝库。湖中的动植物比世界上任何一个淡水湖里的都多，其中 1 083 种还是世界上独一无二的特有品种。最令科学家感兴趣的是生物的古老性，其中有很多西伯利亚其他淡水湖已绝迹的物种。贝加尔湖就其面积而言只居全球第九位，却是世界上最古老的湖泊之一（据考其历史已有 2 500 万年）。贝加尔湖景区由贝加尔湖、奥利洪岛、利斯特维扬卡镇、喀山圣母大教堂等景点构成，具有极高的旅游观光、自然保护、科学考察价值。

资料来源：https://baike.baidu.com/item/%E8%B4%9D%E5%8A%A0%E5%B0%94%E6%B9%96/125952?fr=ge_ala（最后一次访问时间：2024 年 5 月 27 日）。

喀纳斯湖是国家 AAAAA 级旅游景区、国家地质公园、国家森林公园、中国自然保护区、国家自然遗产、全国低碳旅游实验区、中国最美湖泊，喀纳斯湖雪峰耸峙，绿坡墨林，湖光山色美不胜收，被誉为“人间仙境、神的花园”。“喀纳斯”是蒙古语，意为“美丽而神秘的湖”，位于新疆维吾尔自治区阿勒泰地区布尔津县北部，湖水来自奎屯、友谊峰等山的冰川融水和当地降水，湖面海拔 1 374 米，面积 45.73 km^2，湖泊最深处高程 1 181.5 米，湖深 188.5 米，蓄水量达 53.8 亿立方米，是中国最深的冰碛堰塞湖，是一个坐落在阿尔泰深山密林中的高山湖泊、内陆淡水湖。喀纳斯湖有几大奇观，一是千米枯木长堤，是因喀纳斯湖中的浮木被强劲谷风吹着逆水上漂，在湖上游堆聚而成；二是湖中巨型“水怪”，常常将在湖边饮水的马匹拖入水中，给喀纳斯平添了几分神秘色彩，也有人认为是当地特产的一种大红鱼（哲罗鲑）在作怪；三是雨过天晴时才有的奇景——喀纳斯云海佛光。喀纳斯湖景区融高山、河流、森林、湖泊、草原等奇异的自然景观、成吉思汗西征军点将台、古代岩画等历史文化遗迹与蒙古族图瓦人独特的民俗组成，有驼颈湾、变色湖、卧龙湾、观鱼台等主要景点，具有极高的旅游观光、自然保护、科学考察和历史文化价值。

资料来源：https://baike.baidu.com/item/%E5%96%80%E7%BA%B3%E6%96%AF%E6%B9%96/163512?fr=ge_ala（最后一次访问时间：

2024年5月27日)。

2. 潭池

潭池是指四周有岸的小片水域。由于我国对湖泊有的也称为“潭”“池”,如日月潭、五大连池等,所以,这里的潭池仅指面积较小,四周有岸的小片水域。一般来说,潭池面积较小,常常与其他景观配合而产生旅游吸引力,如四川黄龙的五彩池、苏州拙政园的荷花池等。

知识链接:钙华

钙华又称石灰华,是在地表由岩溶泉、河、湖水沉积形成的大孔隙次生碳酸钙,一般具有多孔隙的海绵状结构,以及薄层壳状、块状构造。其成因是由于岩溶地区的地下水或地表水在适宜的环境下,且往往是在植物作用影响下,导致碳酸钙过饱和而沉积。一些地区的地下热水以温泉的形式出露地表后,由于压力和温度等环境条件的改变,溶解在热水中的某些化学物质沉淀物常在泉口附近形成泉华,其中以 $CaCO_3$ 沉淀物形成的钙华最为常见。

资料来源:https://baike.baidu.com/item/%E9%92%99%E5%8D%8E/9469591?fr=ge_ala(最后一次访问时间:2024年5月27日)。

补充阅读:黄龙五彩池

黄龙五彩池池群面积21 000平方米,有彩池693个。几万年来,黄龙沟四周高山上的冰雪融水和涌出地表的岩溶水交融流淌。随着流速缓急、地势起伏和枯枝乱石的阻隔,水中富含的碳酸钙开始凝聚,发育成固体的钙化埂,使流水潴积成层叠相连的大片彩池群,绘出了黄龙奇观的第一幅天然图画。碳酸钙沉积过程中,又与各种有机物、无机物结成不同质的钙化体,再加上光线照射的种种变化,便形成了池水同源而色泽不一的景象,人们便称它为“五彩池”。水池大的一二亩,小的几平方米,如蹄、如掌、如菱角、如宝莲,千姿百态。巨大的水流,沿沟谷漫游,注入梯湖彩池,层层跌落,穿林、越堤、滚滩。进沟的第一池群,掩映在一片葱郁的密林之中,穿过苍枝翠叶,20多个彩池参差错落,波光闪烁,层层跌落,水声叮咚。有的池群池埂低矮,池水漫溢,池岸洁白,水色碧蓝,在阳光照射下,五彩缤纷;有的池中古木老藤丛生,如雄鹰展翅,似猛虎下山,惟妙惟肖,栩栩如生;有的池中生长着松、柏等树木,或高出水面,或淹于水中,婀娜多姿,妩媚动人,形似“水中盆景”。

资料来源: https://baike.baidu.com/item/%E4%BA%94%E5%BD%A9%E6%B1%A0/5175?fr=ge_ala(最后一次访问时间:2024年5月27日)。

3. 湿地

湿地泛指暂时或长期覆盖水深不超过2米的低地、土壤充水较多的草甸,以及低潮时水深不超过6米的沿海地区。湿地的类型多种多样,通常分为天然和人工两大类。天然湿地包括沼泽地、泥炭地、海滩、盐沼等,人工湿地主要有水稻田、池塘等。我国湿地面积广大,大约有6 600多万公顷,约占全球湿地总面积的10%。湿地被誉为"地球之肾",与森林、海洋并称为"全球三大生态系统"。湿地因其壮阔而神秘、平静而险恶令游人感到惊险刺激,具有很高的观赏、探险价值。此外,湿地还是许多珍稀动物的栖息地,具有重要的生态科考和科普教育价值。我国著名的旅游湿地景区有:黑龙江齐齐哈尔市的扎龙湿地、新疆和静县的巴音布鲁克湿地、四川若尔盖县的若尔盖湿地、海南海口市的东寨港红树林湿地。

补充阅读:鸟和水禽的"天然乐园"——扎龙湿地

扎龙属湿地生态保护区,位于黑龙江省齐齐哈尔市境内,总面积2 100平方公里。是同纬度地区景观最原始、物种最丰富的湿地自然综合体。1979年建立省级自然保护区,1987年晋升为国家级,1992年被列入"世界重要湿地名录"。扎龙湿地苇丛茂密、鱼虾众多,是水禽理想的栖息地,被誉为鸟和水禽的"天然乐园"。扎龙的春天,百鸟由南方飞回,在沼泽地中筑巢垒窝,别有趣味;夏季,一片片翠绿的草地和芦苇荡,清澈的水面上浮生着菱角,水浮莲等,草地上洒满了各色的野花,鸟语花香,景色异常优美;秋天,在明镜般的湖泊池面上,野鸭集群嬉游,鸥鸟满天飞翔,构成蔚为壮观的鸟类世界。

资料来源: https://baike.baidu.com/item/%E9%BB%91%E9%BE%99%E6%B1%9F%E6%89%8E%E9%BE%99%E5%9B%BD%E5%AE%B6%E7%BA%A7%E8%87%AA%E7%84%B6%E4%BF%9D%E6%8A%A4%E5%8C%BA/8759664?fr=ge_ala(最后一次访问时间:2024年5月27日)。

(三)地下水

1. 泉

泉是地下水的天然露头,是地下水涌出地表的水体景观,具有重要的观赏、医疗保健、品茗等价值。泉按照不同的标准可分为不同的类型,其中按照涌出地表的水动力条件可以分为上升泉和下降泉;按出水口温度可以分为冷泉(低于

20 ℃)、温泉(20～37 ℃)、热泉(38～42 ℃)、高热泉(≥43 ℃)、沸泉(达到当地沸点温度);按其矿化度(所谓矿化度是指地下水中各种元素离子、分子与化合物的总含量)可以分为淡水泉和矿泉,其中,矿化度小于 1 克/升的称为淡水泉,大于或等于 1 克/升的称为矿泉。矿泉具有一定的药理和生物化学作用,由于矿泉中所含的元素不同,对人体所起的作用也不同。矿泉水在地下经过多次过滤,杂质少,矿化度低,色清味纯、水质甘甜,是泡茶、酿酒的优质水源,如用虎跑泉泉水泡西湖龙井茶,大大提高了西湖龙井茶的品味;用崂山矿泉水酿酒,大大提高了青岛啤酒的质量。

补充阅读:云南腾冲大滚锅温泉

大滚锅温泉位于腾冲县城南部 10 公里处,是一个盆形沸水池,深约 1.5 米,终年冒着 97℃的沸水,响声震耳、蒸汽冲天。游客只要把盛有大米和菜食的饭盒置于温泉中,不到半小时饭菜就熟了。当地百姓还利用泉边的出气孔,垫上稻草,蒸红薯、土豆,并在“大滚锅”温泉里煮鸡蛋,立等可食。如今,人们已在这一带建盖了度假酒店,海内外游客纷至沓来。来到这里,既可以观赏一下地热奇观,还可以泡泡温泉澡,吃个温泉煮鸡蛋。

大滚锅温泉是由当地的火山活动而形成。据专家调查,腾冲境内现在还保留着最年轻的火山群——第四纪火山,全县已发现 60 多个火山口。明代地理学家徐霞客曾在书中对腾冲的火山遗迹和温泉做了详细记载。

资料来源:https://travel.qunar.com/p-oi5232744-rehaidagunguo(最后一次访问时间:2024 年 5 月 27 日)。

2. 埋藏水体

埋藏水体是指埋藏于地下的温度适宜、具有矿物元素的地下热水、热汽。按照形成的地质作用和赋存特征,地下热水可以分为三类:一是与火山和岩浆活动有关的地下热水,这些地下热水通常温度很高,出露地表形成热泉、高热泉、沸泉;二是褶皱山地断裂带深循环型地下热水,这些地下热水多为低矿化碱性中、低温地下热水,在断裂和岩层裂隙带常以温泉的形式出露地表;三是沉降盆地型地下热水,在我国许多大型自流盆地,分布着不同矿化度和气体成分的中、低温地下热水。

(四)冰雪地

1. 积雪地

积雪地是指长时间不融化的降雪堆积面,其主要分布于高纬度地区以及高海拔的山地。积雪地不仅有纯洁壮观的美景(如林海雪原、雪淞、冰挂、雾淞等),

还有以积雪为基础开展的冰雪运动项目，如滑雪、滑冰、超级冰滑梯、冰上卡丁车、雪地摩托、雪圈漂移、雪地四驱车、雪地悠悠球等，极具参与性，充满刺激性，深受旅游者的喜爱，因此，积雪地每年都吸引着无数的游人前去打卡。以积雪旅游资源为基础形成的旅游景点最重要的旅游价值是观赏、体育健身。我国著名的积雪旅游地有长白山、哈尔滨、雪乡、玉龙雪山、亚布力、北极村、六盘水等。

2. 现代冰川

现代冰川指现代冰川存留区域。全球现代冰川的总覆盖面积约为 1 630 万平方公里，大约占陆地总面积的 11%。冰川是一种独特的地表水赋存状态，同时又是一种重要的地貌营力来源，因此，冰川分布的地区，既能见到纯洁壮观的冰川，又能见到千姿百态的冰川地貌，如冰塔林、冰斗、角峰、刀脊、冰柱、冰桌、冰锥、冰裂隙、冰蘑菇等。在冰川地，旅游者可以学习有关水资源的知识，了解冰川的形成与活动情况，欣赏冰川奇观，通过对冰川地貌的了解，感受大自然沧桑变化的宏大力量和壮观气势。因此，以冰川旅游资源为基础形成的旅游景点最重要的旅游价值是观赏、科普教育、科学考察。同时，冰川分布地较少(主要分布于高纬度和高海拔的山区)，且分布地自然环境恶劣，人迹罕至，因此，冰川景观地也具有重要的探险价值。我国比较著名的冰川景观有甘肃透明梦柯冰川、西藏的绒布冰川、四川海螺沟冰川等，国外比较有名的冰川景观有瑞士的阿莱奇冰川、冰岛的瓦特纳冰川等。

（五）海面

1. 游憩海域

游憩海域是指可供观光游憩的海上区域，主要集中于滨海和近海。滨海和近海是理想的旅游场所，是游客经常光顾的地方。首先，该地区阳光、沙滩、碧海、白云、沿岸生物有机组合，相互映衬，构成了迷人的海滨风光；其次，该地区在构造运动、海水动力、生物作用和气候因素等共同作用下形成了千姿百态的海岸地貌，如海蚀柱、海蚀崖、海蚀穴、海蚀洞等；第三，该地区空气清新、开阔洁净、气候舒适，适合疗养度假。第四，该地区可以开展体验性较强的项目，如日光浴、海水浴、沙滩排球、海钓、游泳、冲浪、帆板、水上跳伞、赶海等；第五，海面水天一色，浩瀚无际，使人心胸开阔。我国著名的观光游憩海域有：广西北海银滩、海南三亚亚龙湾、河北秦皇岛的北戴河、辽宁大连金石滩、山东青岛金沙滩等。

2. 涌潮与击浪现象

(1) 涌潮现象

涌潮现象是指海水大潮时的潮水涌进现象。涌潮的成因主要是海水在月球和太阳引潮力的作用下产生周期性的涨落运动;其次还受到地形地势的影响,在一些三角形的河口地区,受海底地形影响,常出现来势凶猛、潮端陡立的特殊潮汐现象,称为“涌潮”或“怒潮”。同时,有的地区季节性气象气候条件也是涌潮凶猛异常的影响因素,如季风等。我国最著名的涌潮景观是浙江钱塘江大潮。

(2) 击浪现象

击浪是指海浪推进时的击岸现象。海水在月球和太阳引潮力的作用下发生运动,叠加大风或强风的影响,常会出现“惊涛拍岸,卷起千堆雪”的壮观景象。我国大部分沿海地区都可以欣赏到击浪现象。

3. 小型岛礁

小型岛礁是指出现在江海中的小型明礁或暗礁,包括岛屿、礁石两个类型。

(1) 岛屿

四面环水的小块陆地称为“岛屿”。第一,岛屿四面环水,具有优美的自然风光,具有很高的观赏价值;第二,岛屿被水体阻隔,与外界联系不便,相对封闭,容易形成独具地方特色的建筑、习俗(如饮食习俗、婚嫁习俗等)、服饰、宗教、舞蹈、节庆、生产方式等,这对岛外的旅游者来说,极具吸引力;第三,该地区空气清新、开阔洁净、气候舒适,适合疗养度假。正因为如此,海岛成为旅游者的向往之地。我国比较著名的海岛旅游地有:浙江舟山的普陀山岛、广西北海的涠洲岛、辽宁大连的棒棰岛、山东烟台的蓬莱岛等;国外比较著名的海岛旅游地有:泰国的普吉岛、印度尼西亚的巴厘岛、法国的科西嘉岛、韩国的济州岛等。

(2) 岩礁

岩礁指江河、海洋中隐现于水面上下的岩石及由珊瑚虫的遗骸堆积成的岩石状物。在热带和亚热带浅海中,广泛分布着珊瑚礁。珊瑚礁是海洋中成千上万的由碳酸钙组成的珊瑚虫的骨骼在数百年至数千年的生长过程中形成的,具有重要的观赏、科研价值。澳大利亚大堡礁是世界上最大最长的珊瑚礁群,1981 年被列入世界自然遗产名录。在我国广东、广西、海南、台湾沿海的一些地区以及东沙、西沙、南沙、中沙群岛等地,珊瑚礁广泛发育。岩礁四周金沙环绕,不时有海浪拍打着礁盘,飞溅起白色的浪花,自然景色十分迷人,因此,岩礁也已成为旅游者的向往之地。我国著名的岩礁旅游地有:海南三亚珊瑚礁国家级自然保护区、广西涠洲岛珊瑚礁国家级海洋公园、广东湛江徐闻珊瑚礁自然保护区、海南三沙市的永兴岛等。世界著名的岩礁有:澳大利亚的大堡礁、马尔代夫的瑙塘法茹珊瑚礁、帕劳的乌琴珊瑚礁、塞舌尔的科隆珊瑚礁、印度尼西亚巴厘岛的浮乐园珊瑚礁。

补充阅读：世界自然遗产——大堡礁

大堡礁是世界最大最长的珊瑚礁群，位于澳大利亚的昆士兰州以东，巴布亚湾与南回归线之间的热带海域，太平洋珊瑚海西部，绵延于澳大利亚东北海岸外的大陆架上，与海岸隔着一条13～240公里宽的水道。北面从托雷斯海峡起，向南直到弗雷泽岛附近，长达2 000余公里。它北部排列呈链状，宽16～20公里，离海岸仅16公里；向南展宽至150公里以上，远离海岸242公里。由大约2 900多个不同阶段的珊瑚礁、珊瑚岛、沙洲组成。这个世界上景色最美、规模最大的珊瑚礁群，总面积达20.7万平方公里。退潮时，约有8万公里的礁体露出水面，而涨潮时，大部分礁体被海水掩盖，只剩下600多个岛礁忽隐忽现。在落潮时，部分珊瑚礁露出水面形成珊瑚岛。

大堡礁是世界上最大的珊瑚群，珊瑚虫分泌的石灰质骨骼，连同藻类、贝壳等海洋生物残骸胶结在一起，堆积成了一个个珊瑚礁体。

大堡礁是一座巨大的天然海洋生物博物馆。在辽阔澄碧的海面上，点缀着一个个色彩斑斓的岛礁，大礁套小礁，环礁包着泻湖，礁外波涛汹涌，礁内湖平如镜。礁上海水淹不到的地方，已发育了较厚的土层，椰树、棕榈挺拔遒劲，藤葛密织，郁郁葱葱，一派绚丽的热带风光。透过温暖清澈的海水，可看清400余种珊瑚所构成的密密丛丛海底“森林”，千姿百态，五彩缤纷。珊瑚丛中游弋着1 500种鱼和4 000种软体动物，这里是儒艮和大绿龟等濒临灭绝动物的栖息之地，也是鸟类的乐园，成群的海鸟如云遮空，更为大堡礁增添勃勃生机。

资料来源：https://baike.baidu.com/item/%E5%A4%A7%E5%A0%A1%E7%A4%81/68026?fr=ge_ala（最后一次访问时间：2024年5月27日）。

第三节　生物景观旅游资源

生物景观是指以生物群体构成的总体景观和个别具有珍稀品种和奇异形态的个体。生物景观旅游资源是指对游客具有吸引力，能够被旅游业开发利用，产生经济效益、社会效益和生态环境效益的生物景观。

一、生物景观旅游资源的形成

生物是地球表面有生命物体的总称，按其性质分为植物、动物、微生物三大类。地球上的物种非常丰富，据统计，植物种类约50万种，动物种类约100万种，微生物种类多得难以统计。在地球历史的演化过程中，生物不断地进化。由于地质历史环境的变化，大量的古生物遗体遗迹被保存下来，成为颇具观赏价值和科考价值的古生物化石旅游资源，如三叶虫、海百合、恐龙化石等；有些古生物在特定的条件下存活下来，成为再现古地理环境、研究古生物演变的“活化石”，因其在地球上存在的稀有而成为重要的观赏和科考旅游资源，如大熊猫、珙桐、银杏等。此外，不同地区自然环境不同，生物景观也有着显著的差异。一个地区在特定的自然条件下形成的植物、动物对另外一个地区的人们来说比较神秘，可以成为观赏游览的对象，如热带雨林景观对温带地区的人们来说比较陌生，吸引很多温带地区的游客前去观光、科考、探险。

二、生物景观旅游资源的特征

1. 广泛性和多样性

地球上任何地方，无论是陆地还是海洋，无论是地上还是地下，无论是赤道还是两极都有生物的存在，而且生物种类、形态、颜色等都具有多样性。再加上各地区人工培育、创造的各具特色的生物景观，使地球表面广泛存在着丰富多样的生物旅游资源。据统计，我国有高等植物 30 000 多种；维管束植物27 000 多种；独有的树木 50 多种，其中银杏、水杉等被称为“植物的活化石”。我国的动物资源也很丰富，有陆栖脊椎动物 2 000 多种，其中鸟类约 1 189 种，兽类近 500 多种，爬行类约 320 种，两栖类约 210 多种。世界上有不少动物为我国特有或主要产于我国，如大熊猫、丹顶鹤、金丝猴等。

2. 生命有机体

各种各样的水生、陆生植物与动物都是具有生命的有机体，这是生物旅游资源与其他自然旅游资源，如地文景观旅游资源、水域景观旅游资源等最大的区别。正因为如此，生物景观的存在不但丰富了自然旅游资源的内容，而且增添了景区的生机与活力，增加了旅游功能。如威宁草海湖面上成千上万只的禽鸟，使湿地景观变的热闹非凡、生机盎然，水中的各种鱼类可以开展垂钓活动。

3. 季节性

由于地球的公转和自转，形成四季的更替，使得生物景观的季节性表现十分明显：

(1) 有些植物在特定的季节开花，如梅花在冬天开放，荷花在夏天开放，菊花在秋天开放，樱花、杜鹃花则在春天开放。

(2) 许多植物的叶色随季节而变化。如温带、亚热带的落叶植物，春夏季为绿色，秋季为黄色或红色。

(3) 不少动物随着季节有规律地迁徙。许多动物,如候鸟、驯鹿等,为了寻找更好、更舒适的生活环境,会随季节有规律地迁徙。

一些生物景观类景区,受其旅游资源季节性特征的影响,客流出现明显的旺季和淡季,如贵州毕节的百里杜鹃景区,春季是观赏杜鹃花的最佳季节,是旅游的旺季,其他季节是淡季;北京香山景区,秋季是观赏红叶的最佳季节,是旅游的旺季,其他季节是淡季。

4. 再生性与脆弱性

生物具有较强的繁殖能力,通常是可以再生的。人们在生物可繁殖性基础上,借助生物的可驯化性和空间可移动性特征,在局部改变生态环境条件,运用人工干预的手段将动、植物进行驯化、移植、培育,形成人工景观,如城市中运用人工手段打造的公园、动物园等。相对于人的活动能力,生态环境是脆弱的。生物景观及其生存的环境易受到人类活动的干扰而发生变化。如人类对生态环境的过度干扰,会破坏生态环境,导致许多物种面临灭绝或灭绝。所以,生物景观旅游资源受其脆弱性的影响,在开发的时候,不能超过其环境容量。

三、生物景观旅游资源的价值

1. 美学观赏价值

生物景观以它独有的形、色、味,稀有、奇特等展示其特有的美感,具有很高的美学观赏价值。

(1) 形色美。形色美是指动、植物的形体、色彩等美学特征。如我国"黄山松"("迎客松""送客松")以形态奇美著名;我国的麋鹿(其尾巴似马非马,角似鹿非鹿,蹄似牛非牛,颈似骆驼非骆驼,被称为"四不像"),以形态奇特深受游客的喜欢;植物的色彩极为丰富,白的玉兰、粉的桃花、紫的丁香等五彩斑斓、夺目绚丽;动物的色彩同样迷人,如非洲火烈鸟,其羽毛如火一般美艳;我国海南岛的坡鹿,其背部的黑褐色条带,从颈部沿脊梁一直延伸到臀部,黑褐色条带下,点缀着若干平行排列的白斑,色彩极为美观。形状、色彩是产生观赏感的重要因素,也是人们观赏生物的主要内容。

(2) 珍奇美。"物以稀为贵",动、植物越是珍稀,就越有观赏价值。动植物处于两种情况之下可称为珍稀物种,一种情况是这一物种种群数量有限,另一种情况是物种分布范围狭小,或成为某区域的特有品种。一些植物由于其种群数量或分布范围有限而被列为珍稀植物,如海椰子、百岁兰、王莲、金茶花、珙桐、水杉、望天树和木沙椤等。一些动物由于其种群数量或分布范围有限而被列为珍稀动物,如我国的大熊猫、金丝猴等。这些珍稀动植物,除具有科研价值外,也具有极高的观赏价值。

(3) 奇特美。动、植物越是奇特，就越有观赏价值。动、植物的奇特美包括以下三个方面：第一，"奇特"是相对于某一自然生态环境下的旅游者而言。如澳洲的袋鼠、树袋熊等有袋类动物，只分布在澳洲大陆，对于澳大利亚以外的旅游者来说，比较奇特。第二，"奇特"也指地球上绝无仅有的某一特征。如最高、最快、最大等。我国云南的"独叶草"，仅有一片叶子，是世界上最孤单的植物；南极洲的企鹅，滑雪速度高达每小时 30 km，是世界上滑雪最快的鸟。第三，"奇特"也可指动、植物的一些奇异的生理、生态现象。如索马里的太阳鸟——小红鸟，它飞到树枝上展翅或使劲抖动羽毛时，即预示着要下雨了；美洲的角蟾，在遇险时，能从眼里喷出鲜血，射程可达 1 米以上。

(4) 嗅味美。许多植物的茎、叶、花、果能散发出独特的香味，令人陶醉。如非洲坦桑尼亚的木菊花，其花瓣味道香甜，摘一瓣品尝，很快能让人醉倒，被称为醉花；埃塞俄比亚有一种多刺植物，叶片可分泌芳香扑鼻的香脑油，人长时间闻它也会被醺醉，是一种醉草。此外，还有许多植物因香味而得名，如七里香、晚香玉、夜来香等。这些具有香味的植物在美化环境的同时，也以其特有的香味给旅游者带来嗅味美的享受。

(5) 寓意美。人们根据花木之特点，赋予了花木不同的寓意内涵，可以表达人们的感情、愿望、爱慕、理想等精神寄托，能够启迪人的心灵，陶冶人的情操。如白菊的真实、红豆的相思、白桑的智慧、白百合的纯洁、紫罗兰的诚实。

2. 医疗健身价值

(1) 生物资源的医疗功能体现在以下两个方面：

①部分生物可作为中药材的材料，如雪莲、天麻、人参、鹿茸等。这些以生物为原料的中药材对人体有医疗保健作用。

②特殊的植物环境能起到医疗保健的作用。如森林远离城市的喧嚣，环境优美，能给旅游者特有的宁静和放松；许多树木如樟木、杉木等能散发出对人体有益的药素；此外，森林空气清新、湿润，含有大量的负氧离子，可促进人体新陈代谢，降低血压，并提高人体免疫力等。正因为如此，许多地区都兴起了森林旅游。

(2) 一些没有被列入国家保护的动物可供旅游者开展狩猎、垂钓等旅游活动，使旅游者在获得休闲娱乐的同时，也能起到健身强体的效果。

3. 科普教育和文化科研价值

生物界的一些现象，如生物的地区差异，动物的迁徙等，都蕴含着一定的科学道理，旅游者在观赏动植物的过程中，既得到美的感受，又能学到新的科学知识；有些生物被人们赋予了某种寓意，能够启迪人的心灵，陶冶人的情操，因此，备受旅游者的喜爱和推崇，如松、竹、梅不畏严寒的品格，成为人们不畏逆境的精神支柱；有些动、植物因其精神价值成为一个国家、一个民族、一个城市的象征，国花、国树、国鸟都寄托着人们的某种精神追求，如安第斯山秃鹰，其体大、凶猛、飞行高而快，寿命也长，智利将其作为国鸟，以表捍卫祖国的力量、勇气和决心；此外，有些珍稀野生动植物具有重要的学术价值，如通过对孑遗生物，如水杉、银杏、珙桐、白鳍豚、中华鲟等的研究，可以了解生物的进化规律及其对环境变迁的适应性。

4. 环境价值

生物具有重要的环境价值。如景区通过造林、种草、栽花，可以美化环境，为游客创造优美的活动空间；植物可以净化大气，如吸收二氧化碳，放出氧气等；可以调节气候，如增加空气湿度、减轻温室效应；在干旱地区，森林能够防治风沙，保护农田和村庄；在湿润地区，森林能够涵养水源，保持水土。

四、生物景观旅游资源的主要类型

《旅游资源分类、调查与评价》(GB/T 18972—2017)中，将生物景观旅游资源分为2个亚类8个基本类型(表3-5)。

表3-5　生物景观分类表

主类	亚类	基本类型	简要说明
C生物景观	CA植被景观	CAA林地	生长在一起的大片树林组成的植物群体
		CAB独树与丛树	单株或生长在一起的小片树林组成的植物群体
		CAC草地	以多年生草本植物或小半灌木组成的植物群落构成的地区
		CAD花卉地	一种或多种花卉组成的群体
	CB野生动物栖息地	CBA水生动物栖息地	一种或多种水生动物常年或季节性栖息的地方
		CBB陆地动物栖息地	一种或多种陆地野生哺乳动物、两栖动物、爬行动物常年或季节性栖息的地方
		CBC鸟类栖息地	一种或多种鸟类常年或季节性栖息的地方
		CBD蝶类栖息地	一种或多种蝶类常年或季节性栖息的地方

(一)植被景观

1. 林地

林地是指生长在一起的大片树林组成的植物群体，也称“森林景观”。在地球的陆地生态系统中，森林占陆地面积的32.6%。过去和现在，森林都是陆地上最大、最复杂的生态系统，以其浩大繁茂、蓊郁苍翠、幽深神秘为特色，可开展科学考察、探险揭秘、医疗健身、野生动植物观赏、生态旅游、狩猎等多种活动。森林景观按照纬度位置的不同，可分为五类，具体见表 3-6。

表 3-6 森林景观分类表

名称	分布	景观特征
热带雨林景观	主要分布于东南亚、南美洲亚马逊河流域、非洲刚果河流域、中美洲	热带雨林中植物种类繁多，多乔木、气生根植物或藤本植物，系统分层明显，其中乔木多板状根。雨林中的动物极为繁多，但以小型、树栖动物为主。另一特点就是种类多而单种个体较少。尤其是雨林中的昆虫，找到一百种昆虫比找到同种昆虫一百只容易得多
热带季雨林景观	主要分布在南亚及东南亚的热带季风气候区	由较耐旱的热带常绿和落叶阔叶树种组成，且有明显的季相变化。与热带雨林相比，其树高较低，植物种类较少，结构比较简单，优势种较明显，板状根和老茎生花现象不普遍，层间藤本、附生、寄生植物也较少
亚热带常绿林景观	主要分布于我国的秦岭—淮河以南、美国东南部、南美洲的阿根廷	主要由壳斗科、樟科、山茶科、木兰科和金缕梅科等的常绿树种组成，区系成分极其丰富，地理成分复杂，富有起源古老的孑遗植物。藤本植物较为丰富，但多为革质或木质藤本。亚热带常绿阔叶林内动物种类较为丰富，主要的哺乳动物是猴类和鹿类，著名的猴类为金丝猴、日本猴；鹿类如白唇鹿、毛冠鹿、白尾鹿等。中国西南地区分布的熊猫则是世界上珍稀濒危野生动物，被称为活化石
温带阔叶林景观	主要分布在欧亚大陆西部、我国华北、东北及朝鲜、日本、北美五大湖和大西洋沿岸低地等地区	植物秋冬落叶，春夏长叶，季相变化十分鲜明。构成温带落叶阔叶林的主要树种是栎、山毛榉、槭、梣、椴、桦等。群落的垂直结构一般具有四个非常清楚的层次：乔木层、灌木层、草本层和苔藓地衣层。主要的动物有鼠、松鼠、鹿、鸟类，以及狐、狼和熊等
亚寒带针林带景观	主要分布于北半球的中高纬度地区，如俄罗斯、加拿大	树种较为单一，主要以耐寒的落叶松、云杉等针叶树为主，树叶呈细长针状，有很厚的角质层；动物种类较单纯，主要由耐寒性和广适应性种类组成，如松鼠、雪兔、貂、麋、熊、猞猁、北极狐、雷鸟等

资料来源：根据相关网络资料整理。

补充阅读：亚马逊热带雨林

亚马逊热带雨林位于南美洲的亚马逊盆地，占地 700 万平方公里。雨林横越了 8 个国家：巴西（占森林 60%面积）、哥伦比亚、秘鲁、委内瑞拉、厄瓜多尔、玻利维亚、圭亚那及苏里南，占据了世界雨林面积的一半，森林面积的 20%，是全球最大及物种最多的热带雨林。

亚马逊雨林对世界气候及大气成分有很大的影响，表现为雨林能够吸收大量的温室气体——二氧化碳（二氧化碳大量存在，会使全球气候变暖），并放出氧气。据统计，亚马逊雨林产生的氧气占全球氧气总量的 1/3，因此，被称为“地球之肺”。

亚马逊热带雨林动植物种类非常丰富，仅从探明的数据来看，其生物物种资源多达数百万种，聚集了250万种昆虫，上万种植物和大约2 000种哺乳动物，因此，被称为“世界动植物王国”。

亚马逊雨林以其丰富多样的动植物、幽深神秘为特色，吸引着人们进行科学考察、探险揭秘、野生动植物的观赏、生态旅游等多种活动。

资料来源：https://baike.baidu.com/item/%E4%BA%9A%E9%A9%AC%E9%80%8A%E7%83%AD%E5%B8%A6%E9%9B%A8%E6%9E%97/1906890?fr=ge_ala（最后一次访问时间：2024年5月27日）。

2. 独树与丛树

独树与丛树是指单株或生长在一起的小片树林组成的植物群体。

（1）独树

独树是指单株树木，常以古老的树龄、珍稀的树种、独特的生理结构、奇特的形态或因名人手植、传说故事而吸引游客，具有重要的观赏价值、科研价值。如陕西皇陵的黄帝轩辕手植柏，高达19.4米，围粗约10米，估计距今有5 000多年的历史，堪称“世界柏树之父”；北京潭柘寺的银杏被清朝乾隆皇帝封为“帝王树”，树龄约1 300年，是唐朝时期栽种的，胸围9.29米，树高24米，平均冠幅18米；孟加拉国有一颗世界最大的古榕树，其树冠投影面积竟达10 000多平方米，可容纳几千人在树荫下乘凉，以“独树成林”闻名世界；安徽黄山的迎客松以形态奇特闻名国内外。

（2）丛树

丛树是指生长在一起的小片树林组成的植物群体，其覆盖面积小、树木较少。丛树常以古老的树龄、珍稀的树种或与庙宇、古建筑、古陵墓结合在一起而吸引游客，具有重要的观赏价值、科研价值。如盘州市妥乐村因拥有1 200多株古银杏（胸径一般在50～150 cm，最大220 cm。一般树龄在300年以上，最长者为1 500年，树干高达几十米）而闻名，每年吸引国内外大量游客前去观光、考察。

3. 草地

草地是指以多年生草本植物或小半灌木组成的植物群落构成的地区。

草地与草原是同一景观的不同叫法。草原景观主要指大面积的草原和牧场形成的植被景观，主要分布于干旱、半干旱地区以及高山地区。在草原上，可观赏优美的草原风光，如特有的植物、动物等，还可体验牧民的生活，以及参加骑马、骑骆驼、射箭、摔跤等娱乐体验活动，这些对草原地区以外的旅游者具有很强的吸引力。草原按地理位置和植被特征，可以分为三类（表3-7）。

表 3-7　草原分类表

名称	分布	景观特征
热带稀树草原景观	南北纬 10°至南北回归线之间	热带稀树草原的外貌特征可以用“高草稀树”来概括。草本植物占据优势，乔木稀疏散生。由于禾草的生产力高以及植被稀疏开旷等特点，所以在干扰较少的热带稀树草原中常有大量有蹄类食草哺乳动物，如非洲萨王纳群落中的斑马、长颈鹿等。还有一些大型食肉动物如非洲狮、花豹、鬣狗等
温带草原景观	亚欧大陆内陆地区、我国西北地区、蒙古国等	植物种类主要由丛生禾草针茅、羊茅、须芒草等组成，也有散生的小灌木和多种双子叶杂草类，如豆科、菊科植物等。开阔的草原适宜善于竞走的大型食草动物生活，如野驴、黄羊、野牛、马等。蓝天白云下牲畜成群是其特有的美景
高寒草甸景观	高大的山脉	草层低矮，盖度大，根系浅而密集。仲夏时节，百花盛开，水草丰美，加上乌黑的牦牛、矫健的骏马以及野驴、野牛、藏羚羊、旱獭等珍稀动物，构成了一幅别致、生动的高原景象

资料来源：根据相关网络资料整理。

补充阅读：呼伦贝尔草原

呼伦贝尔草原地处内蒙古自治区东北部，位于大兴安岭以西的呼伦贝尔高原上，因呼伦湖、贝尔湖而得名。总面积 1 126.67 万公顷，其中可利用草场面积 833.33 万公顷。呼伦贝尔草原是世界四大草原之一。

呼伦贝尔草原是众多古代文明、游牧民族的发祥地，东胡、匈奴、鲜卑、室韦、回纥、突厥、契丹、女真等民族曾繁衍生息于此，被史学界誉为“中国北方游牧民族摇篮”。

呼伦贝尔草原是个风光优美、景色宜人的地方，那里有一望无际的绿色，有延绵起伏的大兴安岭，还有美丽富饶的呼伦湖和贝尔湖。这里被人们盛赞为“北国碧玉，人间天堂”。春天，小草飘动着细细的嫩芽，花儿在风中散发着无限的幽香，五颜六色的，美不胜收；夏天，白色的羊群在山坡上吃草，远远望去，好像是白云飘浮在山间；秋天，这里是一片金黄的世界，成熟的野果挂满枝头，微风吹来，草原翻卷起层层波浪，草香扑鼻，秋风拂过，散发开一阵阵沁人心扉的清香；冬天，这里经常大雪纷飞，整个大地都变成了琼雕的草、玉琢的树，漫天雪花飞舞，给草原穿上了洁白的盛装。游客来到草原，纯朴的牧民会敬下马酒、献哈达，可以品尝民族小食品，如奶茶、奶干、奶皮子、奶酪、炒米等，可以参加摔跤、射箭、篝火晚会等活动；每年的 6—8 月，呼伦贝尔草原会举办当地最盛大的节庆活动——那达慕大会。

资料来源：https://baike.baidu.com/item/%E5%91%BC%E4%BC%A6%E8%B4%9D%E5%B0%94%E8%8D%89%E5%8E%9F/569951?fr=ge_ala（最后一次访问时间：2024 年 5 月 27 日）。

4. 花卉地

花卉地是指一种或多种花卉组成的群体。花卉地的鲜花，以它独有的形、色、味等展示其特有的美感，具有很高的美学观赏价值，如荷花的花朵大、瓣阔，色或红或白，硕大的绿色荷叶和清水相衬，显得十分高雅。桂花、丁香的清香沁人心脾，令人陶醉；另外，有些花卉被人们赋予了某种寓意，可以表达人们的感情、愿望、爱慕、理想等精神寄托，如白菊的真实、红豆的相思、白桑的智慧、白百合的纯洁、紫罗兰的诚实。正因为如此，花卉地是旅游者经常光顾的地方。我国著名的花卉地有河南洛阳（牡丹）、贵州毕节（杜鹃山）、福建漳州（水仙）、武汉大学校园（樱花）、河北白洋淀（荷花）等。

（二）野生动物栖息地

野生动物指生存于自然状态下，非人工驯养的各种动物。野生动物栖息地是指野生动物生存、繁衍的场所，具体包括水生动物栖息地、陆生动物栖息地、鸟类栖息地、蝶类栖息地。野生动物以其形态、色彩、动态、鸣叫等不同的特征，使旅游景观生动活泼，加之有些野生动物具有很高的科研、科普教育价值，因此深受旅游者的喜爱。野生动物栖息地是开展野生动物观赏、生态旅游、科学研究、科普教育的理想之地。野生动物及栖息地共同构成了一种重要的生物景观旅游资源。

1. 水生动物栖息地

水生动物栖息地是指一种或多种水生动物常年或季节性栖息的地方。我国比较著名的水生动物栖息地有：辽宁大连海豹国家级自然保护区、湖北长江天鹅洲白鳍豚国家级自然保护区、广东珠江口中华白海豚国家级自然保护区、广东惠东港口海龟国家级自然保护区等。

2. 陆地动物栖息地

陆地动物栖息地是指一种或多种陆地野生哺乳动物、两栖动物、爬行动物常年或季节性栖息的地方。我国比较著名的陆生动物栖息地有：四川卧龙大熊猫自然保护区、青海可可西里藏羚羊自然保护区、江苏大丰麋鹿自然保护区、陕西牛背梁羚牛自然保护区等。

3. 鸟类栖息地

鸟类栖息地是指一种或多种鸟类常年或季节性栖息的地方。我国比较著名的鸟类栖息地有：黑龙江扎龙丹顶鹤自然保护区、上海崇明东滩鸟类国家级自然保护区、河南新乡黄河湿地鸟类国家级自然保护区、山东荣成大天鹅国家级自然保护区、云南会泽黑颈鹤国家级自然保护区、陕西汉中朱鹮国家级自然保护区等。

4. 蝶类栖息地

蝶类栖息地是指一种或多种蝶类常年或季节性栖息的地方。自然保护区是目前我国野生蝶类的主要栖息地和繁殖地，如宁夏六盘山国家级自然保护区、江西九连山国家级自然保护区等，此外，云南红河蝴蝶谷、大理蝴蝶泉、福建武夷山国家公园等，也是著名的蝶类栖息地。

第四节 天象与气候景观旅游资源

天象指宇宙天空中的天文现象和大气中的特殊光现象，如日出日落、行星运动、月相变化、彗星、流星、流星雨、陨星、日食、月食、极光、新星、超新星、月掩星、太阳黑子等。

气候是指一个地区的多年平均天气特征。

天气指一个地区短时间内大气状态（如冷热、阴晴等）及其变化的总称。

气象是指大气中冷、热、干、湿、风、云、雨、雪、雾、闪电等各种物理现象和过程的总称。

天象与气候景观旅游资源是指对游客具有吸引力，能够被旅游业开发利用，产生经济效益、社会效益和生态环境效益的天象、气候、天气以及气象景观。

一、天象与气候景观旅游资源的形成

由于地球公转及自转、月球围绕地球旋转而形成了日出日落、日食、月食等天文现象；受阳光照射及大气、地貌环境等因素的影响，在地表上空出现了彩虹、佛光、蜃景等光现象。由于天象景观具有独特性、神秘性和不可预测性，正好满足人们求奇、求异的心理需求，因此，天象景观便成了旅游资源。

地球表面由于受纬度位置、海拔高度、地表形态、海陆分布、大气环流等因素的影响形成了多种多样的气候。气候的地区差异可以形成高原山地型、海滨型、高纬度型避暑胜地以及热带、亚热带型避寒胜地。气候的垂直差异可以形成“一山有四季”“十里不同天”的立体气候景观。

在特定条件下，大气中的冷、热、阴、晴、雨、雪、雷电、霜、雾等可以形成云海、雾凇、雨凇等各种气象旅游资源。

二、天象与气候景观旅游资源的特征

1. 地域性

不同的地区所处的纬度位置、海陆位置不同，又加之地形不同，因此形成的天象、气候旅游资源也不相同，所以，天象与气候旅游资源具有显著的地域性特征。如亚洲东部的菲律宾、我国的东南沿海每年夏秋季节都会出现台风气象景观，而欧洲地区则没有；极地地区可以常年见到冰雪景观，而赤道地区除高大山脉外几乎没有；沿海地区有海滨型避暑地，内陆地区则没有。同一地区，受海拔高度的影响，从山麓到山顶，气候景观也呈现显著的地域差异，如非洲的乞力马扎罗山，山麓呈现的是典型的热带雨林气候景观，山顶则是高山冰雪景观。同一纬度不同地区，受地形、海陆位置、洋流等因素的影响，气候景观也有明显的差异，如中纬度亚欧大陆西岸是温带海洋性气候景观，而内陆则是温带荒漠景观；此外，有些天象景观只出现在特定地区，如极光多出现在高纬度地区。

2. 季节性

天象气候景观在一年内所出现的频率具有明显的季节变化，如云贵高原阴雨连绵以 11 月至次年 4 月为多，华北地区的雾景则秋冬季清晨最多，蓬莱的蜃景大多出现在每年的 5 月至 6 月，台风多出现在夏秋季节，黄山的云海主要出现在 5 月份至 11 月份。此外由于气候变化的规律性，大自然具有明显的季相，同时导致旅游活动出现淡旺季的差异和客流的导向性季节变化，如夏季居住于酷暑湿热地区的人，倾向于向高山或高纬度地区移动，冬季位于严寒阴湿地区的人则喜欢向温暖的热带、亚热带地区移动。

3. 瞬变性

天象、气象景观的形成大都依赖于多种自然条件的特殊组合，并随着这些条件的变化而变化甚至消失，所以天象、气象景观一般只出现在一定地域中特定而较短的时间内，具有显著的瞬变性特征。如有些景区刚才还是晴空万里，转眼就变成狂风暴雨。此外，日出日落、云海、蜃景、流星、佛光等都是瞬间出现，即刻消失的景观。天象、气象景观的瞬变性，对游客的旅游审美方法提出要求，比如云海、蜃景、流星、佛光等，游客必须把握最佳观赏时机，才能欣赏到佳景。

4. 借景性和背景性

借景性是指气象景观需要借助其他景观的配合才能欣赏或更富魅力，如海上日出、雾凇、雨凇、云海等；背景性是指有些景观需要以气象、气候为背景，才更完美，如云雾中的山峰、蓝天白云下的草原及故宫、夕阳西照下的雷峰塔等。

三、天象与气候景观旅游资源的价值

1. 观赏与体验价值

独特的天象气候要素构成的奇异天象气候旅游资源，具有很高的观赏和体验价值，对游客具有很大的吸引力。如黄山吸引着无数中外游客前来观光游览，游客在赞叹黄山奇松、怪石的同时，更为其神奇多彩的气象景观（如白云滚滚、银浪滔滔的黄山云海，飘忽不定、变幻无穷的黄山雾以及鲜为人见的黄山佛光）所陶醉。除了观赏功能外，气象气候景观还具有体验功能，这是由于温度、湿度、风、光照等都能给人带来直接的身体体验、感觉。如夏季，游客在六盘水可以体验到该地气温的舒适，气候的凉爽；坐在海边的游客，可以感受到海风轻轻拂面，嗅着有淡淡咸味的空气。

2. 休闲度假价值

不同的地区，由于海陆位置、地形、洋流等因素的影响，气候有明显的差异。这种差异使得一些气候条件好的地区，可以利用该地宜人的气候，开展休闲度假活动，因此，天象气候旅游资源具有很高的休闲度假价值。如夏季的森林公园，植被覆盖率高，温度较低，湿度大，是人们消暑、纳凉的理想去处；六盘水地处山区，海拔高，夏季气温低，是我国有名的夏季避暑胜地，被称为“中国凉都”。

3. 疗养价值

气候条件是疗养活动所必需的一个重要环境条件，许多气候宜人的环境适合开展疗养旅游活动。一般来说，洁净的空气，适宜的温度、湿度状况，充足的阳光及宜人的景色对人的身体保健和病体康复有积极作用，有利于开展疗养活动。森林覆盖好的山区以及湖滨、海滨，气候宜人，往往成为主要的疗养场所。如江西庐山植被覆盖率高，气压低，空气清新，负氧离子含量大，适于疗养、避暑，成为我国著名的疗养、避暑胜地；山东青岛四季温和，日照充足，空气清新、湿度大，适于疗养、避暑，同样成为我国著名的疗养、避暑胜地。

四、天象与气候景观旅游资源的主要类型

《旅游资源分类、调查与评价》(GB/T 18972—2017)中，将天象与气候旅游资源分为 2 个亚类 5 个基本类型(表 3-8)。

表 3-8 天象与气候景观旅游资源分类表

主类	亚类	基本类型	简要说明
D 天象与气候景观	DA 天象景观	DAA 太空景象观赏地	观察各种日、月、星辰、极光等太空现象的地方
		DAB 地表光现象	发生在地面上的天然或人工光现象
	DB 天气与气候现象	DBA 云雾多发区	云雾及雾凇、雨凇出现频率较高的地方
		DBB 极端与特殊气候显示地	易出现极端与特殊气候的地区或地点，如风区、雨区、热区、寒区、旱区等典型地点
		DBC 物候景象	各种植物的发芽、展叶、开花、结实、叶变色、落叶等季变现象

（一）天象景观

天象指宇宙天空中的天文现象和大气中的特殊光现象，如日出日落、日食、月食、佛光、极光、蜃景等。由于天象景观具有独特性、神秘性和不可预测性，能够满足人们求奇、求异的心理需求，对游客具有很大的吸引力，因此，一些天象景观就成了旅游资源，与此同时，一些具备良好观察天象景观的地点便成为天象观察的旅游地。天象景观主要包括极光、佛光、蜃景、日出日落、月色、霞景、日食月食、流星体等。

1. 太空景象观赏地

太空景象观赏地是指观察各种日、月、星辰、极光等太空现象的地方，包括日出日落观赏地、霞景观赏地、极光观赏地等。

（1）日出日落观赏地

由于太阳东升西落，所以晴天时都会出现日出、日落美景，但由于不同的地区自然环境不同，日出、日落时的景色也不相同，如登黄山看日出，可以看到彩色云海；在海边观日出，可以看到水天一色。日出、日落的最佳观赏地大多是没有视线障碍的峰顶或可以见到地平线的湖滨、海滨，如我国著名的泰山日观峰、峨眉山金顶、洞庭湖湖滨等。

（2）霞景观赏地

霞景是日出日落时阳光透过云层，由于散射作用，使天空中的云层出现黄、橙、红等色彩的自然现象，多出现在日出日落的时候。霞光就是阳光穿过云雾射出的色彩缤纷的光芒。霞与霞光常与山地及云雾相伴随，显得更加美丽。霞景的主要表现形式有朝霞、晚霞、雾霞、彩云等。朝霞、晚霞与周围其他景观交相辉映，常会构成一幅幅壮丽的画卷，如朝霞、晚霞与山峰、云海交相辉映，会形成霞海奇观。霞景瞬息万变、五彩迸发，对游客有极大的吸引力。我国著名的霞景有浙江东钱湖十景的“霞屿锁岚”、鸡公山十景的“晚霞夕照”、江西彭泽八景的“观阁流霞”、贵州毕节八景中的“东壁朝霞”。

(3) 极光观赏地

极光是太阳的带电微粒从高纬度进入地球的高空大气层,受到地球磁场的影响,激发高层空气微粒造成的发光现象。极光千姿百态,五光十色,有动有静,在5～10千米的高空亮度最强。观测统计结果表明,极光最经常出现的地方是在南北纬67°附近的两个环带状区域内,分别称作南极光区和北极光区。在极光区,每年有2/3的天数(约245天)可以见到极光。在中低纬地区,尤其是近赤道区域,很少出现极光。我国黑龙江北部的漠河和新疆阿尔泰地区每年也能见到一次极光。

(4) 日食、月食、彗星、流星雨观赏地

当日、地、月三者位于同一直线,且月球位于地球和太阳之间时,可能会出现月球遮挡太阳,地球上的人看不到太阳的现象,即日食现象;当日、地、月三者位于同一直线,且地球位于太阳和月球之间时,可能会出现地球遮挡太阳,地球上的人看不到月亮的现象,即月食现象;彗星是指进入太阳系内亮度和形状会随日距变化而变化的绕日运动的天体,呈云雾状的独特外貌;流星雨是在夜空中有许多的流星从天空中一个所谓的辐射点发射出来的天文现象。日食、月食、彗星、流星雨都是少见的天文现象,因此引起了人们的普遍关注和广泛的兴趣。但是日食、月食、彗星、流星雨出现的时间和地点不固定,因此,最佳观赏地也不固定。

2. 地表光现象

地表光现象是指发生在地面上的天然或人工光现象,包括霓虹、佛光、蜃景等。

(1) 霓虹

霓虹,指光线以一定角度照在天空中的小水滴上所发生的折射、分光、内反射、再折射等造成的大气光学现象,为雨后或日出、日没之际天空中所现的七色圆弧。霓虹常有内外两环:内环称为“虹”,也称“正虹”“雄虹”;外环称为“霓”,也称“副虹”“雌虹”。一般来说,霓虹这种现象在下午和傍晚时分常见,而在夏天雨后以及一些瀑布附近也会经常看到,如江西井冈山水口彩虹瀑布、安庆岳西大别山彩虹瀑布等。

(2) 佛光

佛光又叫宝光,是山岳中特有的一种美景。它的神奇之处在于观赏者对面的天空有五彩光环出现,光环中央有人形影像,仿佛佛祖降临人世。佛光多出现于中、低纬度地区高山之巅的茫茫云海之中,是阳光斜射的条件下,由云海雾珠发生的衍射分光现象。佛光呈现为色彩华美的光环,霞光四射,光环随人而动,人在光环中如身临仙境，是高山地区重要的天象奇观。我国的黄山、庐山、泰山、峨眉山等地均可见到，其中，以峨眉山金顶佛光最为著名。

(3) 蜃景

蜃景，即海市蜃楼奇景。它有上现蜃景与下现蜃景之分。春夏时节的白天，海面上的空气温度比陆地上低，空气密度较大，当陆地上暖空气流向海面上时，在海面上形成了上下密度不同的空气层结，当阳光穿过空气层时会产生折射和反射，下层密度大的空气像镜子似的把地面景物反射到半空中。这种幻景位于物体上面的，称上现蜃景，山东蓬莱仙境就是这种上现蜃景。下现蜃景主要发生在沙漠、干旱草原烈日当空的旷野，这里贴近地面的低层空气温度高、密度小，高层密度大，当光线穿过密度大的空气，逐渐向下层密度小的气层中折射，并产生全反射时，半空中会出现前方物体的倒影。蜃景不仅有奇光异彩，而且均有图形，图景时而是仙山琼阁，时而是都市街景，时而是丰美的绿洲……既虚无又实在，既清晰又缥缈，有时还伴有祥云彩光。我国著名的蜃景观赏地有浙江普陀山、山东蓬莱阁、新疆塔克拉玛干沙漠等。

（二）天气与气候现象

1. 云雾多发区

云雾多发区是指云雾及雾凇、雨凇出现频率较高的地方。

(1) 云海

云海是山岳风景的重要景观之一。所谓云海，是指在一定的条件下形成的云层，并且云顶高度低于山顶高度，当人们在高山之巅俯首云层时，看到的是漫无边际的云，如临于大海之滨，波起峰涌，浪花飞溅，惊涛拍岸，故称这一现象为“云海”。日出和日落时形成的云海，五彩斑斓，也称为“彩色云海”，极为壮观。我国云海景观比较著名的景区有黄山、峨眉山、庐山、泰山等。

(2) 雾凇

雾凇，其实也是霜的一种，是由冰晶在温度低于冰点以下的物体上形成的白色不透明粒状结构沉积物。其形成过程是：当过冷水雾（温度低于零度）碰撞到同样低于冻结温度的物体时，便会形成雾凇。雾凇可分为两种，即晶状雾凇和粒状雾凇。晶状雾凇是过冷却雾滴在温度低于 0 ℃的物体迎风面撞冻而形成的，呈半透明毛玻璃状，密度比较大，形成时风速较大；粒状雾凇是由于冰面与水面的饱和水汽压差，使得过冷却雾滴蒸发，雾凇凝华增长而形成的，呈乳白色松脆粒状起伏，密度比较小，形成时风速不大。过冷却水比较充足一般形成晶状雾凇，过冷却水比较少一般形成粒状雾凇。雾凇轻盈洁白，附着在树木物体上，宛如琼树银花，清秀雅致，极具观赏价值。我国雾凇比较著名的有吉林雾凇、黑龙江伊春库尔滨雾凇等。

(3) 雨凇

雨凇，俗称"树挂"，也叫冰凌、树凝，是指冷却过的液态降水(冻雨)碰到地面物体后直接冻结而成的毛玻璃状或透明的坚硬冰层，其外表光滑或略有隆突。根据雨凇的形态分为梳状雨凇、椭圆状雨凇、匣状雨凇和波状雨凇等。雨凇组成的冰花世界，点点滴滴裹嵌在草木之上，结成各式各样美丽的冰凌花，有的则结成钟乳石般的冰挂，满山遍野一片银装素裹的世界。茫茫群峰是座座冰山，那造型奇特的松树、遍地的灌木，此时也成为银花盛开的玉树，仿佛银枝玉叶，分外诱人；满枝满树的冰挂，犹如珠帘长垂，山风拂荡，分外晶莹耀眼，如进入了琉璃世界；冰挂撞击，叮当作响，宛如曲曲动听的仙乐，和谐有节，清脆悦耳；山峦、怪石之上，茫茫一片，似雪非雪，仿佛披上一层晶莹的玉衣，光彩照人，在冬天灿烂的阳光下，分外晶莹剔透、闪烁生辉，蔚为奇观。雨凇以山地和湖区多见，大多出现在1月上旬至2月上中旬的一个多月内。我国雨凇比较著名的有四川峨眉山雨凇、江西庐山雨凇等。

2. 宜人气候

宜人气候是指满足人们正常生理需求的气候条件，即人们无需借助任何消寒或避暑的装备或设施，就能保证一切生理过程正常进行的气候条件。宜人气候类型主要有避暑型气候、避寒型气候、阳光充足型气候、四季如春型气候。

(1) 避暑型气候

避暑型气候按照成因分为三种类型：

◆高原山地型

受地形的影响，许多山地、高原在夏季比同纬度地区的气温要低得多，成为避暑胜地。如我国的避暑胜地六盘水(位于云贵高原上)夏季平均气温比同纬度的平原低约10℃，被称为"中国凉都"；埃塞俄比亚的亚的斯亚贝巴，虽然位于北纬9°，地处热带，然而因其海拔高达2 360米，故四季凉爽。世界著名的山地高原型避暑胜地还有肯尼亚的内罗毕、厄瓜多尔的基多等。

◆高纬度型

由于太阳辐射从低纬度向高纬度递减，纬度高的地区接受的太阳辐射热量较少，因此温度较低，成为夏季避暑的理想之地。如挪威的哈默菲特位于北纬74°，夏季气候宜人，是欧洲的避暑胜地之一。

◆海滨型

沿海地区受海洋的影响，夏季气温比内陆低，气候温和湿润，因而适宜避暑，如辽宁的大连、秦皇岛的北戴河、山东的青岛等。

(2) 避寒型气候

纬度较低的热带、亚热带海滨地区,冬季温度较高,气候温和湿润,是避寒的理想之地。国内比较著名的避寒胜地有:海南的三亚、广西的北海等;国外比较著名的避寒胜地有西印度群岛的巴巴多斯、马来西亚的沙巴、澳大利亚的悉尼海滨、美国的夏威夷群岛等。

(3) 阳光充足型

阳光是重要的气候旅游资源。地中海沿岸是典型的地中海式气候,光照充足,阳光和煦,对生活在终年多雨,阳光不足的西欧地区的游客具有很大的吸引力。当地利用该气候优势,大建海滨浴场,成为世界著名的旅游胜地,如西班牙、意大利等。

(4) 四季如春型

有些地区四季气温变化不大,年平均温度 15～18 ℃,与春季的气温非常接近。四季如春型气候非常适合人类生活,对游客具有很大的吸引力,如我国云南的昆明。昆明年平均温度 15.4 ℃,7 月平均温度 20.1 ℃,没有真正的夏季,而是春秋相连,长达 310 天,仅年初有一个短暂的冬季,即使冬季,1 月平均气温也较高,为 9.1 ℃,正因为如此,昆明被称为"春城"。

3. 极端与特殊气候显示地

极端与特殊气候显示地是指易出现极端与特殊气候的地区或地点,如风区、雨区、热区、寒区、旱区等典型地点。这些地区的特殊气候条件本身具备新奇、独特的特点,往往对有猎奇需求的旅游者产生吸引力。此外,在特殊的气候条件影响下常会形成独特的地质、地貌等自然景观和人文景观,同样对旅游者具有极大的吸引力,因此成为一项独特的旅游资源。我国幅员辽阔,气候类型复杂多样,其中不乏极端与特殊之地,如新疆吐鲁番盆地在 1975 年 7 月创下了中国的极端最高气温 49.6 ℃;黑龙江漠河市阿木尔镇在 2023 年 1 月测得最低温度为 −53 ℃,刷新了我国的最低气温,打破了我国有气象记载以来的历史最低气温纪录。

4. 物候景象

物候景象指各种植物的发芽、展叶、开花、结实、叶变色、落叶等季变现象。此类景象对于农业来说,是农民耕种收割的时刻表。鸟语花香、秋山红叶都是大自然向人们述说的语言。枣树发芽,暗示人们要赶快播种棉花;油菜籽头上还有点花的时候,暗示人们要安排稻田放水的事了;桃花开了,暗示人们要赶快播种谷子。对于旅游业来说,物候景象所展现出的一年中月、露、风、云、花、鸟推移变迁的过程却是一道道亮丽的风景,可供游客休闲观赏。

课后思考

1. 举例说明地文景观旅游资源具有哪些价值。
2. 什么是雅丹地貌?它是如何形成的?
3. 简述水域景观旅游资源的构景要素。
4. 举例说明水域景观旅游资源具有哪些价值。
5. 举例说明生物景观旅游资源具有哪些价值。
6. 简述天象气候旅游资源的特征。
7. 什么是佛光?它是怎么形成的?
8. 什么是蜃景?它是怎么形成的?

课题研讨

研讨主题:自然保护区旅游资源如何开发与保护?

案例分析:

“鸟类王国”——威宁草海

草海,又名南海子、八仙海,位于贵州省西部威宁县县城西南面,水域面积46.5平方公里,是一个典型的高原湿地生态系统。草海是世界十大观鸟基地,被美国国家地理杂志评选为世界上最受欢迎的旅游胜地,被誉为“贵州旅游皇冠上的一块蓝宝石”,有“高原明珠”“鸟类王国”等美誉。1992年被国务院批复为国家级自然保护区。

草海是贵州最大的天然淡水湖,海拔2 171.7米,覆盖面积保持在30平方公里以上,以水草繁茂而得名。草海四面青山环抱,林木茂密。湖中盛产鱼虾、蒲草等水生动植物,栖息着180多种鸟类,其中,珍稀鸟类70余种,是世界人禽共生、和谐相处的十大候鸟活动场地之一。

暮春时节,草海周围开放着大面积千姿百态、绚丽动人的杜鹃花。秋天的草海最美,湖中的水草在碧水中开出一朵朵、一串串、一片片的黄花、红花和白花,船行其中,花随水波浮动,如入仙境。草海的冬天,则是观赏黑颈鹤等鸟类的最佳季节。

草海国家级自然保护区保护对象为高原湿地生态系统及各种珍稀鸟类。

高原湿地生态系统包括草海水域、浅水沼泽和莎草湿地、草甸等湿地生态环境，多种水生动、植物群落，鸟类栖息地、繁殖区，候鸟的夜宿地、主要觅食地。

珍稀濒危水禽包括黑颈鹤、白肩雕、白尾海雕3种国家一级保护鸟类，灰鹤、白琵鹭、黑脸琵鹭、雀鹰、松雀鹰、草原雕、白尾鹞、游隼、灰背隼、红隼、雕鸮等18种国家二级保护鸟类，以及凤头䴙䴘等50余种为《中华人民共和国政府和日本国政府保护候鸟及其栖息环境协定》中规定的保护鸟类。

资料来源：根据草海有关网络资源整理。

（1）结合材料及所学内容，分析草海旅游资源的价值？

（2）草海旅游资源如何开发？

参考文献

[1] 肖星，王景波. 旅游资源学[M]. 天津：南开大学出版社，2013：64-102.

[2] 谢泽明. 旅游资源学[M]. 北京：机械工业出版社，2022：65-68.

[3] 王伟. 旅游资源学[M]. 武汉：华中科技大学出版社，2023：38-79.

[4] 杨阿莉. 旅游资源学[M]. 北京：北京大学出版社，2020：48-87.

[5] https://www.docin.com/p-2464728202.html（最后一次访问时间：2024年5月27日）。

[6] 国家旅游局. 旅游资源分类、调查与评价：GB/T 18972—2017[S]. 北京：国家旅游局，2017：1-16.

[7] https://www.docin.com/p-2382335745.html?docfrom=rrela（最后一次访问时间：2024年5月27日）。

[8] https://baike.so.com/doc/5605771-5818380.html（最后一次访问时间：2024年5月27日）。

第四章　人文旅游资源

学习目标：

1. 能够举例说明建筑与设施、历史遗迹、旅游购品、人文活动旅游资源的特征及旅游价值。

2. 掌握建筑与设施、历史遗迹、旅游购品、人文活动旅游资源的类型划分及典型代表。

3. 能够结合实例阐述建筑与设施、历史遗迹、旅游购品、人文活动旅游资源的成因。

思政目标：

通过对建筑与设施、历史遗迹、旅游购品、人文活动旅游资源的学习，深刻感受我国悠久的历史和灿烂的文化，领略劳动人民的智慧和才能，激发爱国情怀，增强民族自豪感。

第一节　建筑与设施旅游资源

建筑与设施旅游资源，指对我国的政治、经济与科学技术曾经或仍在产生重大影响，对旅游者具有吸引力，能够被旅游业利用，产生经济、社会、环境效益的各种古代和现代的建筑与设施。

一、建筑与设施旅游资源的成因

1. 文化遗留与传承

古代建筑与设施在人类生产生活及其他社会活动过程中创造并保存下来，反映人类社会在政治、经济、文化、科技、军事、宗教等方面的历史与成就。古代建筑与设施对于一些喜欢探寻历史、了解我国古代建筑技术及文化的旅游者来说具有很强的吸引力，因此，成为重要的人文旅游资源。古代建筑与设施作为重要的人文旅游资源，不仅可以独立成景，甚至成为旅游目的地，也可作为补充、完善自然景观不足的构景要素，而且是承载历史文化、宗教文化、民俗文化、文学艺术等其他文化旅游资源的重要物质载体。例如世界文化遗产——都江堰水利工程，既独立构成一处闻名世界的旅游景观，同时又承载着大量历史文化信息；世界文化遗产——武当山古建筑群，既独立构成一处旅游景观，同时还是道教圣地，承载着深厚的道教文化；贵州荔波小七孔景区集山、水、洞、林、瀑、湖、石多种景观于一体，融雄、奇、险、秀、美为一炉，玲珑秀丽，被称之为“地球上的绿宝石”，景区内的小七孔桥既是独立景观，又是当地优美的山水等自然景观的重要补充和完善，为之注入了文化的灵性与活力。再如车站、港口、机场等交通建筑和桥梁、公路、铁路等交通工程设施，不仅本身可独立构成旅游观光景点，同时也为游人的旅游活动提供舒适的交通条件，并承载着大量的文化艺术信息，如赵州桥、卢沟桥、“二十四道拐”抗战公路等。

2. 文化创造

随着社会的发展，人们的旅游需求日益多元化，为了更好地满足旅游者的需求，人类不断创造各种建筑与设施旅游资源。

首先，人们开始从旅游的视角重新审视现代建筑与设施，使得一些现代建筑与设施在满足生产、教育、生活等社会功能的同时，具有了旅游的附属功能。如北京大学、清华大学等高校的校园，三峡大坝、水立方、上海科技馆、上海世博会场馆等。

其次，为了更好地满足旅游者多元化的需求，人类创造了多种多样的建筑与设施。如上海迪斯尼乐园、台州方特·狂野大陆主题乐园、度假村、高尔夫球场等。

补充阅读：“二十四道拐”抗战公路

二十四道拐抗战公路，位于贵州省晴隆县城西南1公里处，从上至下依山势呈弯道盘旋，计有24个弧形拐弯，全长4公里，蜿蜒于高达1 799米的晴隆山西南坡，是320国道中的一段。二十四道拐公路依山而建，工程艰险，虽山势陡峭，弯道频繁，但其设计之精巧，匠心独具，弯道的上下堡坎、挡土墙都是由大石砌成，虽经半个多世纪的风雨侵蚀，如今仍保持完好。

二十四道拐从1928年1月即开始勘测修建，但时断时续，直到军阀统治贵州结束后的1935年底，大规模修筑工程才算正式进行，国民政府先后征调贵州各县民工5万多名、士兵3万人加紧施工，于1936年9月完工通车。抗日战争开始后，贵州成为了抗战大后方。贵州经济、战略地位日益突出，滇黔公路承担着运送海外援华物资和数万名中国远征军赴滇缅作战的运输任务，成为连接前线与滇缅、滇印公路两条国际大通道的桥梁和纽带。为此，美军在晴隆设立公路改善工程处，对二十四道拐进行整修。仅在1938年2月至1942年初的3年多时间里，负责战时后方运输的军事委员会西南运输管理局在重庆至贵阳、贵阳至昆明间，投入了四个大队约800辆卡车担负运输任务，运输抗战物资到前线。二十四道拐所在的贵州省晴隆县作为抗战后方战略物资的集散地，在抗战中总计将45万吨国际援华物资运抵抗日前线，尤其是在抗战中后期，平均每天有

3 000 多辆运送抗战物资的汽车经过晴隆。

2017 年 1 月，国家发改委网站公布《全国红色旅游经典景区名录》，二十四道拐抗战公路入选中国红色旅游经典景区名录。

资料来源：https://baike.baidu.com/item/%E2%80%9C%E4%BA%8C%E5%8D%81%E5%9B%9B%E9%81%93%E6%8B%90%E2%80%9D%E6%8A%97%E6%88%98%E5%85%AC%E8%B7%AF/62748393?fr=ge_ala（最后一次访问时间：2024 年 5 月 27 日）。

二、建筑与设施旅游资源的特征

1. 功能性

建筑与设施旅游资源，一般是为了发展生产、改善交通、推动科研、振兴教育、繁荣文化和增进人民福利等目的而兴建，具有显著的功能性。如为了防洪、灌溉，修建了都江堰、三峡等水利工程；为了改善交通修建了京杭大运河、北盘江大桥等交通建筑；为了健身和体育比赛，修建了鸟巢、水立方等体育场馆；为了乡村居民居住修建了四合院（华北地区）、吊脚楼（云贵高原）、窑洞（黄土高原）等乡土建筑；为了纪念革命烈士，修建了纪念塔、纪念馆等红色建筑等。

2. 时代性

建筑是科学技术的凝聚，受相应时代生产力发展水平的制约。在原始社会，生产力水平极其低下，简陋的地面构筑物构成了人类的建筑主体。进入奴隶社会后，随着社会生产力水平的提高，我国木构建筑物初步形成，宫殿、宗庙、陵墓等建筑物应运而生。在漫长的封建社会，我国建筑逐步形成了成熟、完整、独特的建筑体系，在建筑技术和艺术等方面有卓越的创造，因为儒家思想占统治地位，我国古典建筑也处处可以见到礼制规范打上的烙印。在近代，西方建筑的一些理念、风格、式样逐渐引入，打破了我国传统建筑的程式，逐步形成了中西融合的现代建筑风貌，如海口骑楼就是中西建筑融合的典范。总之，不同时代的建筑总是反映了相应时代的建筑材料、建筑水平、建筑理念，因此建筑与设施旅游资源具有鲜明的时代特征。

3. 地域性

不同的地域自然环境不同，加之生活在不同地域的人群，其社会形态、民族构成、生活方式、宗教信仰、兴趣爱好、风俗习惯有很大的差异，在此背景下，不同地域形成了具有地方特色的建筑与设施。因此，建筑与设施旅游资源具有显著的地域性。如北方冬季温度低，需要保暖和更多的阳光，院子大一点，房屋矮一些；南方酷热，需要散热、防暑，通常院落较小，以便于获得更多的阴影面积来防暑，房屋高大，以便于散热；再如我国降水较多的南方，屋顶坡度较大，降水少的北方屋顶坡度则较小；华北平原的四合院建筑材料主要是砖块，云贵高原的吊脚楼建筑材料主要是木材和竹子；蒙古族居住的是蒙古包，藏族居住的是帐篷。

4. 聚集性

任何建筑与设施的建造都需投入一定的人力、物力、财力，都需要先进的科学技术作为支撑，尤其是重大建筑与设施工程，如长城、故宫、都江堰、水立方、三峡大坝等。建筑与实施是时代的产物，除了体现当时建造地区的经济发展水平和科技水平外，还反映当时的政治、文化内涵，如故宫建筑群的中轴对称，“以中为尊”，体现了我国古代的封建宗法礼制、等级制度和皇权至上的思想；华北地区的四合院集中体现了中华民族“尊长崇礼”的传统文化。综上所述，建筑与设施旅游资源是经济、政治、文化、技术等的集合体，具有显著的聚集性。

5. 艺术性

建筑本身属于一门艺术，具有艺术性，旅游者在欣赏建筑本身的同时，也在感知建筑的艺术价值，如设计风格、样式、细部的艺术特色以及工艺、建筑材料、结构、施工技术、空间布局等方面的价值。就中国古典建筑来说，它们或体现出天人合一的环境艺术，或表现出丰富绚丽的装饰艺术，或展示出优美柔和的轮廓造型艺术，以及木构梁柱式构架的科学艺术等。

三、建筑与设施旅游资源的价值

1. 美学观赏价值

人们在修建建筑与设施时，往往融入了他们的价值观和审美观。如天人合一的设计理念、阴阳互补的哲学理念、对称与变化的空间构想、古朴与华丽的色彩运用、稳重与精巧的均衡等就一直是指导我国建筑和工程设施建设的主要理念。正因为如此，很多建筑和设施都具有突出的造型艺术，能满足旅游者的美学欣赏需要，具有重要的美学观赏价值。

2. 科普教育价值

建筑和大型工程设施具有丰富的科学技术价值，是建筑思想、建筑技术在物质上的具体反映，凝聚着古代及现代劳动人民的聪明才智，展示出社会科学技术发展的历史进程。通过对长城、故宫、都江堰水利工程、金字塔、鸟巢、港珠澳大桥等建筑与设施的参观游览，游客可以深刻了解古代、现代的建筑技术和水平，具有重要的科普教育价值。

3. 文化旅游价值

建筑和设施是承载历史文化、宗教文化、民族文化、文学艺术等文化的重要载体。例如置身于北方的四合院，你能深刻体会中国传统文化“天人合一”的思想，深刻理解古代的家庭伦理和社会关系。通过对建筑设施丰富的文化内涵感受，可以了解和认识某一地区不同历史时期人们的社会活动、意识形态以及物质生活和精神生活的状况，让游客充分体验历史文化、宗教文化、民族文化等的魅力。

四、建筑与设施旅游资源的主要类型

建筑与设施旅游资源是旅游资源中最为常见，且分布较为广泛的资源类型。《旅游资源分类、调查与评价》(GB/T 18972—2017)中，将建筑与设施旅游资源分为 3 个亚类 39 个基本类型(表 4-1)。

表 4-1 建筑与设施景观分类表

主类	亚类	基本类型	简要说明
E 建筑与设施	EA 人文景观综合体	EAA 社会与商贸活动场所	进行社会交往活动、商业贸易活动的场所
		EAB 军事遗址与古战场	古时用于战争的场所、建筑物和设施遗存
		EAC 教学科研实验场所	各类学校和教育单位、开展科学研究的机构和从事工程技术试验场所的观光、研究、实习的地方
		EAD 建设工程与生产地	经济开发过程和实体单位，如工厂、矿区、农田、牧场、林场、茶园、养殖场、加工企业以及各类生产部门的生产区域和生产线
		EAE 文化活动场所	进行文化活动、展览、科学技术普及的场所
		EAF 康体游乐休闲度假地	具有康乐、健身、休闲、疗养、度假条件的地方
		EAG 宗教与祭祀活动场所	进行宗教、祭祀、礼仪活动场所的地方
		EAH 交通运输场站	用于运输通行的地面场站等
		EAI 纪念地与纪念活动场所	为纪念故人或开展各种宗教祭祀、礼仪活动的馆室或场地
	EB 实用建筑与核心设施	EBA 特色街区	反映某一时代建筑风貌，或经营专门特色商品和商业服务的街道
		EBB 特性屋舍	具有观赏游览功能的房屋
		EBC 独立厅、室、馆	具有观赏游览功能的景观建筑
		EBD 独立场、所	具有观赏游览功能的文化、体育场馆等空间场所
		EBE 桥梁	跨越河流、山谷、障碍物或其他交通线而修建的架空通道
		EBF 渠道、运河段落	正在运行的人工开凿的水道段落
		EBG 堤坝段落	防水、挡水的构筑物段落
		EBH 港口、渡口与码头	位于江、河、湖、海沿岸进行航运、过渡、商贸、渔业活动的地方
		EBI 洞窟	由水的溶蚀、侵蚀和风蚀作用形成的可进入的地下空洞
		EBJ 陵墓	帝王、诸侯陵寝及先烈的坟墓

续表

主类	亚类	基本类型	简要说明
E建筑与设施	EB实用建筑与核心设施	EBK 景观农田	具有一定观赏游览功能的农田
		EBL 景观牧场	具有一定观赏游览功能的牧场
		EBM 景观林场	具有一定观赏游览功能的林场
		EBN 景观养殖场	具有一定观赏、游览功能的养殖场
		EBO 特色商铺	具有一定观光游览功能的店铺
		EBP 特色市场	具有一定观光游览功能的市场
	EC景观与小品建筑	ECA 形象标志物	能反映某处旅游形象的标志物
		ECB 观景点	用于景观观赏的场所
		ECC 亭、台、楼、阁	供游客休息、乘凉或观景用的建筑
		ECD 书画作	具有一定知名度的书画作品
		ECE 雕塑	用于美化或纪念而雕刻塑造、具有一定寓意、象征或象形的观赏物和纪念物
		ECF 碑碣、碑林、经幢	雕刻记录文字、经文的群体刻石或多角形石柱
		ECG 牌坊牌楼、影壁	为表彰功勋、科第、德政以及忠孝节义所立的建筑物，以及中国传统建筑中用于遮挡视线的墙壁
		ECH 门廊、廊道	门头廊形装饰物，不同于两侧基质的狭长地带
		ECI 塔形建筑	具有纪念、镇物、标明风水和某些实用目的的直立建筑物
		ECJ 景观步道、甬路	用于观光游览行走而砌成的小路
		ECK 花草坪	天然或人造的种满花草的地面
		ECL 水井	用于生活、灌溉用的取水设施
		ECM 喷泉	人造的由地下喷射水至地面的喷水设备
		ECN 堆石	由石头堆砌或填筑形成的景观

（一）人文景观综合体

1. 社会与商贸活动场所

社会与商贸活动场所是指进行社会交往活动、商业贸易活动的场所。在各大城市里较为常见，通常是一个城市或地区商贸活动最为繁荣的地方。这类旅游资源有利于游客购物、参观、增长见识，如武汉的汉正街，在我国改革开放后，率先恢复发展个体私营经济。在 20 世纪 80 年代更凭其优越的地理优势，发挥着引南接北，承东启西的流通功能，成为我国中部地区最大的小商品集散地。经销产品包括服装、饰品、玩具、小五金、拉链、室内用品、家电、鞋类、工艺品、化妆品等 28 大类商品。

2. 军事遗址与古战场

军事遗址与古战场指发生过军事活动和战事的地方，这里既有惊心动魄的事件，又有动人、令人深思的故事。军事遗址与古战场的文化底蕴具有不可复制性和不可替代性的特点。正因为如此，重大军事战役，以及相关联的军事事件、人物、传说和战场遗址，成了游客缅怀历史，抒发思古之幽情的重要载体，对游客具有巨大的吸引力。我国著名的军事遗址与古战场如下：

(1) 垓下遗址

垓下遗址位于安徽省灵璧县东南。公元前 202 年，楚汉战争后期，项羽率十余万大军退至垓下，以河为屏，堆土为营，深堑拒敌。韩信十面设伏，迫使项羽节节挫败，疲于奔命，又令各营夜奏楚乐，四面楚歌令项羽军心涣散。项羽见大势已去，夜率八百子弟垓下突围，败至乌江，自觉“无颜见江东父老”，遂乌江自刎。

(2) 官渡古战场

官渡古战场位于郑州中牟县城东北 2.5 公里的官渡桥村一带。东汉建安五年(公元 200 年)，当时袁绍率兵 10 万南下，曹操率兵 2 万在官渡相拒。当年春，曹操乘袁绍傲慢轻敌，内部失和之际，两次偷袭袁绍后方，焚其粮食辎重，断其粮道，致使袁绍军心动摇，纷纷溃散，曹则全线出击，歼灭袁军主力，为统一北方奠定了基础。这是我国历史上以弱胜强、以少胜多的著名战役之一。

(3) 赤壁古战场

赤壁古战场是当年赤壁之战的遗址，位于湖北省赤壁市赤壁镇武侯巷 6 号。公元 208 年，曹操率领二十六万大军在赤壁与孙权、刘备五万联军发生战斗，最终曹军战败。赤壁之战奠定了魏、蜀、吴三分天下的局面，是我国历史上以少胜多，以弱胜强的七大战役之一。

3. 教学科研实验场所

教学科研实验场所是指各类学校和教育单位、开展科学研究的机构及从事工程技术实验场所的观光、研究、实习的地方。这类旅游资源有助于游客开阔视野、增长知识、丰富阅历。如西昌卫星发射基地，过去是绝密的军事基地，近年来随着我国航天事业取得举世瞩目的成就，西昌也逐渐走入了公众的视野，成为对外开放的旅游景区。清华大学、北京大学、武汉大学等名校，不仅有优美的校园、古老的建筑，更由于其具有深厚的文化底蕴和浓郁的学术氛围，吸引了很多游客前来参观游览。

4. 建设工程与生产地

指经济开发过程和实体单位，如工厂、矿区、农田、牧场、林场、茶园、养殖场、加工企业以及各类生产部门的生产区域和生产线。这类旅游资源有助于游客了解生产工艺流程，增长知识，开阔视野。我国著名的建设工程与生产地有：新疆吐鲁番葡萄沟、青岛海尔集团、内蒙古蒙牛生产厂、长江三峡大坝等，国外比较著名的有：波音飞机公司、法国波尔多地区的葡萄酒生产厂、德国的奔驰、宝马、奥迪生产厂等。

5. 文化活动场所

文化活动场所指人们进行文化活动、展览、科学技术普及的场所。这类旅游资源有助于满足人们审美消遣、读书求知、高雅休闲等精神生活的需求，如博物馆、图书馆、少年宫、剧院、电影院、文化馆等。我国著名的文化活动场所有：中国国家博物馆、中国科学技术馆、中国国家图书馆、中国美术馆、上海科技馆、上海书城、成都西南书城、北京市少年宫、上海市少年宫等。

6. 康体游乐休闲度假地

康体游乐休闲度假地指具有康乐、健身、休闲、疗养、度假条件的地方。该类旅游资源的功能为康乐、健身、休闲、疗养、度假。当今社会，工作生活节奏较快，人们在紧张而繁忙的工作生活之余，希望能够告别繁华的都市和忙碌，回归自然，追求享受和舒缓，正因为如此，休闲度假型旅游深受人们的喜爱。国内著名的康体游乐休闲地有：三亚亚龙湾、福建武夷山、秦皇岛北戴河、北海银滩、大连金石滩、青岛石老人等，国外著名的有：德国的波恩小镇、澳大利亚的悉尼、美国的西礁岛、印度尼西亚的巴厘岛等。

7. 宗教与祭祀活动场所

宗教与祭祀活动场所指进行宗教、祭祀、礼仪活动的地方。佛教、伊斯兰教、基督教是世界三大宗教，另外，还有很多地方性的宗教，如道教、印度教等。不管是世界性的宗教还是地方性宗教，都具有丰富的宗教内涵、历史渊源和艺术遗存。宗教建筑、雕塑、壁画等宗教艺术以及庄严隆重且颇具神秘新奇感的宗教活动对非宗教信徒具有很大的吸引力，成为他们重要的游览对象。我国比较著名的宗教与祭祀活动场所有：灵隐寺、少林寺、孔庙等，世界著名的宗教圣地有：麦加（伊斯兰教）、麦地那（伊斯兰教）、耶路撒冷（基督教、伊斯兰教、犹太教）、梵蒂冈（天主教）、蓝毗尼园（佛教）等。

补充阅读：灵隐寺、麦加

灵隐寺，中国佛教古寺，又名云林寺，位于浙江省杭州市，背靠北高峰，面朝飞来峰，始建于东晋咸和元年（326 年），占地面积约 87 000 平方米，是我国佛教禅宗十刹之一。灵隐寺开山祖师为西印度僧人慧理和尚。南朝梁武帝赐田并扩建。五代吴越王钱镠命请永明延寿大师重兴开拓，并赐名灵隐新寺。宋宁宗嘉定年间，灵隐寺被誉为江南禅宗“五山”之一。清顺治年间，禅宗巨匠具德和尚住持灵隐，筹资重建，仅建殿堂时间就前后历十八年之久，其规模之宏伟跃居“东南之冠”。清康熙二十八年(1689 年)，康熙帝南巡时，赐名“云林禅寺”。灵隐寺主要以天王殿、大雄宝殿、药师殿、法堂、华严殿为中轴线，两边附以五百罗汉堂、济公殿、华严阁、大悲楼、方丈楼等建筑构成。灵隐寺的殿宇、亭阁、经幢、佛像等建筑和雕塑艺术对于研究我国佛教史、建筑艺术史、雕塑艺术史都很有价值。

资料来源：https://baike. baidu. com/item/%E7%81%B5%E9%9A%90%E5%AF%BA/110918? fr=ge_ala(最后一次访问时间：2024 年 5 月 27 日)。

麦加，全称是麦加·穆卡拉玛，意为“荣誉的麦加”。它坐落在沙特阿拉伯西部赛拉特山区一条狭窄的山谷里，面积不到 760 平方公里，人口约 179 万，是伊斯兰教的第一圣地，拥有克尔白。麦加，在阿拉伯语中是“吮吸”之意，它形象地表达了这里地势低、气温高，饮水困难的特征，麦加城因为是伊斯兰教创始人穆罕默德诞生地而被选为圣地，穆罕默德在麦地那创立和传播伊斯兰教，公元 630 年，穆罕默德率兵攻占麦加，把圣殿改为伊斯兰教清真寺。1932 年沙特阿拉伯王国建国，麦加被称为“宗教之都”。麦加的地标性建筑之一是禁寺，它是世界上最大的清真寺，禁寺环绕着克尔白(世界穆斯林礼拜朝向和朝觐中心)，其内外礼拜场地面积达 356 800 平方米，在朝觐季节期间可容纳至四百万人。麦加是世界著名的宗教旅游城市。

资料来源：https://baike. baidu. com/item/%E9%BA%A6%E5%8A%A0/646844? fr=ge_ala(最后一次访问时间：2024 年 5 月 27 日)。

8. 交通运输场站

交通运输场站是指用于地面通行的地面场站等，包括边境口岸、火车站、汽车站、机场(航空港)等。

(1) 边境口岸是指边境上设立的过境或贸易的地点。边境口岸位于两国或两地区交界处，旅游者可以在此欣赏到异国的风光、建筑，体验异国的美食、文化，还可以购买异国特色的旅游购品等。边境口岸旅游资源最重要的旅游功能是观赏、购物、科普教育，如：广西东兴口岸、云南打洛口岸、吉林珲春口岸等。

(2) 车站是指公共交通工具(如火车、公共汽车)为了装卸客、货停留的固定地点，包括汽车站、火车站。我国著名的车站有：广州天河汽车客运站、上海长途汽车客运总站、北京火车站、郑州火车站等。

(3) 机场(航空港)是指供飞机起降的场地及其相关设施。我国著名的航空港有北京首都国际机场、上海浦东国际机场、广州白云国际机场、成都双流国际机场、深圳宝安国际机场、昆明长水国际机场等。

9. 纪念地与纪念活动场所

纪念地与纪念活动场所指为纪念故人或者开展各种宗教祭祀、礼仪活动的馆室或者场所，包括祭拜场馆、名人故居与历史纪念建筑等。

(1) 祭拜场馆指为祭拜神灵、祭祀故人所开展的各种宗教礼仪活动的馆室或场地。在崇拜自然和祭祀祖先的信仰下，人们要进行多种多样的祭祀上天、土地和祖先的活动，修建与此相关的礼制性建筑来供奉和参拜这些神灵，以求保佑和赐福。庙、坛是我国古代最主要的祭祀性建筑物和祭拜场馆，如北京天坛、泰安的岱庙等。

(2) 名人故居与历史纪念建筑是指有历史影响的人物的住所或为历史著名事件而保留的建筑物，具有重要的历史文化价值、教育价值。我国著名的名人故居有毛泽东故居、孔子故居、鲁迅故居等，我国著名的历史纪念建筑有北京大学红楼（五四运动）、遵义会议会址（遵义会议）、虎门炮台（虎门销烟与鸦片战争）、上海中共一大会址（中共一大会议）等。

补充阅读：北京天坛

天坛，位于北京市南部，东城区永定门内大街东侧。占地约 273 万平方米，是我国现存最大的古代祭祀性建筑群，始建于明永乐十八年（1420 年），清乾隆、光绪时曾重修改建，是明、清两代帝王祭祀皇天、祈五谷丰登之场所。天坛是圜丘、祈谷两坛的总称，有坛墙两重，形成内外坛，坛墙南方北圆，象征天圆地方。主要建筑在内坛，圜丘坛在南、祈谷坛在北，二坛同在一条南北轴线上，中间有墙相隔。圜丘坛内主要建筑有圜丘坛、皇穹宇等，祈谷坛内主要建筑有祈年殿、皇乾殿、祈年门等。

资料来源：https://baike.baidu.com/item/%E5%A4%A9%E5%9D%9B/2820294?fr=ge_ala（最后一次访问时间：2024 年 5 月 27 日）。

（二）实用建筑与核心设施

1. 特色街区

特色街区指反映某一时代建筑风貌或经营专门特色商品和商业服务的街道，包括特色街巷、特色社区等。

在我国历史文化名城名镇中，分布着不计其数的特色街区，那些能显示历史文化环境个性特征的历史街道、地段更为旅游者所青睐，如北京的王府井大街、上海的南京路、成都的宽窄巷子、杭州的南宋御街、青岛的德国风情街、南京的夫子庙、武汉的汉正街等，这类旅游资源具有最重要的历史文化价值、观赏价值、购物功能。

特色社区指建筑风貌或环境特色鲜明的居住区。主要体现形式是风景如画的古村镇、特色鲜明的古城区、民族色彩深厚的聚居区等，如山东青岛八大关、江苏苏州周庄、浙江嘉兴乌镇、安徽黟县的宏村、新疆特克斯县的八卦城、贵州黎平肇兴侗寨、四川阿坝羌族古寨等。

补充阅读：王府井大街

王府井大街定名于1915年。辽、金时代，王府井只是一个不出名的村落，到了忽必烈定都北京之后，这个小村落开始热闹了起来，并有了"丁字街"的称呼。明成祖时，在这一带建造了十个王府，便改称十王府或者十王府街。明朝灭亡了以后，王府也随之荒废了，人们便称它为王府街。清光绪、宣统年间，这里开始繁华，街的两旁出现了许多摊贩和店铺，还有一个"官厅"，成为当地有名的一个市区。1915年，北洋政府内政部绘制《北京详图》时，就把这条街分成三段：北街称王府大街，中段称八面槽，南段由于有一眼甜水井（井址在大街的西侧，现今的大甜水井胡同）而称王府井大街了。后来，逐渐用王府井称呼整条街了。新中国成立以后，对王府井大街进行了整顿和改造，继承并发展了传统的经营特色，兴建了一些大型的商业设施，形成了以东风市场（原东安市场）和百货大楼为主体的繁华商业区。目前，王府井大街是北京市最有名的商业街，其日用百货、五金电料、服装鞋帽、珠宝钻石、金银首饰等，琳琅满目，商品进销量极大，是号称"日进斗金"的寸土寸金之地。

王府井以悠久的历史、博大精深的传统文化和丰富的商品、独具特色的商业建筑而成为集购物、休闲、娱乐、文化、餐饮、商务等为一体的综合性商业步行街，号称"中华第一商业街"。

资料来源：https://baike.baidu.com/item/%E7%8E%8B%E5%BA%9C%E4%BA%95%E5%A4%A7%E8%A1%97/9784297?fr=ge_ala（最后一次访问时间：2024年5月27日）。

2. 特性屋舍

特性屋舍是指具有观赏游览功能的房屋，包括传统与乡土建筑、书院等。

（1）传统与乡土建筑指具有建筑风格和历史色彩的单个居民住所。不同的地区由于民族构成、地理环境、生产方式及生活水平的不同，形成的居所各具特色，如北方地区的四合院、云贵高原地区的吊脚楼、青藏地区的帐篷、黄土高原的窑洞等。

（2）书院指旧时地方上设立的供人读书或讲学的处所，一般由讲学、藏书和供礼三部分建筑组成，我国著名的书院有湖南长沙的岳麓书院、江西庐山的白鹿洞书院、河南嵩山的嵩阳书院。

3. 独立厅、室、馆

独立厅、室、馆指具有观赏游览功能的景观建筑，包括聚会接待厅堂（室）、会馆等。

（1）聚会接待厅堂（室）指公共场合用于办公、会商、议事和为其他公共事务所设的独立宽敞房舍，或家庭的会客厅室。我国著名的聚会接待厅堂（室）有北京人民大会堂、上海席氏厅堂等。

（2）会馆指旅居异地的同乡人共同设立的馆舍，主要以馆址的房屋供同乡、同业聚会或寄居。会馆是我国古代城市公共建筑的一种，内部有会场、剧院、宴会厅等，并具有办公和居住等综合功能。我国著名的会馆有：河南开封的山陕甘会馆、重庆的湖广会馆等。

聚会接待厅堂（室）集艺术性和技术性于一体，会馆具有独特的建筑风格和深厚的历史文化内涵，因此，独立厅、室、馆旅游资源具有重要的观赏、历史文化价值。

4. 独立场、所

独立场、所是指具有观赏游览功能的文化、体育场馆等空间场所，包括广场、展示演示场馆、健身和游乐场馆等。

（1）广场指用来进行休憩、游乐、礼仪活动的城市内的开阔地。广场通常具备一定的功能，如集会、休闲、运动以及各种文化活动，有单一功能，也有综合功能。著名的广场都有其特定的文化及内涵，这种文化及内涵对区域外的游客具有很大的吸引力。我国著名的广场有北京天安门广场、济南泉城广场、成都天府广场等。

（2）展示演示场馆指为各类展出或演出活动开辟的馆室或场地，它们一般是一个国家或地区的标志性文化工程设施。展示演示场馆一般设计独具匠心、建筑富丽堂皇，因此具有很高的艺术观赏价值。著名的展示演示场馆有：悉尼歌剧院、上海大剧院、国家大剧院、上海世博园、昆明世博园等。

（3）健身和游乐场馆指开展体育健身、歌舞、游乐活动的独立馆室或场地，包括游乐场、主题公园、城市公园、体育场馆等，如上海迪斯尼乐园、北京鸟巢等。

5. 桥梁

桥梁指跨越河流、山谷、障碍物或其他交通线而修建的架空通道。桥梁除了具有使用功能外，其中不少具有我国或世界之最的特点，如最高、最长、最大、最古老等，正因为如此，有些桥梁对游客具有很大的吸引力，成了游客游览观光的对象。我国著名的桥梁有赵州桥（世界上现存年代久远、跨度最大、保存最完整的单孔坦弧敞肩石拱桥）、安平桥（我国古代最大的梁式石桥）、北盘江第一桥（世界第一高桥）、港珠澳大桥（世界最长）等，国外著名的桥梁有英国伦敦塔桥、美国旧金山金门大桥、土耳其博斯普鲁斯海峡大桥等。

补充阅读：赵州桥、北盘江大桥、港珠澳大桥

赵州桥，是一座位于河北省石家庄市赵县城南洨河之上的石拱桥，因赵县古称赵州而得名。当地人称之为大石桥，以区别于城西门外的永通桥（小石桥）。赵州桥始建于隋代，由匠师李春设计建造，后由宋哲宗赵煦赐名安济桥，并以之为正名。赵州桥是世界上现存年代久远、跨度最大、保存最完整的单孔坦弧敞肩石拱桥，其建造工艺独特，在世界桥梁史上首创“敞肩拱”结构形式，具有较高的科学研究价值；雕作刀法苍劲有力，艺术风格新颖豪放，显示了隋代浑厚、严整、俊逸的石雕风貌，桥体饰纹雕刻精细，具有较高的艺术价值。赵州桥在中国造桥史上占有重要地位，对全世界后代桥梁建筑有着深远的影响。1961 年 3 月 4 日，赵州桥（大石桥）被中华人民共和国国务院公布为第一批全国重点文物保护单位。2010 年，赵州桥景区被评为国家 AAAA 级旅游景区。

资料来源：https://baike.baidu.com/item/%E8%B5%B5%E5%B7%9E%E6%A1%A5/32450?fr=ge_ala（最后一次访问时间：2024 年 5 月 27 日）。

北盘江第一桥原称尼珠河大桥或北盘江大桥，是中国境内一座连接云南省曲靖市宣威市普立乡与贵州省六盘水市水城区都格镇的特大桥，位于泥猪河之上，为杭瑞高速公路的组成部分。北盘江第一桥于 2013 年动工建设，2016 年 9 月 10 日完成合龙，2016 年 12 月 29 日竣工运营。北起都格镇，上跨尼珠河大峡谷，南至腊龙村，全长 1 341.4 米；桥面至江面距离 565.4 米，因其相对高度超过四渡河特大桥，刷新世界第一高桥记录而闻名中外。

资料来源：https://baike.baidu.com/item/%E5%8C%97%E7%9B%98%E6%B1%9F%E7%AC%AC%E4%B8%80%E6%A1%A5/23354551?fr=ge_ala（最后一次访问时间：2024 年 5 月 27 日）。

港珠澳大桥是我国境内一座连接香港、广东珠海和澳门的桥隧工程，位于中国广东省珠江口伶仃洋海域内，为珠江三角洲地区环线高速公路南环段。其东

起香港国际机场附近的香港口岸人工岛，向西横跨南海伶仃洋水域接珠海和澳门人工岛，止于珠海洪湾立交；桥隧全长 55 千米，其中主桥29.6 千米、香港口岸至珠澳口岸 41.6 千米；桥面为双向六车道高速公路，设计速度 100 千米/小时；工程项目总投资额 1 269 亿元。港珠澳大桥因其超大的建筑规模、空前的施工难度、顶尖的建造技术、世界最长而闻名全球。

资料来源：https://baike.baidu.com/item/%E6%B8%AF%E7%8F%A0%E6%BE%B3%E5%A4%A7%E6%A1%A5/2836012?fr=ge_ala（最后一次访问时间：2024 年 5 月 27 日）。

6. 渠道、运河段落

渠道、运河段落指正在运行的人工开凿的水道段落。为了灌溉、航运、防洪、给水，世界各地从古至今建设了许多渠道、运河，其中，有些因工程庞大、存在时间久远、工程极其艰险等闻名于世，成为重要的人文旅游资源。如京杭大运河（世界上里程最长、工程最大的运河）、灵渠（距今约 2300 年的历史，是世界上最古老的运河之一，有着“世界古代水利建筑明珠”的美誉）、红旗渠（从太行山腰修建的引漳入林的水利工程，被人称之为“人工天河”，在修建过程中，先后有 81 位干部和群众献出了自己宝贵的生命）等。

补充阅读：京杭大运河

京杭大运河始建于春秋时期，是世界上里程最长、工程最大的运河，也是最古老的运河之一，与长城、坎儿井并称为中国古代的三项伟大工程，并且使用至今，是中国古代劳动人民创造的一项伟大工程，是中国文化地位的象征之一。大运河南起余杭（今杭州），北到涿郡（今北京），途经今浙江、江苏、山东、河北四省及天津、北京两市，贯通海河、黄河、淮河、长江、钱塘江五大水系，主要水源为微山湖，大运河全长约 1 797 公里。大运河对中国南北地区之间的经济、文化发展与交流，特别是对沿线地区工农业经济的发展起了巨大作用。京杭大运河也是世界上最古老的运河之一。

资料来源：https://baike.baidu.com/item/%E4%BA%AC%E6%9D%AD%E5%A4%A7%E8%BF%90%E6%B2%B3/345335?fr=ge_ala（最后一次访问时间：2024 年 5 月 27 日）。

7. 堤坝段落

堤坝段落是指防水、挡水的构筑物段落，包括堤、坝、堰等。世界各地从古至今出于防水、挡水目的修建了许多堤坝，其中，有些因工程庞大、历史悠久或出自名人设计修建等闻名于世，成为重要的人文旅游资源，如三峡大坝（当今世界上最大的水利枢纽建筑之一）、都江堰（全世界迄今为止，年代最久、唯一留存、以无坝引水为特征的宏大水利工程）、苏堤（堤坝与周边景色协调一致，由北宋诗词名人苏轼主持修建）等。

8. 港口、渡口与码头

港口、渡口与码头是指位于江、河、湖、海沿岸进行航运、过渡、商贸、渔业活动的地方。港口、渡口与码头位于陆地、水域的交界处，地理位置优越，旅游者在此除了可以欣赏到优美的水域风光外，还可以了解港口、渡口与码头选址的条件以及兴衰的原因，具有重要的观赏、科普教育价值。我国著名的港口有上海港、天津港、广州港、武汉港、九江港、芜湖港等。

9. 洞窟

洞窟是指为防御、储物、居住、宗教等目的而开凿的洞室或石窟，包括石窟、人工洞穴等。

(1) 石窟

石窟指临崖开凿，内有雕刻造像、壁画，具有宗教意义的洞窟。石窟是我国佛教寺庙建筑的一种，洞窟内展示着佛教雕刻、彩塑或壁画，具有很高的艺术观赏价值，此外，石窟本身及窟外的建筑处理和石窟中的艺术品也是我国历史上各时代建筑艺术面貌、生产生活的反映，因此，石窟旅游资源还具有重要的历史文化价值和科学考察价值。我国著名的石窟有甘肃敦煌莫高窟、山西大同云冈石窟、河南洛阳龙门石窟、甘肃天水麦积山石窟，它们被誉为我国“四大石窟”。

敦煌莫高窟，位于甘肃省敦煌城东南 25 km 处，是我国规模最大、内容最丰富的石窟群。1961 年国务院公布莫高窟、榆林窟为全国重点文物保护单位。1987 年，莫高窟作为文化遗产被列入世界遗产名录。该石窟以壁画、泥塑著称，这里的壁画有 4.5 万多平方米，其内容除了佛经故事外，还有大量的人类渔猎、耕作、制陶的生活场景；也描绘了当时的生产交通工具，如车船、农具、织机等；还保留了大量的亭台楼阁、塔寺店铺、桥梁水榭等古建筑形象。近代以来又发现了藏经洞，内有 5 万多件古代文物，由此衍生了专门研究藏经洞典籍和敦煌艺术的学科——敦煌学。

云冈石窟，位于山西省大同市西 16 km 处，始建于北魏时期，以壮观的石刻闻名。1961 年被国务院公布为全国首批重点文物保护单位。2001 年被联合国教科文组织列入世界遗产名录，2007 年被国家旅游局评为首批国家 5A 级旅游景区。“雕饰奇伟，冠于一世”是古人对云冈石窟的赞美。云冈石窟现存洞窟

53 个，东西绵延 1 km，洞内大小佛像 5.1 万多身，是中国最大的石刻艺术宝库。云冈石窟的石刻之所以有名，在于它的精湛的雕刻技艺和丰富多彩的内容。这里五万多尊塑像，大至十几米，小至几厘米，形态、神采都很动人。有些石佛，透过他们薄薄的罗纱可见其优美身段；有些飞天、乐伎明显地流露出波斯的色彩。

龙门石窟，位于洛阳市区南面 12 km 处，是世界上造像最多、规模最大的石刻艺术宝库，被联合国教科文组织评为“中国石刻艺术的最高峰”，位居中国各大石窟之首。现为世界文化遗产、全国重点文物保护单位、国家 AAAAA 级旅游景区。龙门石窟始开凿于北魏孝文帝迁都洛阳(公元 493 年)前后，后来，历经东西魏、北齐，到隋唐至宋等朝代又连续大规模营造达 400 余年之久，迄今已有 1 500 多年历史。龙门石窟密布于伊水东西两山的峭壁上，南北长达 1 公里，现存窟龛 2 345 个，题记和碑刻 2 800 多品，佛塔 70 余座，造像 10 万余尊。其中最大的佛像高达 17.14 米，最小的仅有 2 厘米。这些都体现出了我国古代劳动人民极高的艺术造诣。其中，以宾阳中洞、奉先寺、古阳洞最具有代表性。

麦积山石窟，位于甘肃省天水市麦积区。该石窟始建于十六国后秦时期，历经北魏、西魏、北周、隋、唐等十余个朝代的不断开凿和修缮，遂成为我国著名的大型石窟之一。现存洞窟 194 个，泥塑、石雕 7 800 多件，壁画 1 000 多平方米，崖阁 8 座。麦积山石窟保存的造像以泥塑为主，保留有大量的宗教、艺术、建筑等方面的实物资料，有“东方雕塑陈列馆”的美誉。1961 年，被国务院批准列为第一批全国重点文物保护单位。2014 年，作为“丝绸之路：长安—天山廊道的路网”的组成部分被联合国教科文组织公布为世界文化遗产。

(2) 人工洞穴

人工洞穴指为防御、储物、居住等目的而建造的地下洞室。部分人工洞穴由于具有历史文化价值、科学考察价值、旅游审美价值等而成为旅游资源，如重庆涪陵 816 核洞、安徽黄山花山谜窟、四川绵阳硝子洞等。

10. 陵墓

陵墓指帝王、诸侯陵寝及先烈的坟墓，包括陵寝陵园、墓(群)两种类型。陵墓旅游资源一般具有很高的科学考察、历史文化及教育价值。

(1) 陵寝陵园

陵寝陵园指帝王及后妃的坟墓及墓地的宫殿建筑，以及一般以墓葬为主的园林。帝王陵寝中，以秦、汉、唐、明、清帝陵规模宏大，保存较好，如秦始皇陵、明十三陵、茂陵等。

(2) 墓(群)

墓(群)指单个坟墓、墓群或葬地。著名的墓(群)有北京毛主席纪念堂、江苏南京中山陵、陕西韩城司马迁墓、内蒙古呼和浩特昭君墓等。

补充阅读：秦始皇陵

秦始皇陵位于陕西省西安市临潼区城东5千米处的骊山北麓。1987年12月被联合国教科文组织批准列入世界遗产名录。秦始皇陵建于秦王政元年(公元前246年)，秦二世二年(公元前208年)竣工，历时39年，是我国历史上最大的皇陵。有内外两重夯土城垣，象征着帝都咸阳的皇城和宫城。陵冢位于内城南部，呈覆斗形，现高51米，底边周长1 700余米。据史料记载，秦陵中还建有各式宫殿，陈列着许多奇异珍宝。秦陵四周分布着大量形制不同、内涵各异的陪葬坑和墓葬，已探明的有400多个，其中包括"世界第八大奇迹"中的兵马俑坑。秦始皇陵是世界上规模最大、结构最奇特、内涵最丰富的帝王陵墓之一，充分表现了2 000多年前中国古代劳动人民的艺术才能，是中华民族的骄傲和宝贵财富。

资料来源：https://baike.baidu.com/item/%E7%A7%A6%E5%A7%8B%E7%9A%87%E9%99%B5/196224?fr=ge_ala(最后一次访问时间：2024年5月27日)。

11. 景观农田

景观农田是指具有一定观赏游览功能的农田。21世纪以来，随着乡村旅游的快速发展，一大批景观农田应运而生。农田主要用于栽培农作物，在农作物种植与生长过程中，叠加人为的设计与搭配，会在农田上呈现美丽的景观(田园风光)，进而吸引游客前往观光游览，这时的农田就变成了景观农田，即除了生长农作物，还具有旅游的功能。我国代表性的景观农田有：上海崇明区的稻田画、贵州兴义万峰林的八卦田、云南红河元阳梯田等。

12. 景观牧场

景观牧场是指具有一定观赏游览功能的牧场。牧场主要用于饲养动物，如牛、马、羊。牧场上的牛、马、羊，与草场、蓝天、白云有机结合，构成一幅美丽的画卷。我国著名的景观牧场有：新疆天山牧场、青海祁连山生态牧场、云南会泽乌蒙山草原牧场、甘肃玛曲牧场、陕西陇县关山草原牧场、伊利·呼伦贝尔牧场等。

13. 景观林场

景观林场是指具有一定观赏游览功能的林场。林场是培育或采伐森林的地方，一般分为国有林场和私营林场。林场中的树木本身就是生物景观，再加上其他因素的配合，有些地区的林场还会形成特殊的自然景观，如林海雪原。此外，林场地区环境优美、空气洁净、负氧离子含量高，有助于康体养身，因此，大部分林场对游客具有很强的吸引力。我国著名的景观林场有:黑龙江省齐齐哈尔市青年林场、吉林省敦化市国有林总场、山西省吕梁山下李林场、安徽省泾县马头国有林场、江西省浮梁县银坞林场、河南省商城县金刚台林场、湖北省英山县国有吴家山林场等。

14. 景观养殖场

景观养殖场是指具有一定观赏游览功能的养殖场。养殖场是饲养动物的场所,其中,有些养殖场或因养殖对象独特、或因养殖规模巨大、或因养殖技术先进等闻名国内外,成为独特的人文旅游资源,如山东省泰安市泰山天鹅湖珍禽养殖场、青海省共和县龙羊峡水库三文鱼养殖场等。

15. 特色商铺

特色商铺是指具有一定观光游览功能的店铺。这些店铺销售某种特色商品,对游客具有很大的吸引力。许多成熟的旅游地都形成了一些著名的特色店铺,如北京全聚德烤鸭店、六必居酱园店、同仁堂药店,天津狗不理包子铺、桂发祥十八街麻花铺,杭州胡庆余堂药店、楼外楼菜馆等。

16. 特色市场

特色市场是指具有一定观光游览功能的市场。一些交通区位条件好、地方特色鲜明的特色市场能够满足旅游者的购物体验需求,对他们具有很强的吸引力。著名的特色市场有南京夫子庙古玩市场、浙江义乌国际商贸城旅游购物中心、乌鲁木齐国际大巴扎等。

(三) 景观与小品建筑

1. 形象标志物

形象标志物是指能反映某处旅游形象的标志物。旅游目的地国家或地区的形象标志物可以是一个单体建筑,也可以是一个建筑群落,前者如自由女神像、埃菲尔铁塔、长城等,后者如故宫。

2. 观景点

观景点指用于景观观赏的场所。自古以来人们总是习惯在自然环境好的地方建造大小不一的亭台楼阁,以便从不同角度观赏景物。著名的景物观赏点有湖南岳阳的岳阳楼、湖北武汉的黄鹤楼等。

3. 亭、台、楼、阁

亭、台、楼、阁是指供游客休息、乘凉或观景用的建筑。

(1) 亭

亭是有游览观赏性的小建筑,数量众多,内容丰富,是一种中国传统建筑。

亭多建于路旁或水旁，供行人休息、乘凉或观景用，也是园林中重要的景点建筑。亭一般为开敞性结构，在建筑形态上“有顶无墙”，顶部可分为六角、八角、圆形等多种形式，如杭州西湖湖心亭、长沙的爱晚亭、北京的陶然亭、绍兴的兰亭、苏州的沧浪亭等。

（2）台

早期的台，是一种高而平的夯土建筑，一般筑成方形。台既有自然形成的，如南京雨花台；还有人为建造的，如登封观星台、武汉古琴台等。

（3）楼阁

指用于藏书、远眺、巡更、饮宴、娱乐、休憩、观景等目的而建的两层或两层以上的建筑。二者在建筑形制上没有多大的差别，但使用功能不同。楼的用途极为广泛，而阁的用途主要为珍藏图书、佛经、佛像和形成景观，有些地区阁也是未出嫁姑娘居住的场所。我国著名的楼阁有承德避暑山庄的烟雨楼、浙江嘉兴烟雨楼、湖北武汉黄鹤楼、湖南岳阳岳阳楼、江西南昌滕王阁、四川成都望江楼、云南昆明大观楼、贵州贵阳甲秀楼等，其中黄鹤楼、岳阳楼、滕王阁被称为江南三大名楼。

补充阅读：江南三大名楼

黄鹤楼位于湖北省武汉市，始建于三国时期(223 年)，传说是为了军事目的而建，孙权为实现“以武治国而昌”(武昌的名称由来)，筑城为守，建楼以瞭望。至唐朝，其逐渐演变为著名的名胜景点。唐代诗人崔颢一首《黄鹤楼》更使黄鹤楼名声大噪。现存的黄鹤楼以清代“同治楼”为原型设计，楼高 5 层，总高度 51.4 米，建筑面积 3 219 平方米。楼外铸铜黄鹤造型、宝塔、牌坊、亭阁等一批辅助建筑，将主楼烘托得更加壮丽。登黄鹤楼远眺，“极目楚天舒”，武汉三镇风光尽收眼底，雄伟壮观。

岳阳楼位于湖南省岳阳市，紧靠洞庭湖畔。自古有“洞庭天下水，岳阳天下楼”之誉。北宋范仲淹的《岳阳楼记》更使岳阳楼名扬天下。现在的岳阳楼沿袭清朝光绪六年(1880 年)所建时的形制，是江南三大名楼中唯一保持了原址原貌的古建筑，其建筑艺术价值无与伦比。岳阳楼坐东向西，面临洞庭湖。楼正面三间，周围廊，三层三檐，通高近 20 米。屋顶为四坡盔顶，屋面上凸下凹，为我国现存最大盔顶建筑，覆黄琉璃瓦，翼角高翘。楼前两侧左右与楼品字并列，有三醉亭和仙梅亭作为陪衬。

滕王阁，位于江西省南昌市西北部沿江路赣江东岸，因初唐才子作《滕王阁序》让其在三楼中最早名扬天下，故又被誉为“江南三大名楼”之首。历史上的滕王阁先后共重建达29次之多，屡毁屡建，现在的滕王阁为1989年重建。滕王阁高57.5米，加上两层底座一共九层，琉璃绿瓦，鎏金重檐，雕花屏阁，朱漆廊柱，可览“落霞与孤鹜齐飞，秋水共长天一色”，蔚为壮观。

资料来源：根据百度资料整理。

4. 书画作

书画作是指具有一定知名度的书画作品。建筑设施类的书画作主要是指摩崖字画，即在山崖石壁上镌刻的文字、绘制的图画。山崖上镌刻的文字叫“摩崖石刻”，绘制的图画称为“岩画”。一方面，摩崖字画具有历史文献价值。许多山崖上镌刻的文字体裁多样，有诗词、碑记、对联、题名题记等，内容丰富多彩，涉及一个地区的历史、地理、军事、宗教、社会风俗等方面，为研究特定时期的历史发展状况提供了珍贵的资料。另一方面，摩崖字画具有珍贵的艺术价值。不同时代、不同民族风格的摩崖字画，或富于天然之意趣，或体量巨大、气势恢弘，或出自名人之手，为秀美的自然风景增加了深厚的人文内涵。许多摩崖字画本身就是一道美丽的风景，成为人们寻古探幽的绝好去处。我国著名的摩崖字画有山东泰山摩崖石刻、福建武夷山摩崖石刻、安徽齐云山摩崖石刻、广西左江花山岩画、新疆阿尔泰山岩画、宁夏贺兰山岩画等。

5. 雕塑

雕塑指用于美化或纪念而雕刻塑造，具有一定寓意、象征或象形的观赏物和纪念物。常见于墓室、石享祠、石棺、崖墓等建筑中。雕塑是造型艺术的一种，又称雕刻，是雕、刻、塑三种创制方法的总称。我国著名的雕塑有西汉茂陵霍去病墓石雕“马踏匈奴”、甘肃武威的青铜雕塑“马踏飞燕”等。

6. 碑碣、碑林、经幢

(1) 碑碣

碑碣指为纪事颂德而筑的刻石。长方形的刻石叫碑；圆首形的或形在方圆之间，上小下大的刻石叫碣。碑碣内容丰富，可记事、记人、歌功颂德等，为人们研究各朝代的政治、经济、文化提供了宝贵文字资料。碑碣本身也是造型艺术的展现，不仅碑上的文字是书法艺术的体现，而且碑额、碑身与碑座的雕刻纹饰，如人物、蟠龙、麒麟、祥云、日月等，种类繁多，精美绝伦。纹饰各异的图案，旨趣各异的装饰艺术，呈现出不同时代的精神象征。我国著名的碑碣有四川成都武侯祠唐碑、河北唐县“六郎碑”等。

(2) 碑林

碑林指众多石碑竖立如林之地。其与碑碣的价值基本相似，即都具有很高的历史文献价值和艺术价值。我国著名的碑林有陕西西安碑林、山东曲阜孔庙碑林、河南洛阳龙门石窟碑林、湖南祁阳浯溪碑林、四川西昌地震碑林等。

(3) 经幢

经幢是指具有纪念及宣扬之意的中国古代宗教石刻,其源于中国古代仪仗中的旌幡,随着佛教传入中国,特别是唐代中期在佛教密宗的影响下,原本书写在丝织的幢幡上的佛经或佛像被改为刻在石柱上,主要刻的是《陀罗尼经》,因此被称为经幢。经幢的建筑材料多采用石质,虽然也有铁铸的例子,但较为罕见。经幢一般由幢座、幢身、幢顶3部分组成,主体部分是幢身,上面刻有佛教密宗的咒文或经文、佛像等,常见的形状有六角或八角形。经幢不仅具有纪念意义,还用于宣扬佛法,常见于寺庙、庭院或其他重要地点。

7. 牌坊牌楼、影壁

(1) 牌坊牌楼

牌坊牌楼是指为表彰功勋、科第、德政以及忠孝节义所立的建筑物。从外观上看,它是一种只有单排立柱,起划分或控制空间作用的建筑。据其功能不同可分为三类:一是形制级别较高,常用庑殿顶或歇山顶的牌坊牌楼,多分布在寺观、陵墓等的入口处,对主体建筑起前奏、标志、陪衬作用,营造庄严、肃穆、深邃气氛,如北京十三陵石牌坊、河北遵化清东陵孝陵石牌坊、西安化觉巷清真寺三亭式木牌坊等;二是级别较低,多为悬山顶的牌坊牌楼,多分布在大路起点、十字路口、桥两端、商店门前,起标识位置、丰富街景的作用;三是"旌表功名"或表彰"节孝"的牌坊牌楼,多分布在城镇,如安徽歙县棠樾牌坊群全国著名,有7座牌坊迤逦而建,以表彰鲍氏忠孝家族。

(2) 影壁

影壁,也称照壁,古称萧墙,是中国传统建筑中用于遮挡视线的墙壁。常见于寺庙、宫殿、官府衙门和深宅大院前。影壁可位于大门内,也可位于大门外,前者称为内影壁,后者称为外影壁。形状有一字形、八字形等,通常由砖砌成。影壁包含座、身、顶三部分,其中,下部的基座多做成须弥座形式。墙身的中心区域称为影壁心,中国影壁的壁心通常由45°斜放的方砖贴砌而成,简单一点的影壁可能没有什么装饰,但也必须磨砖对缝非常整齐,豪华的影壁通常装饰有很多吉祥图样的砖雕。影壁的功用是作为建筑群前面的屏障,以别内外,并增加威严和肃静的气氛,有装饰的意义。我国著名的影壁有:故宫的九龙壁、山西平遥九龙壁、北海九龙壁、大同九龙壁、中南海新华门内的为人民服务影壁等。

8. 门廊、廊道

门廊、廊道是指门头廊形装饰物,不同于两侧基质的狭长地带。

(1) 门廊

门廊指在建筑物入口有顶棚的半围合空间,多见于别墅或者独立的楼房。根据不同的需求,常见的门廊有开放式门廊、封闭式门廊、半封闭式门廊。门廊的颜色通常是浅白色、浅黄色以及实木的深浅色。门廊,是房屋中一处独特的风景,它是室内外空间的延伸和交融,为居住者提供了更多的生活空间,人们可以在门廊晒太阳、喝茶、健身、种植花草、纳凉、交友等。

(2) 廊道

廊道是指不同于两侧基质的狭长地带,具有通道和阻隔的双重作用,包括回廊和游廊,有遮阳、避雨、休憩等功能。廊道是形成我国古代建筑外形特点的重要组成部分。围合庭院的回廊,对庭院空间的布局、体量的美化起到重要作用,并能形成庄重、活泼、开敞、深沉、闭塞、连通等不同效果;园林中的游廊,可以起到划分景区,造成多种多样的空间变化,以及增加景深、引导最佳观赏路线等作用;殿堂檐下的廊道,作为室内外的过渡空间,是构成建筑物造型上虚实变化和韵律感的重要手段。我国著名的廊道有:北京颐和园长廊、苏州拙政园长廊等。

9. 塔形建筑

塔形建筑指具有纪念、镇物、宗教等目的的直立建筑物,包括佛塔和塔形建筑物。

(1) 佛塔

佛塔通常为直立、多层的佛教建筑物。佛塔起源于印度,原是埋葬佛祖释迦牟尼火化后留下的骨舍利的一种佛教建筑,就是坟冢的意思。我国著名的佛塔有河北定县开元寺塔(我国现存最高的古代砖塔)、山西朔州应县木塔(我国现存最古、最高的木构阁楼式佛塔)、陕西西安大小雁塔、云南大理崇圣寺三塔、河南登封嵩岳寺塔等。

(2) 塔形建筑物

塔形建筑物指具有纪念、镇物、表明风水和某些使用目的的直立建筑物。我国有许多著名的塔形建筑物,式样千姿百态,蔚为奇观。有的端庄肃穆,有的巍峨挺拔,有的玲珑俏美,有的简洁匀称,充分体现了我国劳动人民的聪明智慧和高超的建筑技术。著名的塔形建筑物有江苏徐州淮海战役烈士纪念塔、江西南昌八一起义纪念塔、河北涿鹿镇水塔等。

10. 景观步道、甬路

景观步道、甬路是指用于观光游览行走而砌成的小路。很多景区内的步道、甬路精心设计,给游人新奇或优美的感受,比如彩色路面、鹅卵石路面、木栈道等。

11. 花草坪

花草坪是指天然或人造的种满花草的地面。建筑与设施类的花草坪主要指人造花草坪。人造花草坪，通常经过人为的设计与搭配，因此，在地面上会呈现美丽的花草景观，具有较高的观赏价值。

12. 水井

水井是指用于生活灌溉用的取水设施。世界上的水井较多，能够成为旅游资源的水井，要么工程庞大，要么年代久远，要么比较特殊，要么水质独特，要么与名人或重大事件有关。如新疆吐鲁番的坎儿井、四川邛崃县的文君井、湖北兴山县的昭君井、洛阳龙门石窟宝井、安徽亳州的魏井。

13. 喷泉

喷泉指人造的由地下喷射水至地面的喷水设备。出于造景的需要，世界很多地区修建了各种类型的喷泉，如音乐喷泉、程控喷泉、摆动喷泉、光亮喷泉等。国内著名的人造喷泉有西安市的大雁塔音乐喷泉、杭州市的西湖音乐喷泉、苏州市的苏州湾音乐喷泉、南昌市的秋水广场音乐喷泉、柳州市的柳江音乐喷泉等。国外比较著名的人造喷泉有西班牙巴塞罗那的水星喷泉、加拿大蒙特利尔的昂儒特喷泉、意大利罗马的特莱维喷泉、法国巴黎的方丹喷泉、韩国首尔的半坡大桥喷泉等。

14. 堆石

堆石是指由石头堆砌或填筑形成的景观，常见于我国古典园林。堆石的原则是“追求自然、高于自然”，极力追求自然山石的效果，强调与周围景观的协调。我国著名的堆石景观地有苏州园林、颐和园等。

第二节　历史遗迹旅游资源

历史遗迹旅游资源是指具有历史文化、科学艺术和观赏游憩价值，对旅游者具有吸引力，能够被旅游业利用产生经济、社会、文化和环境效益的历史遗址遗迹。

一、历史遗迹旅游资源的成因

人类在历史发展的长河中创造了大量的物质财富和精神财富，然而随着时间的推移，这些财富大部分已经消失，还有一部分或已经废弃、或掩埋于地下、或残缺不全，这一部分就演变为历史遗迹。历史遗迹旅游资源的成因如下：

1. 人类活动场所原有功能的消失

道路、寺庙、生产地、聚落等人类活动场所由于原有功能的消失而被废弃，逐渐演变为历史遗址遗迹。如古代人们出于政治、军事目的和交通联系的方便修筑和开凿的道路、关隘、驿道，后来因种种原因而废弃，形成了交通遗迹，如函谷关、玉门关、褒斜道、茶马古道等。

2. 自然环境发生剧变

自然环境发生剧变，是指发生重大突发性自然灾害（如地震、火山爆发、台风、沙尘暴等），造成人类文明的巨大破坏，从而使原来的人类活动场所转变为遗址遗迹，如楼兰古城遗址、青川县东河口地震遗址等。

3. 文化创造和传承

历史遗迹中的有些非物质类文化遗存，如民间音乐、舞蹈、绘画等，是人类在改造与利用大自然的过程中，对社会生活进行形象地概括而创作出来的，如三线建设音乐、水城农民画等；有些非物质类文化遗存，如饮食习俗、婚俗、礼仪、中医药等，是人类在长期的社会生产生活中形成并传承下来的，如我国北方地区人们喜面食，重庆及四川地区人们喜麻辣，传统中医治疗技术——针灸，汉族的传统婚俗“六礼”。

二、历史遗迹旅游资源的特征

1. 历史性

人类社会活动随着历史进程的发展，规模不断扩大，内容不断丰富，形式不断多样，形成了历史阶段的演替。在不同的历史发展阶段，人类活动的发展水平、表现形式和主观追求不同，因此，对自然环境的改造利用必然产生不同的结果。从时间的角度讲，历史已成为过去，但历史又以物质载体的形式得以延续和保留。历史遗迹是人类历史发展阶段性的具体反映，揭示了历史的真实面目。历史遗迹考古作为历史研究的基础，越来越引起广泛的重视。

2. 文化性

人类社会历史是一部文化发展史，是一部人类物质财富和精神财富的创造史。历史遗迹是古代人类物质财富的重要组成部分，能够准确反映和体现古代物质文化的发展状况。历史遗迹也是历史意识形态和上层建筑的载体，能够向现代人传达十分丰富的精神文化信息，如哲学理念、道德规范、科学技术、文学艺术、社会习俗。历史遗迹具有物质文化和精神文化的双重性，是历史文化的具体体现。

3. 社会性

人类通过生产、文化、政治、建设等社会活动，不断开发利用自然资源，创造物质财富和精神财富。人类社会活动经历了数百万年的发展历史，在地球表面留下了分布广泛、形式多样的活动痕迹。没有人类的形成，没有人类社会活动，就不可能有历史遗迹的出现，因此，历史遗迹是人类社会活动的产物，具有典型的社会性特征。

4. 地域性

人类活动，既受到自然环境的影响，也受到区域社会经济发展水平、政策的限制。不同的地区自然环境、经济发展水平、政策有很大的差异，因此，在此背景下，人类活动所留下的历史遗迹遗存必然表现出显著的地域性特征，如饮食习俗，两广地区喜清淡、川渝地区喜麻辣。

三、历史遗迹旅游资源的价值

1. 满足旅游者追溯历史的旅游需求

历史遗迹是人类历史活动的真实写照，追寻历史遗迹就是追溯人类历史。历史遗迹旅游资源是旅游者认识历史、理解历史的重要物质载体，能满足旅游者思古、忆古、感古、怀古之情和了解人类历史的需要。现代人的住房、服饰、饮食、出行、娱乐等生活方式与古代相比已大相径庭，通过历史遗迹旅游资源，旅游者可以具体了解古代人们的社会生产生活方式，有利于更好地认识今天的生产生活方式。

2. 满足旅游者体验文化的旅游需求

由于人类文化发展具有继承性和异化性，传统文化因而成为现代文化之源。想要了解现代文化的差异性和独特性，必须从传统文化入手。历史遗迹记录了传统文化的基本特征，是传统文化的具体体现和高度凝聚，成为旅游者探讨文化演变脉络的窗口。如长城遗迹蕴含极为丰富的军事及建筑文化，是古代军事防御思想、建筑技术的具体反映，凝聚着古代劳动人民的聪明智慧，为旅游者深刻了解古代军事防御思想、建筑文化提供了具体的实证条件。

3. 满足旅游者的旅游审美需要

我国古代人们在认识自然、改造自然的过程中，形成了很多先进的美学思想和理念，如“天人合一”的环境意境、对称与变化的空间构想、阴阳互补的哲学理念。这些先进的美学思想和理念凝聚在历史遗迹中，因此，旅游者通过对历史遗迹的游览、考察，可满足观赏美景、体会美感、陶冶情操的需求。

4. 展示旅游目的地文化的重要窗口

历史遗迹旅游资源是旅游目的地文化的重要载体，能够反映和体现旅游目的地文化的发展状况和特色。旅游者通过对历史遗迹的游览、体验、考察，可以充分了解旅游目的地的文化及特色。正因为如此，旅游目的地独特的民间故事、戏曲、舞蹈、音乐、婚俗、饮食习俗以及传统的服饰、演艺、体育赛事等成为集中展示当地文化的重要窗口。如四川凉山州地区彝族的传统服饰多以自染的黑布为原料，颜色均以黑色或青黑为主，反映了该地区彝族以黑为贵的民族文化。

四、历史遗迹旅游资源的主要类型

《旅游资源分类、调查与评价》(GB/T 18972—2017)中，将历史遗迹旅游资源分为 2 个亚类 8 个基本类型(表 4-2)。

表 4-2　历史遗迹旅游资源分类表

主类	亚类	基本类型	简要说明
F 历史遗迹	FA 物质类文化遗存	FAA 建筑遗迹	具有地方风格和历史色彩的历史建筑遗存
		FAB 可移动文物	历史上各时代重要实物、艺术品、文献、手稿、图书资料、代表性实物等，分为珍贵文物和一般文物
	FB 非物质类文化遗存	FBA 民间文学艺术	民间对社会生活进行形象的概括而创作的文学艺术作品
		FBB 地方习俗	社会文化中长期形成的风尚、礼节、习惯及禁忌等
		FBC 传统服饰服装	具有地方和民族特色的衣饰
		FBD 传统演艺	民间各种传统表演方式
		FBE 传统医药	当地传统留存的医药制品和治疗方式
		FBF 传统体育赛事	当地定期举行的体育比赛活动

(一) 物质类文化遗存

1. 建筑遗迹

建筑遗迹是指具有地方风格和历史色彩的历史建筑遗存，包括人类活动遗址、原始聚落遗址、交通遗迹、废弃寺庙、废弃生产地、废城与聚落遗址、长城遗迹、烽燧等。

(1) 人类活动遗址

人类活动遗址是指史前人类聚居、活动场所。包括旧石器时代古人类活动遗址和新石器时代古人类活动遗址。

旧石器时代是指距今 250 万年到距今 1 万年的历史时期，这一时期人类主要以天然岩洞穴居，并结合成一定的社会群体。目前全国发现的旧石器时代的人类活动遗址约 300 多处，比较著名的有 180 万～170 万年前的云南元谋县“元谋人”遗址，115 万～80 万年前的陕西蓝田县“蓝田人”遗址，70 万～50 万年前的北京周口店"北京人"遗址。此外,还有 20 万年前的陕西大荔县"大荔人",10 万年前的湖北长阳"长阳人",21～16 万年前的山西襄汾"丁村人",1.8 万年前的北京周口店龙骨山"山顶洞人"等古人类遗址。其中,北京周口店是我国境内发现的最早的猿人住所,也是当今世界上发现的古人类遗址化石数量最多、材料最丰富、最齐全的一处。

新石器时代是考古学家设定的一个时间区段,大约从一万多年前开始,结束时间从距今 5 000 多年至 4 000 多年。在考古学上,新石器时代是石器时代的最后一个阶段,是以使用磨制石器为标志的人类物质文化发展阶段。一般认为新石器时代有三个基本特征:一是开始制造和使用磨制石器,二是发明了陶器,三是出现了农业和养畜业。我国发现的新石器文化遗址多达 7 000 多处,遍布黄河长江流域。新石器时代的古人类遗址主要有仰韶文化遗址、马家窑文化遗址、河姆渡文化遗址、大溪文化遗址、大汶口文化遗址、良渚文化遗址等。

(2) 原始聚落遗址

原始聚落遗址是指史前人类居住的房舍、洞窟、地穴及公共建筑等,是原始社会人类聚族而居所留下的住址遗迹。新石器时代大约开始于距今一万年至四五千年以前,这一时期人类以使用磨制石器为主,从事农耕、畜牧业,制陶、铸铜等工艺也较发达,出现原始聚落。

我国目前发现的原始聚落遗址有河南渑池仰韶村的仰韶文化遗址、浙江余姚河姆渡村的河姆渡遗址、陕西西安市半坡村的半坡遗址、浙江余杭区的良渚文化遗址等,其中西安半坡遗址是古人类居住区规模最大、功能最全、人类文化层最多的一处原始聚落遗址。

(3) 交通遗迹

交通遗迹是指已经消失或废置的交通建筑和设施。包括关隘遗址、栈道遗址、驿道和驿站遗址、古道遗址等。我国比较著名的关隘遗址有函谷关、潼关、玉门关、嘉峪关等;著名的驿道驿站遗址有江苏盂城驿遗址、河北鸡鸣驿遗址、新疆盖茨古驿舍遗址等;著名的栈道遗址有三峡古栈道、秦岭褒斜道、宁武悬崖古栈道、华山长空栈道、麦积山栈道等;著名的古道遗址有丝绸之路遗址、茶马古道遗址、秦岭古道遗址等。

(4) 废弃寺庙

废弃寺庙是指已经消失或废置的寺、庙、庵、堂、院等宗教建筑。我国比较有名的废弃寺庙有北京门头沟区的栖隐寺、河北省石家庄市的隆兴寺、广州市的双山寺、重庆北碚区转龙寺等。

(5) 废弃生产地

废弃生产地是指已经消失或废置的矿山、窑、冶炼场、工艺作坊等。多是历史上曾经兴盛一时的生产场所,后因各种原因废弃,具有较高的科学考察价值,已成为一种珍贵的旅游资源。我国比较著名的废弃生产地有湖北大冶的铜绿山古铜矿遗址、贵州同仁万山汞矿遗址、云南大理的大理石采矿遗址、河南古荥镇的汉代冶铁遗址、福建泉州的码头遗址等。

(6) 废城与聚落遗址

废城与聚落遗址是指已经消失或废置的城镇、村落、屋舍等居住地建筑及设施。它们往往蕴藏着古代政治、经济、文化、技术、社会等方面的信息,具有十分重要的考古价值和文化价值。我国著名的废城与聚落遗址有交河故城遗址、楼兰古国遗址、殷墟遗址、田旺村遗址、半坡遗址等。

(7) 长城遗迹

长城遗迹是指已经消失的长城线形痕迹。从春秋诸侯争霸到明代止,共有20多个王朝和诸侯国修过长城,在16个省、市、自治区保留有长城遗址,这些遗址蕴藏着古代军事防御思想、文化、技术等方面的信息,具有十分重要的考古价值和文化价值。我国著名的长城遗址有秦长城遗址、汉长城遗址、明长城遗址等。

(8) 烽燧

烽燧也称烽火台、烽台、烟墩、烟火台,是古代边防报警的构筑物。如有敌情,白天燃烟,夜晚放火,是古代传递军事信息最快最有效的方法。我国著名的烽燧遗址有陕西骊山西周烽火台(位于陕西骊山山巅,传说这里是西周时周幽王"烽火戏诸侯、褒姒一笑失天下"的地方)、新疆巴里坤县的烽火群遗址(保存有20多座烽燧墩台,再现了"寒驿远如点,边烽互相望"的情境)。

2. 可移动文物

可移动文物是指历史上各时代重要实物、艺术品、文献、手稿、图书资料、代表性实物等,分为珍贵实物和一般文物。可移动文物根据保管、研究、陈列的需要可以随意移动,变换地点,这对其本身的价值不会产生影响,而且可以很好地发挥其作用。可移动文物是历史的产物,深深打上了时代的烙印,蕴藏着当时的社会、政治、经济、军事、文化等方面的信息,具有十分重要的观赏、历史文化及科学价值。人类在漫长的岁月中创造了辉煌灿烂的文化,留下了许多珍贵的可移动文物,如商后母戊鼎、《清明上河图》、越王勾践剑、金缕玉衣、四羊方尊、水晶杯、曾侯乙编钟、马踏飞燕、秦皇铜马车、素纱襌衣、《快雪时晴帖》、镶金兽首玛瑙杯、《龙藏经》、《四库全书》等。

（二）非物质类文化遗存

1. 民间文学艺术

民间文学艺术是指民间对社会生活进行形象地概括而创作的文学艺术作品。我国民族众多，各民族在生产生活中都创造和传承了丰富多彩的民间文学艺术。民间文学艺术包括民间歌谣、民间故事、民间长诗、民间曲艺、民间音乐、民间舞蹈、民间绘画等。

民间文学艺术作品依托各民族社会生活而创作，是各民族文化的载体，可真实反映各民族的社会生活及文化，具有重要的文化价值。另外，有些民间文学艺术作品，如民间舞蹈、民间绘画、民间音乐，还具有较高的观赏、体验价值，因此，民间文学艺术对游客具有很强的吸引力，已成为一种重要的人文旅游资源。

补充阅读：水城农民画

水城农民画的内容大多以当地民风民俗、生产生活、自然风光、娱乐庆贺、民族传说为题材，以变形夸张、寓意象征为主要表现手法，构图上以概括装饰为主，色彩上动用纯色并列对比而不讲究色彩调子的统一和谐，形成了以多变的线条组合和强烈的大色块对比中的变化统一的独特韵味。“喜欢哪样‘画’哪样，怎样好看怎样画”是水城农民画的一大特点。水城农民画是从上个世纪八十年代以后才开始走出大山，进入现代人生活视野的。在有关部门的支持下，经过不断地扶持，水城农民的现代民间绘画以其独有风格一次次亮相全国，得到了有关专家的好评。中国民间美术学会副会长杨先让教授说水城农民画“古朴、浑厚、纯真、大胆、泼辣、新奇”。冯真教授称这些作品“自然淳厚、绚烂活泼，充满了泥土芬芳”。1988 年，国家文化部社会文化局把水城县命名为“中国现代民间绘画画乡”。

资料来源：水城农民画相关网络资料。

2. 地方习俗

地方习俗是指社会文化中长期形成的地方性的风尚、礼节、习惯及禁忌，包括饮食习俗、婚丧礼俗、禁忌等。地方习俗具有独特的地方特色，对旅游者具有极强的吸引力，能满足旅游者了解异域文化、体验的需求，现已成为一种重要的人文旅游资源。

（1）饮食习俗

民以食为天，饮食在人们的生活中占有十分重要的位置，它不仅能满足人们的生理需要，而且具有十分丰富的文化内涵。受民族、宗教、自然环境、社会文化等因素的影响，不同的地区形成了独具地方特色的饮食习俗，如生活在东北森林或草原上的鄂伦春族、鄂温克族，以捕鱼和狩猎为生，形成了以猎物的肉及鱼为主的饮食习俗；生活在草原上的蒙古、藏、哈萨克、塔吉克、柯尔克孜等民族，以畜牧业为主，形成了以牛羊肉、奶制品为主的饮食习俗；我国农业区以种植小麦、稻谷为主，形成了以米（南方地区）、面（北方地区）为主的饮食习俗等。

（2）婚俗

婚俗是指与结婚有关的习俗。我国各族人民按照自己的婚俗，相亲结婚并举行各具特色的婚礼。不同的民族，婚俗有很大的差异，如汉族传统婚俗一般遵行“六礼”，即纳采、问名、纳吉、纳征、请期、亲迎；其他婚姻习俗还有：新妇障面（指我国在新娘出嫁时要蒙头盖面，一是“遮羞”，二是“避邪”，只有等到入洞房时，新郎才挑起新娘的“盖头”，俗称“挑盖头”）、合卺（婚礼程序的最后一项，所谓“合卺”，是指新夫妇在新房内，共饮合欢酒的意思，后世统称为“交杯酒”，以示新婚夫妇自此已永结百年）等。少数民族婚俗奇特，如彝、傣、黎等少数民族在喜庆的日子里，盛行“哭嫁”（在出嫁的前几天，伴娘陪着新娘啼哭，一般哭3天，不仅在家里哭，还要到亲友家里去哭，表明新娘对娘家生活的眷恋）；苗族、侗族、彝族、傣族盛行抢婚；部分少数民族采用开放式择偶，包括壮族的歌圩、仫佬族的走坡等。

补充阅读：汉族传统婚俗的“六礼”

纳采——后人称为合婚、说媒，先有媒人去女家表明男家求婚之意，问明女方的年岁属相，联系合婚，相冲相克免谈；

问名——相当于现代的“订婚”；

纳吉——是向宗庙问卜于祖先，后来演化成“小聘”，即指男家送女家的订婚彩礼；

纳征——又称“纳币”“入币”，对嫁娶的物质和数量都有明文规定；

请期——就是男家择定良辰吉日迎娶，男家仪仗队及轿夫抬着花轿迎亲；

亲迎——男子必须到女家去以礼相迎，故曰“亲迎”。古时婚礼以昏为期，因此亲迎必须在黄昏以后，甚至深夜。

资料来源：汉族传统婚俗——“六礼”相关网络资料。

3. 传统服饰装饰

传统服饰装饰是指具有地方和民族特色的衣饰。服饰是各族人民为塑造本民族美好的形象而创造出来的，体现民族特色文化和元素，正因为如此，很多时候单凭服饰便可判断某人的民族身份，尤其是少数民族。我国少数民族的特色服饰有满族的旗袍、傣族的筒裙、维吾尔族的四楞小花帽、苗族的银饰、彝族的百褶裙等。

4. 传统演艺

传统演艺是指民间各种传统表演方式，是创作于民间并传承发展于民间的各种表演形式。传统演艺一般具有显著的地方特色，深受旅游者的喜欢而成为旅游资源。我国著名的传统演艺有四川的川剧变脸、安徽凤阳的花鼓戏、东北的二人转、陕西的喷火(秦腔绝技)、陕北的秧歌、山东大鼓等。

5. 传统医药

传统医药是指当地传统留存的医药制品和治疗方式，由中医药、民间医药两个部分组成。中医药是包括汉族和少数民族医药在内的我国各民族医药的统称，反映了中华民族对生命、健康和疾病的认识，具有悠久历史传统和独特理论及技术方法的医药学体系。中医药很多经教科书记载，并向后人传承，如《黄帝内经》《伤寒杂病论》《金匮要略》《肘后备急方》《千金方》《外台秘要》《瑶医学》《苗医学》。民间医药是流传于民间、未经教科书记载及传播，或未被经典理论解释的草医草药，如云南的“黄家医圈”、陕西的“太白七药”等。与正统的中医药相比，流传在民间的民间医药显得通俗而有特色，因此被人们视为特色疗法。

6. 传统体育赛事

传统体育赛事是指当地定期举行的体育比赛活动。包括游艺、竞技、体育健身比赛等活动。传统体育赛事具有很强的观赏性、参与性，深受旅游者的喜爱而成为旅游资源。我国著名的传统体育赛事有赛龙舟、那达慕大会、踩高跷、舞龙舞狮、板鞋竞速、扭秧歌、马球、蹴鞠、蹴球、秋千等。

补充阅读：体育赛事——“那达慕大会”、“赛龙舟”

那达慕大会是蒙古族人民一年一度的传统节日，在每年七八月水草丰茂、牲畜肥壮、秋高气爽的季节举行，主要有摔跤、赛马、射箭、赛布鲁、套马、下蒙古棋等民族传统体育项目，有的地方还有田径、拔河、排球、篮球等体育竞赛项目。

赛龙舟是融民俗与竞技为一体的传统游艺体育项目，一般在农历五月初五这一天举行，这一天不仅是端午节，也是屈原逝世的纪念日。据专家考证，龙舟最早起源是江浙地区吴越部族的龙图腾祭祀活动，已流传两千多年，目前流行于我国南方的江苏、浙江、上海、安徽、湖北、湖南、江西、重庆、四川、福建、广东、贵州等地。赛龙舟不仅融合了民俗和竞技的元素，还有娱乐和健身的作用，其不仅是一种体育运动，更是一种文化传承和民俗表达的方式。

资料来源：那达慕大会、赛龙舟相关网络资料。

第三节　旅游购品旅游资源

旅游购品有广义和狭义之分。广义的旅游购品是指旅游者因旅游，或在旅游过程中购买并在旅途中使用、消费或者携带回去使用、赠送、收藏的特色物品。包括旅游者在旅游之前、旅游活动之中所购买的所有产品，如旅游日常消费品、纪念品、服务等。狭义的旅游购品是指旅游者在旅游活动中购买的具有地方特色、纪念性、艺术性和礼品性的物质产品。本书从狭义的角度定义旅游购品旅游资源。旅游购品旅游资源是指对旅游者具有吸引力，能够被旅游业开发利用，具有地方特色、纪念性、艺术性和礼品性的物质产品。

一、旅游购品旅游资源的成因

1. 自然界赋存

旅游购品的材料一般来自地域性自然环境的产物，如动物、植物、矿物等，要受到土壤、岩石、水质、气候等自然条件的影响。如新疆吐鲁番地处内陆，属于温带大陆性气候，光照充足、昼夜温差大，非常适合葡萄、哈密瓜的生长，因此，出产了闻名全国的优质葡萄、哈密瓜；缅甸位于亚欧板块与印度洋板块交界处，有得天独厚的成矿条件，因此，出产了大量质优的翡翠玉石。

2. 文化创造与传承

旅游购品作为地方性物质文化代表，其特色的形成离不开文化创造与传承，一种产品被创造出来以后，经过代代传承，品质不断改良，文化不断得到积淀，最终形成特色和品牌。如江西景德镇瓷器“始于汉室”（东汉，公元25—220年），当时的瓷器“自身粗，体甚厚，釉色淡而糙”，并不著名，后来，经过匠人对陶瓷的釉胎配制、成型和焙烧等工艺的代代传承和不断改良，才最终形成景德镇瓷器今天的特色和品牌。

二、旅游购品旅游资源的特征

1. 文化性

旅游购品作为文化的载体，它记录着旅游者的一次旅游经历，反映旅游目的地的文化渊源和背景。具有文化性的旅游购品最易于被大众认同，也极具魅力和国际性。如到中国的旅游者喜欢购买中国茶叶、丝绸、印章、瓷器、国画、工艺品等，是因为其具有中国文化的特色；到法国的旅游者喜欢购买法国香水、红酒、油画、巴黎铁塔模型等，是因为这些产品具有法国文化的特色。

2. 地域性

旅游购品多以旅游目的地自然风景名胜、古迹、民俗风情等为题材，且制作原材料大多来自当地。不同的旅游目的地自然地理环境、文化传统、社会习俗、人文环境有很大的差异，旅游购品也有很大的差异，因此，旅游购品旅游资源具有显著的地域性特征。旅游购品旅游资源能够代表和反映旅游目的地的资源特色和文化底蕴，如用牦牛骨做成的佛珠是西藏地区的特色旅游购品。

3. 纪念性

旅游活动是一种精神享受和亲历感受，旅游购品尤其是一些纪念品是游客旅游活动的见证和活化，是日后重温美好旅游经历的载体，因此，旅游购品与其他商品相比，表现出较强的纪念性。如去峨眉山的旅游者，会带回刻有“峨眉山纪念”字样的竹手杖。

4. 宣传性

宣传性是指具有地域特色的旅游购品能使旅游者了解当地历史文化、生活习俗甚至是地理气候等，从而对目的地的知名度、形象等起到宣传作用。如刻有云冈石窟佛像的煤雕艺术品就具有很强的宣传作用，它不但使人们了解云冈石窟的魅力，还传递着另外一个信息：山西大同是一座因煤炭兴起的资源型城市。

三、旅游购品旅游资源的价值

1. 旅游购品旅游资源是旅游目的地吸引力的重要组成部分

旅游购品旅游资源是目的地旅游资源的一部分，是吸引旅游者前来旅游的吸引力之一。如北京的王府井、武汉的汉正街、上海的南京路等，都成为都市旅游不可缺少的购物街区。尤其对于一些具有质高、价廉、物美的购物特色的旅游目的地来说（如中国香港、新加坡等），旅游购品就成为其旅游吸引力系统中相当重要的组成部分。

2. 旅游购品旅游资源是传播地域文化的有效载体

旅游购品是旅游目的地文化艺术、工艺技巧和物质资源相结合的产物，是旅游目的地文化的重要载体，反映旅游目的地特色文化。旅游者获得具有目的地文化标识性特征的旅游购品，经过鉴赏、品评，能够加深对旅游目的地生活习俗（民居、饮食、服饰）、宗教、节日、民俗等方面文化的了解。此外，大部分旅游购品作为当地文化的象征和载体，被旅游者收藏或馈赠亲友，也会向外进一步传播，因此，旅游购品旅游资源是传播地域文化的有效载体。如提到刺绣人们就会想到苏州，提到瓷器人们会想到景德镇。

3. 旅游购品旅游资源是获得经济利益的重要手段

旅游购品旅游资源是具有高附加值的资源，它通过开发主要满足旅游者“食”“购”的旅游需求，是旅游地发展旅游业，获得经济效益的重要手段。在旅游者的消费构成中，交通费、住宿费比较稳定，属于基本旅游消费；膳食费、娱乐费虽有弹性，但变化幅度不大；相比之下，旅游购物属于非基本消费，弹性较大。在提高旅游目的地经济效益方面，旅游购品旅游资源的合理开发利用显得至关重要。

4. 旅游购品旅游资源可以满足游客的有效需求

旅游购品旅游资源的开发不仅可以满足旅游者的物质享受，还可以满足旅游者的精神享受。例如，特色菜品饮食的合理开发，一方面可以满足旅游者吃饱的生理需求，另一方面也可以满足旅游者了解地方特色饮食文化，感受异地饮食文化习俗的旅游需求。

四、旅游购品旅游资源的主要类型

《旅游资源分类、调查与评价》(GB/T 18972—2017)中，将旅游购品旅游资源分为 3 个亚类 15 个基本类型(表 4-3)。

表 4-3　旅游购品旅游资源分类表

主类	亚类	基本类型	简要说明
G 旅游购品	GA 农业产品	GAA 种植业产品及制品	具有跨地区声望的当地生产的种植业产品及制品
		GAB 林业产品与制品	具有跨地区声望的当地生产的林业产品及制品
		GAC 畜牧业产品与制品	具有跨地区声望的当地生产的畜牧产品及制品
		GAD 水产品及制品	具有跨地区声望的当地生产的水产品及制品
		GAE 养殖业产品与制品	具有跨地区声望的养殖业产品及制品
G 旅游购品	GB 工业产品	GBA 日用工业品	具有跨地区声望的当地生产的日用工业品
		GBB 旅游装备产品	具有跨地区声望的当地生产的户外旅游装备和物品
	GC 手工工艺品	GCA 文房用品	文房书斋的主要工具
		GCB 织品、染品	纺织及用染色印花织物
		GCC 家具	生活、工作或社会实践中供人们坐、卧或支撑与贮存物品的器具
		GCD 陶瓷	由瓷石、高岭土、石英石、莫来石等烧制而成，外表施有玻璃质釉或彩绘的物器
		GCE 金石雕刻、雕塑制品	用金属、石料或木头等材料雕刻的工艺品
		GCF 金石器	用金属、石料制成的具有观赏价值的器物
		GCG 纸艺与灯艺	以纸材质和灯饰材料为主要材料制成的平面或立体的艺术品
		GCH 画作	具有一定观赏价值的手工画成作品

（一）农业产品

1. 种植业产品及制品

种植业产品及制品是指具有跨地区声望的当地生产的种植业产品及制品。主要有粮食作物产品、蔬果作物产品、茶、酒、中药材等。

（1）粮食作物产品

著名的粮食作物产品有黑龙江五常大米、浙江湖州蒸谷米、贵州盘州红米、陕西洋县黑米、江苏常熟血糯米、河南原阳大米、江西丰城富硒大米等。

（2）蔬果作物产品

蔬菜类制品主要有腌菜类、泡菜类、酱菜类和干菜类。腌菜中著名的有涪陵榨菜、六必居、金菜地、川南、吉香居等，泡菜中著名的有吉香居、味聚特、惠通、老坛子、李记乐宝、川南、菜花香、邓仕食品、新繁、广乐等；酱菜中著名的有六必居酱菜、杞县酱菜、扬州酱菜、大慈阁酱菜等；干菜中著名的有绍兴梅干菜、东宁干黑木耳、祁东干黄花菜、庆元干香菇、建瓯笋干等。

水果类产品在我国分布十分广泛，著名的有山东烟台的苹果、新疆吐鲁番的葡萄、海南的椰子、贵州六盘水的红心猕猴桃、天津的金丝小枣等。

（3）茶

我国是茶树的原产地，种茶、制茶、饮茶历史悠久。茶叶品种极为丰富，具体可分为红茶、绿茶、黄茶、白茶、青茶（乌龙茶）、黑茶六大类，每类茶都有享誉中外的珍品。

补充阅读：我国六大茶类

①红茶：红茶属全发酵茶（发酵度为80%—90%），其制造工艺大致分为四个环节：萎凋、揉捻（切）、发酵、烘干。红茶具有浓郁的花果或蜜果香气和醇厚的口感，颜色呈红褐色或深红色，因此得名，是全世界人民都喜欢的茶类。我国著名的红茶有：金骏眉、祁门红茶、正山小种、滇红等。

②绿茶：绿茶为不发酵茶，其制造工艺包括杀青、揉捻、干燥等环节；绿茶最大化地保留了鲜叶内的天然物质，其中的茶多酚、咖啡碱保留鲜叶的85%以上，叶绿素保留50%左右，维生素损失也较少，从而形成了绿茶“清汤绿叶，滋味收敛性强”的特点。我国著名的绿茶有：信阳毛尖、安吉白茶、西湖龙井、洞庭碧螺春、黄山毛峰等。

③黄茶：黄茶属于轻微发酵茶（发酵度为10%左右），其制造典型的工艺流程是杀青→闷黄→干燥，有些黄茶不需要揉捻，有些则需要揉捻，因茶而异。黄

茶的品质特征是黄汤黄叶，滋味甜醇。我国著名的黄茶有：蒙顶黄芽、君山银针、北港毛尖、广东大叶青等等。

④白茶：白茶属于微发酵茶，是一种叶表满披白色茸毛的茶叶，在中国的六大茶类中，白茶的制作工序最简单：鲜叶摘下来，经过日晒或阴干，自然萎凋并干燥，就成了白茶。白茶的汤色黄绿清澈，滋味清淡回甘，具有毫香清鲜的品质特点。我国著名的白茶有：白牡丹、白毫银针、寿眉等。

⑤青茶(乌龙茶)：青茶为半发酵茶(发酵度为30%—60%)，亦称乌龙茶。鲜叶先经晒青和摇青，促使其发酵后，再用高温杀青，破坏酶活性，然后进行揉捻，干燥，最终制成干茶。青茶具有条索粗壮，汤色橙黄或金黄的特点。著名的青茶有：铁观音、大红袍、水仙、凤凰单丛等。

⑥黑茶：黑茶属于后发酵茶(发酵度100%)，是我国特有的茶类，生产历史悠久，以制成紧压茶边销为主。黑茶采用较粗老的原料，经过杀青、揉捻、渥堆、干燥四个初制工序加工而成，具有色泽黑褐，滋味醇厚的特点。我国著名的黑茶有：普洱茶、六堡茶、雅安藏茶、安化黑茶等。

资料来源：我国六大茶类相关网络资料。

(4) 酒

我国是酒的故乡，也是酒文化的发源地，是世界上酿酒最早的国家之一。按照品种分类，可分为白酒、黄酒、果酒、啤酒、药酒五大类。

补充阅读：我国五大酒类

①白酒。白酒是一种高浓度的酒精饮料，酿造原料主要为谷物或薯类。它同果酒、黄酒的生产工艺不同，采用蒸馏法制造，酒精含量多在50～60度左右。由于酿造工艺与所用的酒曲不同，生产出来的芳香物质不一样，大致形成清香、酱香、浓香、米香、凤香、芝麻香等十二种香型，其中酱香、浓香、清香、米香是最常见的白酒香型。

酱香型酒的特点是醇香馥郁，香气幽美，回味绵长，以贵州茅台、习酒为代表；清香型酒的特点是清香纯正，醇香柔和，余味爽净，以汾酒、西凤酒、衡水老白干为代表；浓香型酒的特点则是"香、甜、浓、净"四绝，芳香浓郁，回味余长，以五粮液、剑南春、泸州老窖、古井贡酒、洋河大曲为代表；米香型酒的特点是蜜香清雅，落口甘爽，回味怡畅，以桂林三花酒、河南杜康酒为代表。

②黄酒。黄酒因其颜色而名之，又称老酒，是一种低度酒，酒精含量一般在15%到20%之间。黄酒也是用谷物酿造的。它与白酒的酿造方法完全不同，是

采用压滤工艺生产的，因而较好地保留了发酵过程中产生的葡萄糖、糊精、甘油、矿物质、醋酸、醛，酯等。黄酒的主要成分除乙醇和水外，还含有18种氨基酸，其中有8种是人体自身不能合成而又必需的。据测定，每升黄酒的赖氨酸含量在中外的各种酒类中最多，所以人们把黄酒誉为“液体蛋糕”。我国比较著名的黄酒有：绍兴黄酒、客家黄酒、孝感米酒、龙岩沉缸酒、即墨黄酒等。

③果酒。果酒是以水果为原料发酵而酿成的酒。含有醇类、糖类、蛋白质、果胶、鞣酸、氨基酸、维生素等，尤以氨基酸和维生素含量全面而丰富，因此，适量饮用，非常有益于健康。目前市场上销售的果酒比较多，如葡萄酒、猕猴桃酒、五味子酒、石榴酒等，其中以葡萄酒最为流行。我国著名的果酒有：宁夏红枸杞酒、张裕葡萄酒、长白山葡萄酒、长城葡萄酒、弥你红猕猴桃酒等。

④啤酒。啤酒是风行世界的营养性饮料，是大麦发芽的辅料糖化后，加啤酒花和酵母发酵而制成的。啤酒的酒精度较低，一般只有3～5度。啤酒中除水和碳水化合物外，还含有酒花、蛋白质、二氧化碳、丰富的氨基酸、钙、磷和维生素等，因此，人们把它誉为“液体面包”。我国比较著名的啤酒有：雪花啤酒、燕京啤酒、青岛啤酒、珠江啤酒等。

⑤药酒。药酒属配制酒，中医称之为酒剂。它是用白酒、食用酒精、黄酒或葡萄酒，根据不同病症，选择不同药方，用不同方法制成，常含有中药材。著名的医药典籍《本草纲目》中就记载有69种药酒，有的至今还在沿用。药酒品种繁多，功效各异，既有滋补功能，又有医疗效用。我国著名的药酒有：劲酒、竹叶青酒、桂花酒等。

资料来源：酒的分类相关网络资料。

2. 林业产品及制品

林业产品及制品是指具有跨地区声望的当地生产的林业产品及制品。我国森林树种名目繁多，丰富多彩，林业产品与制品十分丰富。比较有名的林业产品有竹子、油棕、杜仲、油茶、香榧等。比较有名的林业制品有四川自贡的竹编织品、河南固始的柳编织品、云南腾冲的藤编织品等。

3. 畜业产品及制品

畜业产品及制品是指具有跨地区声望的当地生产的畜牧产品及制品。我国畜牧业发展历史悠久，形成了很多知名产品及制品。著名的畜牧业产品有内蒙古三河马、德昌水牛、宁夏滩羊、青藏牦牛、秦川牛、南阳黄牛等；著名的畜牧业制品有伊利及蒙牛牛奶、新疆紫羔皮、内蒙古奶贝等。

4. 水产品及制品

水产品及制品是指具有跨地区声望的当地生产的水产品及制品。我国海域辽阔，淡水河流、湖泊众多，面积广大，因此，水产品资源非常丰富，其中，不少是珍稀水产品。我国著名的水产品及其制品有黄河鲤鱼、武昌鱼、松江鲈鱼、太湖银鱼、阳澄湖大闸蟹、大连湾牡蛎等。

5. 养殖业产品与制品

养殖业产品与制品是指具有跨地区声望的当地生产的养殖业产品及制品。我国著名的养殖业产品有荣昌猪、信阳黑猪、绍兴麻鸭、北京鸭等；我国著名的养殖业制品有金华火腿、宣威火腿、川湘腊肉、广东腊肠、哈尔滨红肠、南京香肚、高邮松花蛋、北海海鸭蛋等。

（二）工业产品

1. 日用工业品

日用工业品是指具有跨地区声望的当地生产的日用工业品。具有跨地区声望、民族与地域特色的日用工业品，也是重要的旅游购品旅游资源。著名的日用工业品有中国的旗袍、日本的和服、西班牙的披风、法国巴黎的香水和时装、泰国的纱笼、越南的白虎膏和牛角梳等。

2. 旅游装备产品

旅游装备产品是指具有跨地区声望的当地生产的户外旅游装备和物品。旅游装备产品对于旅游活动至关重要，是完成旅游活动的重要条件。著名的旅游装备产品，如背包有李宁、骆驼等品牌，帐篷有骆驼、狼行者等品牌，户外炊具有火枫、爱路客、探险者、原始人等品牌，冲锋衣有探路者、骆驼等品牌。

（三）手工工艺品

1. 文房用品

文房用品是指文房书斋的主要工具，包括笔、墨、纸、砚，人们通常把它们称为“文房四宝”。历史上，“文房四宝”所指之物屡有变化。在南唐时，“文房四宝”特指安徽宣城诸葛笔、安徽徽州李廷圭墨、安徽徽州澄心堂纸、江西婺源龙尾砚。自宋朝以来“文房四宝”则特指宣笔（安徽宣城）、徽墨（安徽徽州歙县）、宣纸（安徽宣城泾县）及歙砚（安徽徽州歙县）、洮砚（甘肃卓尼县）、端砚（广东肇庆，古称端州）。元代以后，湖笔（浙江湖州）渐兴，宣笔渐衰，改革开放后，宣笔渐渐恢复了生机。

2. 织品、染品

织品、染品是指纺织及用染色印花织物。织品、染品主要包括织锦、刺绣、缂丝三大类。

（1）织锦

织锦指用彩色经纬线，经提花、织造工艺织出图案的织物。我国的织锦种类较多，主要有云锦、蜀锦、宋锦、壮锦、土家锦、傣锦、苗锦、黎锦等，其中，云锦、蜀锦、宋锦、壮锦最为著名，被称为我国“四大名锦”。

补充阅读：四大名锦

云锦，产地南京，可追溯至宋朝，因色泽光丽灿烂，状如天上云彩，故而得名。云锦为中国四大名锦之首，流行于明清时期，是皇家御用品贡品，被专家称作是中国古代织锦工艺史上最后一座里程碑。2006年云锦列入中国首批非物质文化遗产名录，并于2009年9月成功入选联合国《人类非物质文化遗产代表作名录》。

蜀锦，以产于蜀地而得名，因其历史悠久、工艺精湛、图案华美，成都“锦官城”得名于秦汉时期。蜀锦是丝绸之路的主要交易品之一，亦是日本国宝级传统工艺品京都西阵织的前身。2006年，蜀锦织造技艺经国务院批准列入第一批国家级非物质文化遗产名录。

宋锦，产地苏州，是在唐代蜀锦的基础上发展而来。宋锦色泽华丽，图案精致，质地坚柔，产品分大锦、小锦、彩带等数种。大锦又称“仿古锦”。2006年，宋锦被列入第一批国家级非物质文化遗产名录。

壮锦，又称僮锦，据传起源于宋代，是利用棉线或丝线编织而成的精美工艺品，图案生动，结构严谨，色彩斑斓，充满热烈、开朗的民族格调。2006年，壮族织锦技艺被列入第一批国家级非物质文化遗产名录。

资料来源：四大名锦相关网络资料。

（2）刺绣

刺绣是指针线在织物上绣制的各种装饰图案的总称。作为中国古老的手工技艺之一，其出现到目前已经有2 000多年的历史。我国的刺绣种类较多，主要有苏绣、粤绣、陇绣、湘绣、蜀绣、顾绣、京绣、瓯绣、鲁绣、闽绣、汴绣、汉绣、麻绣、苗绣等，其中，苏绣、粤绣、湘绣、蜀绣最为著名，号称我国“四大名绣”。

补充阅读：四大名绣

苏绣，起源于苏州，至今已有2 000余年的历史，是苏州地区刺绣产品的总称。绣品种类齐全，按品种分，有双面绣、单面绣；按体积造型分，有台屏、墙屏、地屏和大型组合屏风；按表现内容分，有人物、宠物、花鸟、风景、静物、特色建筑物等。苏绣具有图案秀丽、构思巧妙、绣工细致、针法活泼、色彩清雅的独特风格，地方特色浓郁。

粤绣，流传于广州及其古属地南海、番禺、顺德等地的民间刺绣工艺，至今已有一千多年的历史。作为中国四大绣之一，粤绣（广绣）工艺自成一家。它针法多变，针步均匀，能巧妙运用针法丝理表现物象的肌理；题材广泛，色彩丰富，注重光和影的和谐运用；不仅讲究刺绣的针法技术，更加注重绣品的艺术效果，讲求“功”为“艺”用。人物绣与花鸟绣是粤绣的特色产品。

湘绣，以湖南长沙为中心的带有鲜明湘楚文化特色的湖南刺绣产品的总称，它起源于湖南的民间刺绣，吸取了苏绣和粤绣的优点而发展起来，已经有2 000多年历史。湘绣的风格是形象生动逼真、色彩丰富鲜艳、十分强调用色的阴阳浓淡、针法多变、劈线细致，绣工讲究“绣花能生香、绣鸟能听声、绣虎能奔跑，绣人能传神”。绣品除了花、鸟、虎、人外，还有荷包、怀镜袋、笔插、椅垫、桌围、枕套、帐套、帐檐、手帕、衣边、裙饰、腰带等。

蜀绣，又名“川绣”，即以四川成都为中心的刺绣产品的总称。蜀绣是在丝绸或其他织物上采用蚕丝线绣出花纹图案的中国传统工艺，其以软缎、彩丝为主要原料，针法包括12大类122种，具有针法严谨、针脚平齐、变化丰富、形象生动、富有立体感等特点。蜀绣的题材多为花鸟、走兽、山水、虫鱼、人物。品种除纯欣赏品绣屏以外，还有被面、靠垫、桌布、头巾、手帕等。北京人民大会堂四川厅的巨幅芙蓉鲤鱼座屏和蜀绣名品蜀宫乐女演乐图挂屏、大小熊猫座屏，是蜀绣的代表作。

资料来源：四大名绣相关网络资料。

(3) 缂丝

缂丝，又称“刻丝”，是一种以生蚕丝为经线，彩色熟丝为纬线，采用通经回纬的方法织成的平纹丝织品，主要产于江苏苏州一带。缂丝是一种经彩纬显现花纹，形成花纹边界，具有犹如雕琢镂刻的效果，且富双面立体感的丝织工艺品，其编织方法不同于刺绣和织锦。2006年5月，苏州缂丝织造技艺入选第一批国家级非物质文化遗产名录；2009年9月，缂丝又作为中国蚕桑丝织技艺入选世界非物质文化遗产。

3. 陶瓷

陶瓷是指由瓷石、高岭土、石英石、莫来石等烧制而成，外表施有玻璃质釉或彩绘的物器，包括陶器、瓷器两大类。

陶器，是用黏土或陶土经捏制成形后烧制而成的器具。陶器多数不上釉，但也有施釉（主要为含铅量高的低温釉）的陶器。我国著名的陶器有宜兴的均釉陶与紫砂陶、洛阳唐三彩、桂林美术陶器等，其中，又以宜兴的紫砂陶最为著名。

瓷器是指由瓷石、高岭土、石英岩和莫来石等材料烧制而成，外表施有玻璃质釉或彩绘的器物，古代又称“窑器”。我国号称瓷器之乡，瓷器的种类相当繁多，各有亮点。其中，宋代是我国瓷器事业发展的最高速时期，诞生了中国历史上的五大名窑，即汝窑、官窑、哥窑、钧窑、定窑。随着瓷器工艺的不断发展，在著名的宋代五大名窑之后，又增加了三种窑，即磁州窑、景德镇窑、耀州窑。我国著名的瓷器有钧瓷、汝瓷、官瓷、哥瓷、定瓷、景德镇瓷、磁州瓷、耀州瓷。

补充阅读：我国八大名窑

①汝窑

宋代五大名窑之首，因宋金战乱而失传，传世品仅有60余件。汝瓷胎质细腻，以名贵玛瑙入釉，色泽随光变幻。其釉色温润古朴，其釉面平滑细腻如同美玉。器表呈蝉翼纹般细小开片，釉下有稀疏氧泡，在阳光下时隐时现，似晨星闪烁，在胎与釉结合处微现红晕。

②官窑

官窑瓷器选料精细，胎质细腻，胎色呈紫黑色，足边及口沿釉薄处呈紫褐色，有“紫口铁足”之称。官窑瓷器釉厚如凝脂，釉面莹润如玉，光泽柔和。釉面有粉青、翠青、灰青、米黄等多种，釉面纹片是官窑器物的特征之一。它以古朴庄重的造型、莹润如玉的釉色、粼粼如波的纹片，协同紫口铁足之美，形成了和谐优美、神完气足的艺术珍品。

③哥窑

哥窑器物胎色较深，胎质细腻，足边及口沿釉薄处可见深色胎。制作工艺精湛，装烧方法采用支钉支烧或垫烧，一些盘炉器物的足底有极为规整的圆形支烧痕。釉色以青灰、米黄为多，釉质肥润，釉面有细碎的片纹，纹分两种，一种开较大的黑色片纹，另一种是在黑色片纹中又开细小的黄色片纹，俗称“金丝铁线”，是哥窑器物最显著的特点之一。

④定窑

定瓷胎质坚密、细腻，釉色透明，柔润媲玉。定窑以装饰见长，其刻花奔逸，印花典雅，辅助以剔花、堆花。定窑以白色为多，之外有红、黑、紫、绿诸色。

⑤钧窑

钧瓷以釉色窑变见长，素有“入窑一色、出窑万彩”“钧瓷无双”的特点。同样的釉色入窑经1 350度高温烧成后，每件瓷器呈色不一样，出现意想不到的景观。

⑥景德镇窑

景德镇瓷“白如玉、明如镜、薄如纸、声如磬”的独特风格，以“假玉器”之美称名冠天下，并创造了青花、釉里红、五彩、斗彩、粉彩、素三彩、玲珑、高温色釉等精巧绝伦的名瓷。

⑦耀州窑

耀州窑瓷以刀代笔的刻花装饰最为精湛，运刀挥洒如行云，刀下线条如流水，一气呵成，刻成后纹饰奔放遒劲，线条活泼流畅，立体感极强，再施以透明的青绿色釉，烧成后更显器物淡雅秀丽，格调高峻。装饰技法以刻、印、划、雕、堆、镂空为主。

⑧磁州窑

磁州窑以黑釉剔花瓷和铁锈花瓷著名，是在有黑釉的瓷胎上将纹饰以外的黑釉剔去，留出原始白地，烧成后黑白对比分明，具有极强的视觉冲击力和艺术装饰效果。

资料来源：八大名窑相关网络资料。

4. 金石雕刻、雕塑制品

金石雕刻、雕塑制品是指用金属、石料、象牙、兽骨等材料雕刻的和以黏土、油泥、糯米等材料塑造而成的小型和装饰性手工艺品。按原料分，雕刻类主要有玉雕、象牙雕刻、砖雕、木雕、石雕、竹刻、果核雕刻、果壳雕刻、根雕、角雕、骨雕、刻瓷、煤精雕刻、贝壳雕刻等，塑造类主要有泥塑、彩塑、油泥塑、面塑、酥油塑、陶塑、瓷塑等。

我国著名的雕刻类工艺品有北京玉雕、南阳玉雕、大理石雕、浏阳菊花石雕、东阳木雕、中原木雕、徽州砖雕、山西砖雕、绍兴竹雕、通山竹雕等。

我国著名的塑类工艺品有无锡惠山泥人、天津“泥人张”彩塑、上海面塑、北京面塑、温州油泥塑、广东石湾陶塑等。

5. 金石器

金石器是指用金属、石料制成的具有观赏价值的器物。我国著名的金石器工艺品有北京的景泰蓝、贵州苗族的银器、安徽芜湖的铁画、云南会泽的斑铜及个旧的锡制品、浙江龙泉宝剑等。

6. 画作

(1) 中国画

中国画简称“国画”，是我国的传统绘画形式。它用毛笔、墨和中国画颜料在特制的宣纸或绢上作画，题材主要有人物、山水、花鸟，技法可分为工笔和写意两种，富于传统特色。传统国画常用朱砂（丹）和花青、石青、石绿之类的青色作为颜料，固有“丹青”之称。中国画在内容和艺术创作上，体现了古人对自然、社会及与之相关联的政治、哲学、宗教、道德、文艺及自然等方面的认识，是琴棋书画四艺之一。中国画具有较高的艺术观赏和历史文献价值。随着经济的发展，人们收入不断提高，在精神文化消费方面的投入增加，一些旅游者喜欢购买一些字画装饰客厅、书房、办公室或珍藏，正因为如此，中国画也成为重要的旅游购品。

（2）工艺画

工艺画是指用各种材料，通过拼贴、镶嵌、彩绘、铸锻等工艺制成的图画，按工艺方法划分，主要有漆画、镶嵌画、绘画工艺画、拼图工艺画和其他工艺画。工艺画是商业性较浓厚的一种绘画工艺，但也有一定的艺术和观赏价值。

第四节　人文活动旅游资源

人文活动旅游资源是指那些以社会风情为主体，反映社会风貌、人文意识、人文教育以及人文文化等内容，对旅游者具有吸引力，可以被旅游业开发利用的活动性、过程性旅游资源。包括地方事件、宗教活动、庙会、农时节日、现代节庆等多种类型。

一、人文活动旅游资源的成因

1. 文化创造

丰富多彩的人文活动是人类在生产生活中不断地运用自身智慧创造出来的。如农时节日（春耕节、吃新节等）是人类在利用自然进行农业活动中不断创造出来的；又如现代节庆（文化节、商贸农事节、体育节等）作为群众性、文化性、活动性的事件，人们在原有活动目的的基础上，创造性地增加了旅游休闲价值，使得现代节庆成为一种重要的人文活动旅游资源。

2. 文化传承

人文活动旅游资源包括人事活动记录、宗教活动、农时节日、庙会、现代节庆等内容，是不同地域的人们在适应自然环境的过程中发生的重要事件或特定行为。丰富多样的人文活动旅游资源是人类文化传承的结果。如毛泽东故居、孔子故居、徐悲鸿故居、鲁迅故居、杜甫草堂等名人故居是历史遗留的产物;又如宗教活动、农时节日,在很久以前就已经产生,之后随着时代的变迁,尽管部分内容发生了变化,但其核心和“母题”部分却仍然保留着。

二、人文活动旅游资源的特征

1. 地域性

人文活动总是依托一定的地域空间,不同的地域,自然地理环境、文化、民族、宗教等有很大的差异,形成的人文活动也有很大的差异,因此,人文活动旅游资源具有显著的地域性特征。如河南信阳和新疆吐鲁番是自然环境差异较大的两个地区,信阳温暖、湿润,非常适宜茶树的生长,是优质茶叶生产地;吐鲁番气候干燥、光照充足,非常适合葡萄的生长,是优质葡萄生产地。在此基础上,形成的商贸农事节,一个是茶叶节,一个是葡萄节,表现出显著的地域差异。

2. 多样性

人文活动旅游资源的多种存在形式和地域差异,决定了其具有多样性特点。一方面,人类社会在漫长的历史发展过程中创造了丰富多彩的人文活动,如宗教活动、地方事件、庙会、农时节日、现代节庆等;另一方面,不同的地区自然条件、民族、文化、宗教等有很大的不同,导致形成的宗教活动、现代节庆、农时节日等差异较大,从而使人文活动旅游资源更加丰富多彩。

3. 体验性

与自然景观旅游资源和其他人文旅游资源相比,人文活动旅游资源具有极强的参与性和体验性,表现为游客可亲自参与到活动中去,感受活动内容、气氛、流程,获得亲身体验。例如在西双版纳,每年泼水节来临之际,国内外很多游客蜂拥而至,其目的是参与体验在当地举行的盛大泼水节活动。

4. 民族文化性

人文活动无论是宗教活动,还是人物事件、文化节、农时节日,都是归属于一定的民族。并非所有的人文活动都属于旅游资源的范畴,只有那些文化内涵突出、民族特色显著的人文活动才能对其他民族的旅游者构成吸引力,而且民族文化性越强,其吸引力就越大。因此,民族文化性是人文活动旅游资源的又一个显著特点。

三、人文活动旅游资源的价值

1. 人文活动旅游资源可满足旅游者的审美娱乐需求

我国地域辽阔,民族众多,各民族各地区在漫长历史发展中形成了鲜明、独特的人文活动。人文活动本身就含有审美娱乐的成分，如神秘古朴的宗教仪式、丰富多彩的艺术活动等，在给予旅游者视觉审美享受的同时，也满足了游客娱乐休闲的旅游需求。

2. 人文活动旅游资源是展示地域文化的重要窗口

人文活动旅游资源具有民族文化性，是当地文化的重要载体，同时具有较强的参与性。人文活动作为旅游内容，其吸引对象主要是外地游客。外地游客参与旅游目的地人文活动，可深刻感知、体验其文化内涵。因此，独特的人文活动，如宗教活动、农时节日、文化节、体育节等成为集中展示旅游目的地文化的重要窗口。同时，加深了旅游目的地与其他地区的交流，增强了旅游目的地居民的民族自豪感与乡土自豪感。如查干湖蒙古族民俗文化旅游节，开展了马头琴音乐节、淖尔大祭、那达慕大会等活动，集中展示了蒙古族热情豪爽的民族性格以及独具蒙古族特色的祭祀、音乐、舞蹈、服饰等民俗文化。

3. 人文活动旅游资源是获得经济利益的重要手段

人文活动旅游资源的开发可为当地带来较大的经济效益，对于带动民族地区的社会进步、经济发展、提高文明程度和生活质量，具有十分明显的作用。

四、人文活动旅游资源的主要类型

《旅游资源分类、调查与评价》(GB/T 18972—2017)中，将人文活动旅游资源分为 2 个亚类 5 个基本类型(表 4-4)。

表 4-4　人文活动旅游资源分类表

主类	亚类	基本类型	简要说明
H 人文活动	HA 人事活动记录	HAA 地方人物	当地历史和现代名人
		HAB 地方事件	当地发生过的历史和现代事件
H 人文活动	HB 岁时节令	HBA 宗教活动与庙会	宗教信徒举办的礼仪活动，以及节日或规定日子里在寺庙附近或既定地点举行的聚会
		HBB 农时节日	当地与农业生产息息相关的传统节日
		HBC 现代节庆	当地定期或不定期的文化、商贸、体育活动等

(一) 人事活动记录

1. 地方人物

地方人物指当地历史和现代名人。政治家、教育家、文学家、科学家、艺术家等，他们以自己的奋斗精神、聪明才智、优秀品质在特定的历史时期写下了一篇篇辉煌传奇的历史故事,令人崇拜敬仰。国内外几乎所有杰出的名人故居和相关遗址都已成为旅游者参观游览的地方。我国著名的名人故居如下。

政治家故居:毛泽东故居、刘少奇故居、周恩来故居、邓小平故居、王安石故居等。

教育家故居:孔子故居、蔡元培故居、徐特立故居、陶行知故居、朱熹故居等。

文学家故居:鲁迅故居、巴金故居、老舍故居、郭沫若故居、徐志摩故居等。

科学家故居:钱学森故居、邓稼先故居、李四光故居、袁隆平故居、华罗庚故居等。

艺术家故居:徐悲鸿故居、齐白石故居、张大千故居、吴昌硕故居等。

2. 地方事件

地方事件是指当地发生过的历史和现代事件。重大的政治、经济、军事、社会事件对特定时期人们的生产生活产生重大影响,左右着历史发展的进程,吸引着旅游者去寻访、探寻,从而产生旅游的动机,如安徽凤阳小岗村"红手印"事件、西安事变等。

补充阅读:安徽凤阳小岗村"红手印"事件

凤阳县小岗村是安徽省的一个小村庄。1978 年 11 月 24 日,十八位农民以"托孤"的方式,冒着极大的风险,立下生死状,在一纸分田到户的"秘密契约"上按下鲜红的手印,把村集体的土地分到了农户,首创"大包干"联产承包责任制。这一事件拉开了中国农村经济体制改革开放的序幕,改变了中国农村发展的历史。作为中国农村改革的摇篮,小岗村的成功做法及其"敢闯、敢试、敢为人先"的小岗精神吸引了全国很多游客前来参观学习。

资料来源:安徽凤阳小岗村"红手印"事件相关网络资料。

(二)岁时节令

1. 宗教活动与庙会

宗教活动与庙会是指宗教礼仪活动,以及节日或规定日子里在寺庙附近或既定地点举行的聚会。

(1) 宗教活动

宗教活动是指宗教信徒在固定场所(如寺院、宫观、清真寺、教堂等)举行的集体活动。据统计,全球大约有 8 000 种宗教,其中,佛教、伊斯兰教、基督教是世界三大宗教。不同的宗教,其组织方式、活动、信仰各不相同。宗教活动以其极高的美学价值、庄严隆重且颇具神秘、新奇感吸引着广大非宗教信徒,成为他们游览的对象,因此,宗教活动成为了一种重要的人文活动旅游资源。如我国的非宗教信徒到泰国去旅游，总喜欢到佛寺去体验佛教活动，如诵经、放生等。

(2) 庙会

庙会是指节日或规定的日子里在寺庙附近或既定地点举行的聚会，期间进行购物和文体活动。早期庙会仅是一种祭祀活动，后来，在保持祭祀活动的同时，逐渐融入集市交易活动，这时的庙会演变为“庙市”。随着时代的发展，为了满足人们的新需求，又在庙会上增加了娱乐性活动。我国地域辽阔，不同的地区民族、宗教、经济、社会等不同，在此基础上形成的庙会也不相同。每个地区的庙会都极具浓厚的地域特色，对区外的旅游者具有很强的吸引力，因此，庙会也是一种重要的人文活动旅游资源。我国著名的庙会有宝丰马街书会、客家“走古事”、延安定亲庙会、北京厂甸庙会、成都青羊宫庙会、淮阳太昊伏羲陵景区庙会、广州广府庙会、南京秦淮灯会、丰都庙会等。

补充阅读：宝丰马街书会

宝丰马街书会是一种汉族民间曲艺盛会。位于河南省宝丰县城南5公里处，是全国各地说唱艺人的“朝拜圣地”。每年农历正月十三，全国数千名曲艺艺人负鼓携琴汇聚于此，先到火神庙祭祀火神，然后以天作幕，以地为台，以曲会友，亮书、卖书、拜师、收徒等。京韵大鼓、山东琴书、三弦书、四川清音、陕西快板等40多种曲艺曲种和上千部传统及现代曲目在这里集中展现。

资料来源：宝丰马街书会相关网络资料。

2. 农时节日

农时节日是指当地与农业生产息息相关的传统节日。我国地域辽阔，民族众多，不同地区的民族结合当地的农业生产，形成了极具地方特色的农时节日，如汉族的春耕节、仡佬族的吃新节、彝族火把节、藏族的望果节等。这些极具地方特色的农时节日，对区外的旅游者具有很强的吸引力，成为重要的人文活动旅游资源。

3. 现代节庆

现代节庆是指当地定期或不定期举办的文化、商贸、体育等节日庆典活动，包括文化节、旅游节、商贸农事节、体育节。

(1) 旅游节

旅游节指定期和不定期的旅游活动的节日，其内容丰富多样，大多依托当地的特色文化、民俗风情、名人、特有的自然景观等进行策划，如依托民俗风情策划的旅游节有青海民族文化旅游节、查干湖蒙古族民俗旅游节等；依托地域文化和名人策划的旅游节有河洛文化旅游节、齐文化旅游节、徐霞客国际旅游节、伏羲文化旅游节等；依托特有的自然景观策划的旅游节有元阳哈尼梯田旅游节、哈尔滨国际冰雪节、钱江观潮节、百里杜鹃国际杜鹃花节等。

（2）文化节

文化节指定期和不定期的展览、会议、文艺表演活动的节日，其内容丰富、种类较多，通常依托当地的名人、文化等进行策划。如依托名人策划的文化节有孔子文化节、老子文化节等；依托饮食文化策划的文化节有蒙古马奶节、玉林狗肉节等；依托历史文化和地域文化策划的文化节有殷商文化节、水浒文化节、日喀则珠峰文化节等。

（3）商贸农事节

商贸农事节是指定期和不定期的商业贸易和农事活动的节日。商贸农事节一般由商家或地方政府发起，目的是促进商贸往来和农事活动，同时，具有旅游的功能。我国著名的商贸农事节有河南洛阳牡丹节、新疆吐鲁番葡萄节、海南椰子节、吉林查干湖捕鱼节、云南罗平油菜花节、山东青岛啤酒节、陕西临潼石榴节、河南信阳茶叶节等。

（4）体育节

体育节指定期和不定期的体育比赛活动的节日。体育节通常由政府发起，以体育为主题，以弘扬传统体育文化、提高地区知名度、促进当地旅游业乃至地区经济发展为目的。体育节比赛项目观赏性强，且部分项目参与性比较高，如马拉松、自行车赛、滑雪、越野跑等，对游客具有很大的吸引力，已成为重要的人文活动旅游资源。我国著名的体育节有厦门国际马拉松赛、中国凉都·六盘水夏季马拉松赛、环青海湖国际公路自行车赛、呼伦贝尔的冰雕雪橇节、武汉国际赛马节、凯乐石莫干山跑山赛等。

课后思考

1. 举例说明建筑与设施旅游资源的成因及价值。
2. 举例说明历史遗迹旅游资源的成因及价值。
3. 简述旅游购品旅游资源的特征。
4. 简述人文活动旅游资源的特征及成因。
5. 简述我国北方地区四合院的文化内涵。
6. 简述当地具有哪些地方习俗和节日。
7. 以当地某一种现代节庆为例，说明现代节庆具有哪些旅游价值，如何开发。

课题研讨

研讨主题：民俗旅游资源如何开发与保护？

案例分析：

“三线”文化遗产地：六盘水

“三线”遗产是20世纪60年代至70年代我国以战备为指导思想的大规模国防、科技、工业和交通基本设施建设发展成就的重要见证，承载国家记忆，传承红色基因，是中华优秀文化的重要载体，是文化遗产体系中极具特色的部分。保留至今的众多工业遗存，具有历史、科学、社会和文化价值。六盘水作为我国三线建设的城市之一，至1978年建市时完整地贯穿了国家“三线建设”的始末。在三线建设时期，六盘水立足当地的资源优势，大力发展了煤炭、电力、钢铁、化学等重工业，成立了水城钢铁厂、水城矿务局、六枝矿务局、盘州矿务局四大国有企业。附属企业有六盘水煤矿机械厂、671厂、水城水泥厂、水城发电厂等。由于三线建设“靠山、分散、隐蔽”的特点，在这些企业之间又相继建立了纵横交错的铁路网。目前，六盘水大量工业遗产都主要分布在这四大国有企业及铁路沿线，总体上形成了“一网四核”的三线工业遗产分布格局。经过调查，六盘水现存“三线”文化遗产共42处，已公布为各级文物保护单位的有12处，其中，省级文物保护单位5处。

资料来源：https://m.163.com/dy/article/HS66BL1D05532W0F.html（最后一次访问时间：2024年5月28日）。

结合材料及所学内容，分析解决以下问题：

（1）三线文化遗产旅游资源，除了工业遗产外，还有哪些？

（2）三线文化遗产旅游资源如何开发？

参考文献

[1] 肖星，王景波. 旅游资源学[M]. 天津：南开大学出版社，2013：104-146.

[2] 谢泽明. 旅游资源学[M]. 北京：机械工业出版社，2022：68-72.

[3] 王伟. 旅游资源学[M]. 武汉：华中科技大学出版社，2023：82-123.

[4] 杨阿莉. 旅游资源学[M]. 北京：北京大学出版社，2020：92-131.

[5] 国家旅游局. 旅游资源分类、调查与评价：GB/T 18972—2017[S]. 北京：国家旅游局，2017：1-16.

第五章　旅游资源调查

学习目标：

1. 认识旅游资源调查的重要性。
2. 熟悉旅游资源调查的原则及程序。
3. 掌握旅游资源调查的内容、方式、方法。
4. 能够对某一地区旅游资源进行调查，并编制完成调查报告。

思政目标：

通过旅游资源调查原则、内容、方法及程序的学习，深刻认识到旅游资源调查是一个追求科学性、客观性、准确性的过程，培养学生严谨求实的科学态度。

第一节　旅游资源调查的意义、原则及内容

旅游资源调查是指运用科学的方法和手段，有目的、系统地收集、记录、整理、分析和总结旅游资源及其相关因素的信息与资料，以确定旅游资源的存量状况，从而为旅游经营管理者提供客观决策依据的活动。旅游资源调查是旅游资源评价、开发、规划及保护的基础。

一、旅游资源调查的意义

1. 有利于摸清旅游资源赋存现状

旅游资源调查的直接目的是摸清旅游资源的存量现状，全面认识调查区域内旅游资源的类型、数量、特征、规模、开发潜力，了解每一资源单体的位置、性质、形态、结构、组成成分、演化历史、保存现状、保护措施、开发情况，与周边旅游集散地和主要旅游区之间的关系等。通过调查，可以起到摸清家底、了解现状的作用，为旅游资源的评价、开发和保护工作奠定基础，并提供可靠的第一手资料。

2. 有利于确定旅游资源开发利用的重点及时序

通过对旅游资源自身和其外部条件的深入调查，可以全面掌握调查区域内旅游资源的类型、数量、特征、规模、开发潜力、开发条件等，进而在此基础上确定区域旅游资源开发的重点、开发时序，避免盲目开发、重复开发，促进区域旅游资源的可持续利用。

3. 有利于旅游资源的科学保护

旅游资源调查所获得的基本资源信息对于科学研究旅游资源承载力，合理设定旅游资源开发强度，有针对性地制定旅游资源保护措施，具有积极的意义。不同性质、不同类型的旅游资源，其生成过程、演化历史、破坏因素、抵抗破坏力的强度等方面都各不相同。如果不进行分门别类的调查，统一采取相同的保护措施，就会出现比较脆弱的旅游资源保护力度不够导致资源破坏、抵抗破坏能力较强的旅游资源因过度保护影响其开发利用等现象。

二、旅游资源调查的原则

旅游资源调查是旅游资源评价、开发、规划及保护的基础，其重要性对其本身提出了较高的要求，整个调查过程必须遵循一定的原则，以保障过程的完整性和调查结果的准确性。旅游资源调查需要遵循以下原则：

1. 真实性原则

旅游资源调查只有基于真实数据及资料才能获得符合实际的调查结果，从而为资源开发提供依据。旅游资源调查的真实性一方面要求调查者进行实地调研，依靠现有技术进行访谈记录、问卷调查、数据统计以及照相录像等现场搜集；另一方面，还要求调查者在进行二手资料（书籍、报刊、影像资料、地图资料等）搜集时能够注重资料的真实性、即时性以及来源的可靠性，同时，从客观、科学的角度进行调查信息的整理分析。只有这样才能摸清旅游资源的真实状况，获得的一手资料和二手资料才具有实用价值。

2. 综合性原则

一是调查人员的知识结构要具有综合性。不同类型的旅游资源，形成的原因、特性、价值有很大的差异，所以，要想准确认识旅游资源，要求调查人员必须具有广阔的知识，旅游资源调查的人员知识结构要尽量涵盖旅游、地理、地质、生物、建筑、考古、艺术等专业，以便充分利用不同学科的特长及研究方法。二是调查内容的综合性。旅游资源调查不仅要对旅游资源的本身（类型、特征、成因、级别、规模等）进行调查，还要对旅游资源形成环境（地貌、水文、气象气候等）、开发条件（地理位置、交通条件、经济发展水平、环境容量、客源市场等）进行调查，以获得综合、系统的资料，便于客观地认识问题。

3. 内外结合原则

旅游资源调查首先要在室内对搜集整理出来的有关调查区旅游资源的第二手资料进行分析，由此，对调查区域内的基本情况形成一个笼统的印象，并将调查区域划分为若干调查小区，选定调查目标和重点，在此基础上，由调查人员通过现场踏勘、访谈等方法进行调查，获取第一手资料。采用内外结合的方法，研究旅游资源的性质、价值、等级、开发利用潜力等。

4. 动态性原则

旅游资源本身是一个动态的概念，它会随着所处的自然环境和社会条件变化及人类生产力提高后认识能力的变化而变化，其内涵和外延均处于动态之中，因此，旅游资源调查要求调查者要用动态的眼光发现能够满足旅游者不断变化的个性化需求的旅游资源、具有新的利用价值的旅游资源和不久的将来可供开发利用的旅游资源(潜在的旅游资源)，从而为区域旅游开发提供科学依据。

5. 选择性原则

旅游资源调查应根据客观的市场现实、潜在需求，分析、筛选旅游资源，以适应旅游业发展对旅游产品的需求。调查内容应突出重点，选择市场需求大、有价值的旅游资源单体，对极具特色或有可能发挥特殊旅游功能的旅游资源要给予充分重视，对现阶段不具有开发价值或开发条件的旅游资源也应进行一定的调查。

三、旅游资源调查的内容

旅游资源调查的内容包括旅游资源形成环境的调查、旅游资源本身的调查和旅游资源开发条件的调查。

(一) 旅游资源形成环境的调查

1. 自然环境的调查

(1) 调查区概况。调查内容包括：调查区名称、所在行政归属与区划、范围和面积、中心位置与依托城市等。

(2) 地质地貌环境调查。岩石、地层、地质构造、地形、地貌是形成自然景观的物质基础。调查内容包括：调查区的地形、地貌、岩性、地质构造状况、地壳活动状况等。

(3) 水体环境调查。调查区冰川、河流、湖泊、瀑布、涌泉、海洋等在地质地貌、气候、植被等因素配合下，可以形成不同类型的水体景观，构成丰富的自然旅游资源。调查内容包括：地表水与地下水的类型和分布，季节性水量变化规律和特征，可供开采的水资源，已发生和可能发生的水灾害及其对旅游资源的不利影响等。

(4) 气象气候环境调查。气象气候条件对自然景观的形成和破坏都会产生影响。首先，气象气候本身与其他自然地理要素配合可形成具有特色的吸引物，也能产生具有观赏价值的旅游景观,其次,恶劣的气象气候环境可能导致对景观的破坏,成为旅游的阻障。调查内容包括:调查区的年降雨量及其分布,气温、光照、湿度及其变化,大气成分及其污染情况,气候类型及特征,特殊的气象气候现象,气象灾害等。

(5) 动植物环境调查。调查区内的植物群落和动物种群,与自然或人文旅游资源组合,可以形成独具吸引力的重要旅游资源。调查内容包括:调查区动植物的类型与分布;具有观赏价值的动植物的类型和数量;特殊环境下存在的珍稀动物和稀罕植物,调查其分布、数量、生长特性和活动规律,并兼顾了解可供旅游者观赏的客观条件和防护措施等。

2. 人文环境的调查

(1) 历史沿革:主要了解调查区的发展历史。包括建制的形成,行政区划的调整,曾经发生的历史事件,重要名人及其活动经历对当地历史文化的影响。

(2) 经济环境:主要了解调查区的经济特征和经济发展水平。包括经济简况、国民经济发展状况、国民生产总值、工农业生产总值、国民收入、人口与居民、居民收入水平、消费结构与消费水平、物价指数与物价水平、就业率与劳动力价格范畴等。

(3) 社会文化环境:主要了解调查区学校、邮电通信、医疗环卫、安全保卫、民族分布、职业构成、受教育程度、文化水平、宗教信仰、风俗习惯、社会审美观念、价值观念、文化禁忌以及应用新技术、新工艺、新设备的情况等;同时还应调查当地的旅游氛围和接受新事物的能力;调查区和依托城镇及中心城市的距离,依托城镇的接待条件、社会治安、民族团结、风土人情、文化素养、物产情况等。

(二) 旅游资源本身的调查

1. 类型调查

按国标《旅游资源分类、调查与评价》(GB/T 18972—2017),将调查区内的旅游资源进行分类归并,以便更加明晰地认识旅游资源。

2. 特征调查

(1) 峰、崖、石、洞、峡和特殊的火山、名山、雪等的数量、造型特征、分布状况、组合形成、成因、年代和遗迹等。

(2) 河、湖、井、泉、瀑等的位置、源头、面积、深度、高差、流量、蓄水量、水质、水色、形态、水温、季节变化、观赏特征、成因、环境特征、利用状况等。

(3) 气温、光照、温度、降水、风、云、雾、雪、日出、日落、佛光等出现季节、持续时间、形态、观赏位置、年均舒适旅游日数、浴疗价值等。

(4) 观赏植物的种类、分布范围、数量、花期、果期、观赏部位,古树名木的位置、生境、树种、年龄、树高、胸径、冠幅、冠形及分布特点,森林景观中有观赏价值的树木、林分、垂直分布、规模、面积、景观特征、林特产品、林副产品种类、数量和特征,野生动物和珍稀动物的种类、栖息环境、活动规律、生活习性等。

(5) 名胜古迹种类,建筑风格,艺术价值,建筑年代,历史,建筑保存状况,建筑数量,分布情况,占地面积,有关建筑的传说、故事、目前利用状况等。

(6) 宗教文化类别、建筑、雕塑、绘画、石刻、影响范围及历史,革命纪念地的文献记载、革命活动、文物位置、保护现状等。

(7) 各民族民风民俗、神话、传说、故事,历史文化名人情况,民族生活习惯、服饰、村寨建筑风格、信仰、传统食品,当地婚丧嫁娶及各种禁忌、礼仪等风俗习惯,各种纪念活动、节庆活动、庆典活动等。

(8) 具有特色的旅游资源景观,具有特殊功能的景观,适合科学考察和教学实习的景观,唯我独有或名列世界前茅的旅游景观。

3. 成因调查

调查区内各种不同类型的旅游资源,尤其是富有当地特色的旅游资源,在开展资源调查时,要了解其形成原因,发展历史,存在时限,利用的可能价值,自然与人文相互依存的因果关系。

4. 规模调查

规模调查包括资源类型的数量、分布范围和面积。

5. 组合结构调查

了解调查区旅游资源的组合结构,包括:自然景观与人文景观的组合,自然景观内部的组合,人文景观内部的组合。

6. 开发现状调查

旅游资源包含已开发态、待开发态和潜在态三种形态。开发现状调查包括:旅游资源现在的开发状况、项目、类型、时间、季节、旅游人次、旅游收入、消费水平以及周边地区同类旅游资源的开发比较、开发计划等。

(三) 旅游资源开发条件的调查

旅游资源开发条件调查包括旅游资源所在地的地理位置和交通条件、旅游接待设施(住宿、餐饮设施)、旅游环境容量、投资能力、旅游客源市场、政策法规等。

第二节 旅游资源调查的类型、方法、程序

一、旅游资源调查的类型

根据调查工作的详略程度，将旅游资源调查分为概查、普查和详查三种类型。

1. 概查

旅游资源概查指对调查区域旅游资源的概况进行的调查。它又称战略性调查，调查的主要目的在于全面了解全国或大区的旅游资源类型及分布情况和目前开发程度，为统一规划、宏观管理和综合开发提供依据。该方法是借助于区域提供的现有资料对旅游区的整体轮廓的大致初探，概查的资料搜集方面是浅显的，是调查者对旅游资源的概略性调查和探测性调查。由于受时间、资金、人力等因素的限制，通常是在第二手资料分析整理的基础上，进行的一般情况调查。概查一般利用比例尺小于 1∶500 000 的地理底图，通常是对已开发或未开发的已知旅游资源区的资源状况进行现场核查。

2. 普查

旅游资源普查是指对一个旅游资源开发区或远景规划区的各种旅游资源进行综合性调查。普查以实地考察为主，首先要收集比例尺较大或中等的 1∶200 000～1∶50 000 的地形图、地质图及航空照片，对调查区的地形、地质概况有一个全面了解。通过航片解译，寻找可供开发的潜在景观。在此基础上，以路线调查为主，对调查区自然景观的物质组成、地貌特征、水体、气候、气象、动植物景观特征及人文景观逐一进行现场勘查。同时，利用素描、摄影、摄像等手段记录这些可供开发的景观特征。所有景观点均应统一编号、翔实记录，并标示在地形底图上。普查的结果以旅游资源图和调查报告及辅助资料（如摄影集、录像带等）的方式提供。调查的目的在于为旅游资源开发区和远景规划区提供翔实、系统、全面的旅游资源分布和景观特征的资料，为旅游资源的开发评价和决策做准备。

3. 详查

旅游资源详查是指对重点旅游资源的实地勘查。一般是在概查和普查的基础上，经过筛选确定一定数量的高质量、高品位的景观作为开发对象，进行更详细的实地勘查的过程。普查的任务只限于对资源的概况做一般性描述，而详勘

的结果，必须就该地区的开发，提供一份翔实的可行性报告。详查图一般以 1∶50 000～1∶5 000 的大比例尺地形图做底图。详查图除标明景观位置外，还应标明建议的最佳观景点、旅游路线和服务设施点。由于旅游业的开发涉及自然及社会的许多方面，组织详查时应配备多种学科的力量。详查的每个调查对象都应该有具体数据控制。详查的结果应编制成不同景观的详查图或实际材料图，并编写详查报告。

4. 概查、普查、详查的关系

旅游资源的概查、普查与详查过程并非是独立分开的过程。在概查过程中出现创新点，从而开展区域普查；在普查过程中挑选重点，进行有效详查；三者环环相扣，互相影响，其三者相互作用的结果体现在旅游资源调查结果中，因此，三者的结合运用是旅游资源调查的关键。

二、旅游资源调查的方法

1. 资料统计分析法

旅游资源调查开始于收集现有资料，通过收集旅游资源的各种现有信息数据和情报资料，从中选取与调查项目有关的内容进行分析研究。这种基本的统计分析资料方法，对确定一个调查区的旅游特色和旅游价值具有重大意义。对旅游资源资料的收集主要包括两方面的资料：一是本区和邻区旅游资源的资料，包括各类有关的调查报告、相关报道、旅游发展规划、文献资料、统计年鉴、统计表、地方志、文学作品的文字、照片和影像资料；二是本区和邻近地区地理环境、社会环境、经济状况等方面的资料，包括地质、地貌、水文、气候、生物、生态环境及有关经济等方面的文字、图表、图像和统计数据资料等。然后，通过科学的方法对收集的文献资料进行归类和分析统计，并对其权威性、准确性、可利用性进行评价和比较，得出区域旅游资源的种类、一般特征、独特特征、质量、等级，以便于制定区域旅游开发规划和建立旅游资源信息库。

2. 实地调查法

实地调查法是指调查人员在现场通过观察、测量、记录、填绘、摄像等形式直观接触旅游资源，从而获得旅游资源信息资料的调查方法。实地调查法是旅游资源调查最常用的一种方法，可以获得宝贵的第一手资料及专业人员较为客观的感性认识，资料的真实性高，结果详实可靠。实地调查中要求调查者勤于观察、善于发现、及时填写、现场摄录，并做好总结工作。

3. 询问调查法

询问调查是旅游资源调查的一种辅助方法，运用这种方法，可以从旅游资源所在部门、居民及游客中及时了解旅游资源客观事实和难以发现的事物和现象。通常可采用面谈调查、电话调查、邮寄调查、问卷调查等形式进行询问访谈,获取需要的资料信息。如果是访问调查,要求预先精心设计询问或讨论的问题且选择的调查对象应具有代表性。如果是问卷调查,要求问卷设计合理,分发收回的程序符合问卷调查的规定,以保证其结果有效、合理。

4. 现代科技分析法

RS、GPS技术应用于旅游资源调查中,使得调查的精确性、工作的效率大为提高。

RS(遥感)具有观测范围大、获取信息量大、速度快、实时性好、动态性强等优点,使旅游资源研究中的空间基础地理信息的采集更为准确,更具有时效性和现实性。其在旅游资源调查中的应用主要表现为:采用遥感技术,收集多种比例尺、多种类型的遥感图像和与之相匹配的地形图、地质图等,提取图像中的旅游资源信息,不仅能对旅游资源类型做出准确的判断,而且能获得大量旅游资源的定量信息,还能发现一些野外考察不易发现的潜在旅游资源;利用遥感技术多时相周期性观测的特点,掌握旅游资源动态变化的过程,以便于对旅游资源实行动态管理和再开发;利用遥感可对人迹罕至、山高林密及采用常规方法无法到达的地区进行旅游资源的调查。

GPS是美国利用卫星发射的无线电信号进行导航定位的系统。具有全球性、全方位、全天候、高精度、快速实时的三维导航、定位、测速和授时功能,可用来测定调查区旅游资源的位置、范围、面积、长度等,有利于提高旅游资源调查的精确性。其在旅游资源调查中的应用主要表现为:利用GPS采集多时相下旅游资源的地理坐标、高程等数据,为旅游资源的图件制作及评价与开发提供精密数据和科学依据;GPS是野外旅游资源考察的导航利器,可提高野外实测工作的效率和精度。

三、旅游资源调查的程序

旅游资源调查是一项任务繁重的工作,需要消耗大量的人力、物力、财力和时间,为了确保调查工作的效率和调查质量,必须按照规范的程序进行。一般而言,旅游资源调查包括三个阶段,即准备阶段、实施阶段、整理阶段。每个阶段的任务和内容都不一样。

1. 准备阶段

(1) 成立调查小组

旅游资源调查是一项系统性很强的工作,在调查正式开始前要成立调查小组。调查小组通常由承担旅游资源调查任务的部门组建，成员由不同管理部门（如旅游部门、国土部门、林业部门等）的工作人员、不同学科方向（地质学、旅游学、生物学、气象学、历史学等）的专业人员及普通的调查人员组成。调查小组要邀请旅游资源调查专家对小组成员进行相关的技术培训，如野外方向辨别、资源分类、基础资料的获取、图件填绘、伤病急救处理等。

（2）制定调查方案、工作计划

调查小组成立后，根据调查任务制定调查方案、工作计划，内容主要包括：调查目的、调查区域范围、调查对象、主要调查方式、调查工作的时间安排、调查的精度要求、调查小组的人员分工、调查成果的表达形式、投入人力与财力的预算等。

（3）资料准备

收集与调查区、调查对象有关的资料，主要包括：①与调查区、调查对象有关的各类描述性资料，如地方志、乡土教材、旅游区及景点介绍等；②与调查区有关的各类专题地图，如不同比例的地形图、交通图等；③与旅游资源单体有关的各种照片、影像资料等；④与调查区有关的自然、社会经济、环境方面的资料。然后，对收集的资料进行整理、分析，形成对调查区域的初步印象，并将调查区域分为若干小区，选定调查目标及重点，选取比例尺适中的地图作为底图，编制与调查工作计划相配套的野外考察路线图。

（4）拟定旅游资源调查分类体系、单体调查表与调查问卷

国家标准《旅游资源分类、调查与评价》（GB/T 18972—2017）已将旅游资源从高到低归为三个层次，即 8 个主类、23 个亚类和 110 个基本类型，同时，对旅游资源单体调查表的形式、填写项目有较为完备的解释。依据以上文件，结合调查区的旅游资源分布、类型、数量的大致情况设计旅游资源单体调查表和到相关部门及社区进行社会调查的调查问卷，并将填表要求及调查工作中的注意事项编制成与表格和问卷并行的书面文件，以便于实际调查工作中的协调和统一。

2. 调查实施阶段

（1）实地调查阶段

在室内第二手资料收集分析的基础上，由调查人员深入调查区，借助各种调查手段和工具，对旅游资源进行调查，获取调查区内旅游资源的各种信息资料。

（2）填写“旅游资源单体调查表”

填写旅游资源单体调查表是调查实施阶段比较重要的一项工作。旅游资源单体调查表的内容，见表 5-1。

表 5-1　旅游资源单体调查表

基本类型：	
代号	其他代号：①　　　　　　　　；②　　　　　　　　；
行政位置	
地理位置	东经　　°　　′　　″，北纬　　°　　′　　″
性质与特征（单体性质、形态、结构、组成成分的外在表现和内在因素，以及单体生成过程、演化历史、人事影响等主要环境因素）	
旅游区域及进出条件（单体所在地区的具体部位、进出交通、与周边旅游集散地和主要旅游区、旅游点之间的关系）	
保护与开发现状（单体保存现状、保护措施、开发情况）	
共有因子评价问题（你认为本单体属于下列评价项目中的哪个档次，应该得多少分，在最后一列写上分数）	

评价项目	档次	规定得分	评分
单体为游客提供的观赏价值，或游憩价值，或使用价值	全部或其中一项具有极高的观赏价值、游憩价值、使用价值	30～22	
	全部或其中一项具有很高的观赏价值、游憩价值、使用价值	21～13	
	全部或其中一项具有较高的观赏价值、游憩价值、使用价值	12～6	
	全部或其中一项具有一般的观赏价值、游憩价值、使用价值	5～1	
单体蕴含的历史价值，或文化价值，或科学价值，或艺术价值	同时或其中一项具有世界意义的历史价值、文化价值、科学价值、艺术价值	25～20	
	同时或其中一项具有全国意义的历史价值、文化价值、科学价值、艺术价值	19～13	
	同时或其中一项具有省级意义的历史价值、文化价值、科学价值、艺术价值	12～6	
	历史价值，或文化价值，或科学价值，或艺术价值具有地区意义	5～1	
物种珍稀性，景观奇特性，现象遍在性在各地的常见性	有大量珍稀物种，或景观异常奇特，或此类现象在其他地区罕见	15～13	
	有较多珍稀物种，或景观奇特，或此类现象在其他地区很少见	12～9	
	有少量珍稀物种，或景观突出，或此类现象在其他地区少见	8～4	
	有个别珍稀物种，或景观比较突出，或此类现象在其他地区较多见	3～1	
个体规模大小，群体结构丰满性和疏密度，现象常见性	独立型单体规模、体量巨大，组合型旅游资源单体结构完美、疏密度优良，自然景象和人文活动周期性发生或频率极高	10～8	
	独立型单体规模、体量较大，组合型旅游资源单体结构很和谐、疏密度良好，自然景象和人文活动周期性发生或频率很高	7～5	
	独立型单体规模、体量中等，组合型旅游资源单体结构和谐、疏密度较好，自然景象和人文活动周期性发生或频率较高	4～3	
	独立型单体规模、体量较小，组合型旅游资源单体结构较和谐、疏密度一般，自然景象和人文活动周期性发生或频率较小	2～1	

续表

评价项目	档次	规定得分	评分
自然或人为干扰和破坏情况，保存完整情况	保持原来形态与结构	5～4	
	形态与结构有少量变化，但不明显	3	
	形态与结构有明显变化	2	
	形态与结构有重大变化	1	
知名度和品牌度	在世界范围内知名，或构成世界承认的品牌	10～8	
	在全国范围内知名，或构成全国性的品牌	7～5	
	在本省范围内知名，或构成省内的品牌	4～3	
	在本地区范围内知名，或构成本地区品牌	2～1	
适游时间或服务游客情况	适宜游览的日期每年超过 300 天，或适于所有游客使用和参与	5～4	
	适宜游览的日期每年超过 250 天，或适于 80%左右游客使用和参与	3	
	适宜游览的日期每年超过 150 天，或适于 60%左右游客使用和参与	2	
	适宜游览的日期每年超过 100 天，或适于 40%左右游客使用和参与	1	
受污染情况，环境条件及保护措施	已受到严重污染，或存在严重安全隐患	－5	
	已受到重度污染，或存在明显安全隐患	－4	
	已受到轻度污染，或存在一定安全隐患	－3	
	已有工程保护措施，环境安全得到保证	3	
本单体得分	本单体可能的等级　　级　填表人	调查日期	年　月　日

注：资料来源：《旅游资源分类、调查与评价》(GB/T 18972—2017)。

3. 调查整理阶段

(1) 整理调查资料

资料的整理主要是把收集的零星资料整理成条理的、能说明问题的情报，包括对文字资料、照片、影像资料的整理，以及图件的编绘等。在该过程中，首先，对资料进行鉴别、核对和修正，使其达到完整、准确、统一、客观的要求。其次，应用科学的方法对资料进行编码与分类，以便于分析利用。最后，采用常规的资料存储方法或计算机储存方法，将资料归卷存档，以便于今后查阅和再利用。

(2) 分析资料

资料整理完之后，调查人员需要借助科学的统计分析技术对经过整理后的资料、数据、图件进行分析解释，进而确定旅游资源的特征（包括质量特征、规模特征、分布特征、等级特征等）、成因、是否值得开发、如何开发与保护等。

(3) 绘制旅游资源分布现状图

整理反映旅游资源调查工作过程和工作成绩的手绘草图，选取形象直观的图例，经过编辑转绘到选定的地图上，形成旅游资源分布现状图。该图的绘制程序：首先，准备工作底图，工作底图通常是调查区域的等高线地形图或行政区划图；其次，在工作底图的实际位置上用不同的图例标注出各级旅游资源单体，集合型单体须将范围绘出。

（4）编写旅游资源调查报告

根据旅游资源调查分析结果，组织人员编写旅游资源调查报告。旅游资源调查报告是一项展示旅游资源调查结果的综合性成果。相关人员可以通过旅游资源调查报告认识调查区内旅游资源的总体特征，并从中获取各种专门的资料和数据。

四、旅游资源调查报告的编写

旅游资源调查报告一般包括以下内容：

1. 标题

主要包括调查项目的名称、调查日期、调查单位等。

2. 目录

调查报告主要章节及附录的索引。

3. 前言

包括调查工作任务来源、目的、要求和调查区位置、行政区划与归属、范围、面积、调查人员组成、工作期限、主要资料等。

4. 正文

正文的核心内容包括五个方面：

（1）调查区旅游环境：包括调查区的位置、行政区划、自然环境（地形、气候、生物等）、社会经济概况（交通、人口、民族、宗教、经济发展水平等）等。

（2）旅游资源的开发历史和现状：应以动态发展的眼光简述调查区旅游开发的基本情况。

（3）旅游资源基本状况：包括旅游资源的类型、名称、分布位置、规模、成因、特征等。

（4）旅游资源评价：运用科学的方法对调查区内的旅游资源进行评价，包括旅游资源等级划分与评价（包括区域旅游资源等级的总体评价、各主类旅游资源的等级评价）、旅游资源的空间分布与评价（包括旅游资源数量的空间分布与评价、类型的空间分布与评价、等级的空间分布与评价、开发状况的空间分布与评价）、旅游资源的地域组合与评价（旅游资源类型的组合与评价、等级的组合与评价、空间组合与评价）、旅游资源总体评价。

（5）旅游资源保护与开发的建议：包括旅游资源开发利用的现有条件、存在的问题、保护措施及开发利用的指导思想、开发重点、开发步骤等。

5. 主要参考文献

列举旅游资源调查及资料整理分析、报告撰写过程中，参考的文献资料。

6. 附图与附件

附图与附件是对主题报告的补充或详尽说明，附图主要包括《旅游资源图》《优良级旅游资源图》等；附件主要包括：背景资料、图件、声像资料及其他需要进一步详细说明的材料等。

课后思考

1. 简述旅游资源调查的基本内容。
2. 简述旅游资源调查的方法。
3. 简述旅游资源调查的程序。

案例分析：

RS和GIS在旅游资源调查研究中的应用

1　传统旅游资源调查研究中存在的问题

旅游资源的调查研究是一项系统、复杂、工作量巨大而意义重大的工程。传统人工调查和手工操作的方法存在许多缺点和不足。

1.1　调查研究的覆盖面窄、精度低

广域性是旅游资源在空间分布上的一大特点。这一特点决定了旅游资源调查研究的覆盖面一定要广，只有这样才能对广泛分布的旅游资源有一个全面、准确的认识。传统旅游资源调查研究方法由于受到人力、物力及自然条件等的制约，调查的覆盖面往往不足且精度低。

1.2　获取的调查研究数据缺乏综合性

综合性是旅游资源在内容上的突出特点，各类旅游资源在内容上并非是单纯、独立的单体，而是互相包含、互相渗透、互相烘托、互相补充的综合体，而人工记录管理的各类旅游资源数据往往是分开的，致使研究人员在对旅游资源做进一步分析评价时缺乏对各类相关资源整体综合的认识，无法深入挖掘旅游资源。

1.3　调查研究数据的现势性差，不能进行动态比较研究

动态性是旅游资源在时间上的突出特点。它主要表现在旅游资源的季节变化及其自身的生命周期变化。一般情况下，旅游资源开发后形成的景点、景区在其发展演变过程中存在一定的生命周期，一般经历形成、发展、成熟、衰退、消亡(再生)各阶段，在这一过程中旅游资源也在不断地发展变化，如能及时获取旅游

资源的变化信息，发现开发过程中出现的问题及时采取应对措施，就可以有效延长旅游资源的生命周期。而传统的旅游资源调查研究方法无法提供旅游资源的动态信息，信息更新的速度远远跟不上资源自身变化的速度。

综上所述，由于传统旅游资源调查研究方法滞后于社会信息化发展的脚步，致使大量潜在的旅游资源未被发现，而现有的旅游资源也未能得到充分合理的开发、保护，严重阻碍了旅游业的健康发展。

2 遥感在旅游资源调查研究中的应用

2.1 旅游资源信息获取

遥感作为重要的空间数据采集手段，它所获得的图像数据具有信息量丰富、清晰度高、形象直观、现实性强等特点，而且在资源调查中具有快速、综合、动态、全面的优点。实践证明，与传统人工调查方法相比，遥感技术在旅游资源信息获取上具有十分明显的优势。

2.1.1 利用不同分辨率的遥感影像，获取不同尺度的旅游资源信息

进行旅游资源遥感调查一定要选择好信息源，否则事倍功半。调查人员要根据旅游资源区具体情况选择合适分辨率的遥感影像。一般来说，在对覆盖范围较大的旅游资源进行调查或测定某一旅游资源所处的宏观环境时可选择分辨率较低的遥感数据，如空间分辨率为30 m的TM数据，从这样的遥感影像上可以获取研究区大面积的同步观测数据，了解研究区整体情况。而对尺度较小的旅游资源进行调查时宜选用大比例尺的航片或高分辨率的卫片，这样的遥感影像可以将旅游资源的细部特征表现得淋漓尽致。

2.1.2 利用不同波段的遥感影像，获取隐藏的旅游资源信息

实践表明，遥感在调查与发掘新的旅游资源方面具有显著的实际意义。遥感的一大特点是可到达深山河谷、丛林深处、沙漠等人类不便进入的地区，发现隐藏其间的雄、秀、奇、险、幽的旅游资源，此外，遥感技术还可以采用除可见光以外的紫外线、红外线、微波等波段对地物进行探测，因此，所获得的影像不仅可以反映地表以上人眼可见的地物，还可以反映许多光凭人眼察觉不到的地物，如微波遥感可以穿透雨林、土壤、雪等覆盖层探测地表覆盖物以下的地貌、矿体、喀斯特溶洞、地下暗河及湖泊等。美国通过航天飞机成像雷达图像发现了撒哈拉大沙漠地表下约5 m深的古河道。也正是由于遥感技术这种多波段探测和进入性强的特点使其在古代陵墓类旅游资源的调查研究中同样取得了引入注目的成果，被成功应用于我国及埃及的考古研究中。

2.1.3 利用不同时相的遥感影像，获取动态旅游资源信息

遥感探测，尤其是空间遥感探测，可方便对同一地区进行周期性地重复探测，不断提供研究区域的动态信息，反映旅游资源在时间上的变化特点。动态变化的

数据既可用于对旅游资源进行动态管理和再开发,又可及时发现已开发资源中存在的问题,对开发方案进行及时调整,使旅游资源得到更好的利用与保护。

2.2 旅游资源分析

遥感图像包含有丰富的信息,可以从不同的研究角度在不同层次上提取各种信息,而这些信息因子之间本身相互关联、互相影响。在建立起对研究区的典型影像特征感性认识的基础上,利用遥感图像的波谱特性,根据地物影像之间的色调、形状、尺寸、阴影、纹理、组合图形等解译标志,采用目视解译为主计算机解译为辅的方法,可以从遥感图像上识别旅游资源,查清旅游资源的数量、质量、分布范围,判读推断出旅游资源所在区域的地质、地貌、土壤等自然特征,并可在大区域内进行旅游资源的地域组合结构及相互相关的分析。

3 地理信息系统(GIS)在旅游资源调查研究中的应用

3.1 旅游资源调查信息管理

旅游资源的调查研究是一项周期长、工作量大、成果科学性要求高的基础性工作,调查研究内容涉及研究区地质、地貌、气象、水文、植被、人文景观、经济社会因素等多方面,调查得到的基础资料包括文本、图形、图像、统计报表等多种形式。因此对旅游资源进行全面调查不可避免地要面临庞大的空间和属性数据。如依托GIS强大的数据存储、处理和管理功能,建立调查区旅游资源数据库,不但有利于数据的科学管理提高调查研究的科学性,而且为旅游资源进一步的开发利用和社会共享奠定基础。

3.1.1 将调查数据进行汇总,建立旅游资源调查数据库

GIS的数据源包括地图数据、遥感数据、文本数据、统计数据、实测数据、多媒体数据等多种形式。研究人员可以利用数字化仪、扫描仪等专门设备将资源调查数据采集进入计算机,建立旅游资源数据库。与传统的管理信息系统相比,GIS能够同时存储和处理空间数据和属性数据,并且能够把空间数据和属性数据集成在同一个数据库下进行管理。图5-1是利用GIS建立旅游资源调查数据库的流程图。

3.1.2 各种数据及时更新,动态查询显示

对存入空间数据库的数据进行实时更新是GIS生命力的具体体现之一。利用GIS专业软件,研究人员可以轻松地完成对存储数据的及时修改与更新,适应旅游资源数据不断变化的需要,有效提高数据的现实性和有用性。对于收集入库后的旅游资源数据,GIS空间数据查询与显示功能可以方便研究人员发现旅游资源之间的关系及时准确地查找到有用信息。

3.2 旅游资源的空间分析

GIS集成了多学科的最新技术,为空间分析提供了强大的工具,使得过去复杂困难的高级空间分析变得简单易行。目前绝大多数GIS软件都具有空间分

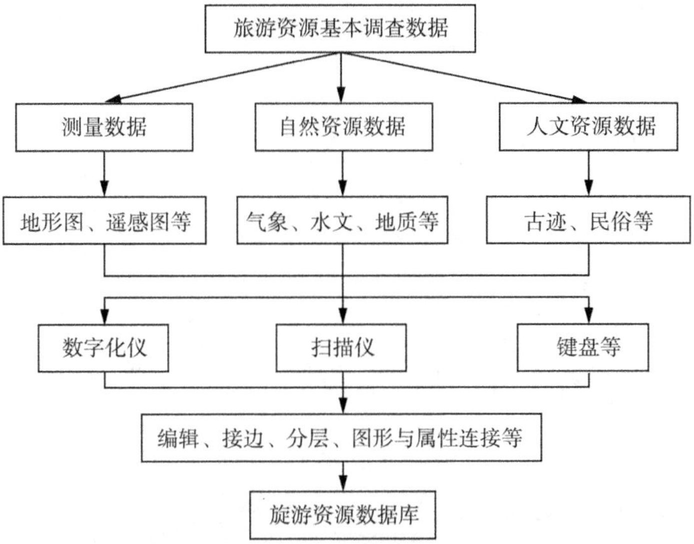

图 5-1　建库流程图

析功能。空间分析已成为 GIS 的核心功能之一。在旅游资源调查研究中经常用到的空间分析方法包括以下四种：

3.2.1　叠加分析

叠加分析是 GIS 最常用的提取空间隐含信息的手段之一，其结果可以显示叠加前两层或多层要素所有的信息。如 Gunn 在对美国南卡罗来纳州旅游资源进行研究时，利用 GIS 空间叠加功能综合分析区域自然与人文旅游资源。

3.2.2　缓冲区分析

缓冲区分析是 GIS 中解决临近度问题的空间分析工具之一。在旅游资源调查研究中可应用于确定资源开发范围等工作中。Goldeneye Coot 和 Mallard 曾将 GIS 的缓冲区分析功能应用于英国雷克白十字湾地区野生禽类栖息地周围的公园选址研究中。

3.2.3　网络分析

GIS 网络分析的根本目的是研究、筹划一项网络工程如何安排，并使其运行效果最好。在旅游资源调查研究中它可用于研究旅游资源与周围客源市场之间的关系。如叶红等在对福建金湖水库及周围资源进行研究时，利用 GIS 网络分析功能结合缓冲区分析，得出研究区最稳定的客源中心，计算客源中心到研究区的最佳和最短路径，以此作为评价资源开发潜力的参考数据。

3.2.4　坡度、坡向分析

GIS 还可以利用数字高程模型建立研究区三维立体效果，进而对旅游资源研究区进行坡度坡向、通视等分析。如在英国莱克国家公园的研究中就曾应用此功能并取得了很好的效果。

3.3 旅游资源制图

从本质上说，地图(Map)就是客观地理实体的一个映射，地图在生产生活的实践中发挥着巨大的作用；进行旅游资源调查研究需要制作多种图件，但传统的制图方法存在精度低、制图时间长、信息量少、表现效果差、不易修改更新等问题。利用GIS强大的制图功能并结合遥感影像则可以制作出高质量的旅游资源调查研究图。

3.3.1 结合遥感影像，生成各种生动形象的旅游资源调查研究图

将经过校正、增强、判读等处理后的遥感影像作为基础底图，利用GIS制图功能在其上叠加相关信息就可以形成一幅生动形象的旅游资源调查研究图。

3.3.2 结合遥感影像和DEM数据，生成旅游资源三维效果图

GIS中的遥感数据还可结合数字高程模型(DEM)数据实现三维可视化，例如，李小涛等以泰山为研究区，将DEM数据与二维遥感图像叠合生成三维影像，从而真实再现泰山的景观特征，直观地反映出该地区的地形、地貌特征。若再结合虚拟现实技术其效果会更好。如三峡地区的虚拟三维动态景观、雅鲁藏布江大峡谷虚拟三维动态景观等都具有很好的展示效果，为旅游资源的进一步研究提供方便。

资料来源：张洁，张晶. RS和GIS在旅游资源调查研究中的应用[J]. 首都师范大学学报(自然科学版)，2006，27(6)：99-103+108.

结合材料，分析在旅游资源调查研究中使用RS和GIS的优点。

参考文献

[1] 肖星，王景波. 旅游资源学[M]. 天津：南开大学出版社，2013：148-157.
[2] 谢泽明. 旅游资源学[M]. 北京：机械工业出版社，2022：86-98.
[3] 王伟. 旅游资源学[M]. 武汉：华中科技大学出版社，2023：166-176.
[4] 杨阿莉. 旅游资源学[M]. 北京：北京大学出版社，2020：167-182.
[5] 国家旅游局. 旅游资源分类、调查与评价：GB/T 18972—2017[S]. 北京：国家旅游局，2017：1-16.
[6] 王建军，郑进军. 旅游资源调查和评价信息系统的开发[J]. 旅游学刊，2014(1)：57-60.
[7] 张洁，张晶. RS和GIS在旅游资源调查研究中的应用[J]. 首都师范大学学报(自然科学版)，2006，27(6)：99-103+108.

第六章　旅游资源评价

学习目标：

1. 认识旅游资源评价的重要性。
2. 熟悉旅游资源评价的原则。
3. 掌握旅游资源评价的内容、方法。
4. 能够运用所学知识，对某一地区的旅游资源进行评价。

思政目标：

通过旅游资源评价原则、内容与方法的学习，深刻认识到旅游资源评价是一个追求科学性、客观性、准确性的过程，培养学生严谨求实的科学态度。

第一节　旅游资源评价的意义及原则

旅游资源评价是指在旅游资源调查的基础上，采取一定的方法，对旅游资源自身、资源环境及其开发条件做出评判和鉴定。

一、旅游资源评价的意义

1. 为旅游资源的开发规划提供科学依据

旅游资源评价是旅游资源开发的基础性工作。首先，通过对旅游资源进行评价，能够发现资源的优势、劣势，面临的机遇和威胁，有利于制定旅游资源优势发挥的定位策略；其次，通过对旅游资源进行评价，可以明确旅游资源的特色、等级，才能据此确定开发方向、开发重点、开发时序。因此，旅游资源评价可为旅游资源的开发规划提供科学依据。

2. 为旅游资源的有效管理提供依据

旅游业和其他产业一样都涉及科学管理的问题，这不仅与一个旅游区有关，而且也与国家和地方的宏观管理有关，与所开发的旅游区的等级有关。因此，通过对旅游资源的质量、数量、规模、分布和条件的评价，能够为国家和地区分级规划、管理提供准确的依据和判断标准。同时，也可为景区确定合理的门票价格提供依据。

3. 为旅游资源的合理开发利用和保护提供依据

旅游资源是在一定的环境（自然环境、经济环境、社会环境）中形成的，其开发利用必然受到环境容量的限制，同时，也会对环境产生影响。因此，通过对旅游资源依存的环境及环境容量进行评价，明确其环境特征及环境容量大小，可为旅游资源的合理开发利用与保护提供依据。

二、旅游资源评价的原则

旅游资源评价涉及面广、情况复杂，为了使评价公正、客观，评价结果准确、可靠，一般应遵循以下原则：

1. 客观性原则

评价旅游资源，要从实际出发，实事求是地评价它的价值高低、大小、好坏和功能，充分应用建筑学、美学、历史学、地理学、文学等多方面的理论知识，认识旅游资源的价值，做到既不任意夸大，也不无限缩小，力求客观。

2. 科学性原则

开展旅游资源评价时，要有科学的态度，符合客观科学的标准，对旅游资源的形成、本质、属性、价值等核心内容，做出科学的解释和恰如其分的评价。

3. 系统性原则

旅游资源本身就是一个众多要素的综合体，而且其价值和功能也是多方面的，涉及旅游资源开发的自然、社会、经济、环境、客源等条件也需要综合考虑，因此，旅游资源评价应依据其自身的特点，运用系统论的方法，对其各要素的特点、功能作用、开发条件等进行全面评价。

4. 动态性原则

旅游资源的特征及开发的外部社会经济条件是不断变化和发展的。这就要求旅游资源评价不仅要静态认识，而且要用动态发展和进步的眼光去考察不同阶段旅游资源所呈现的动态属性变化趋势，了解旅游资源的长期趋势、变化特性与过程，发现其变化规律，从而对旅游资源及其开发利用的前景做出积极、全面和正确的评价。

5. 三效益相结合的原则

旅游资源评价的最终目的是开发利用，开发利用的最终目的是获取效益，这里的效益不仅仅是经济效益，还包括社会效益、生态环境效益，因此，评价旅游资源效益要同时兼顾经济、社会和生态环境效益，即三效益相结合。

6. 定性与定量相结合的原则

旅游资源评价方法一般有定性和定量两种。定性研究方法使用简单，应用范围广，包含的内容丰富，但只能反映旅游资源的概要状况，且主观色彩较浓；定量分析是根据一定的评价标准和模型，以全面、系统的方法将有关旅游资源的各评价因子予以客观量化处理，结果相对客观，更具有可比性，但比较复杂，操作起来有一定的难度，且数据处理量大。定性和定量方法都有优缺点，因此，在旅游资源评价中，需要将定性与定量两种方法结合起来，取长补短，只有这样，获得的旅游资源评价结果才更科学、更合理。

第二节 旅游资源评价的内容

旅游资源评价的内容十分丰富，主要包括旅游资源自身内涵的评价、旅游资源环境条件的评价和旅游资源开发条件的评价。

一、旅游资源自身内涵的评价

1. 旅游资源特色

旅游资源特色即旅游资源的特质或个性，是旅游资源的生命力所在，是吸引游客的关键性因素。通过对调查区内与调查区外的旅游资源进行分析比较，可总结出调查区内旅游资源的特色，进而以此为依据，确定调查区旅游资源开发的方向及产品。旅游资源的个性化特色是评价旅游资源的重要因素，评价指标主要是旅游资源的特殊度和奇特度。

2. 旅游资源的价值

旅游资源的价值与人的审美观和价值观有关，是旅游资源质量和等级的反映，主要包括美学价值、观赏价值、文化价值、科学价值、市场价值等。其中，美学价值涉及形象美、色彩美、动态美、意境美、组合美等；观赏价值评价指标有知名度、可游度、魅力度等；文化价值评价指标主要有文保度、完整度、客观度等，涉及历史文物、宗教文化、休憩娱乐、民俗风情、人文景观等多个方面；科学价值评价内容则包括珍稀度、研究度、科普度等方面；市场价值主要包括向往度、满意度等。

3. 旅游资源功能

旅游资源一般具有娱乐功能、度假功能、休憩功能、健身功能、医疗功能、科普教育功能、商务功能、探险功能等。旅游功能是旅游资源的地位、意义、开发规模等级、市场指向的决定性因素，进而影响到旅游资源开发和保护的前景。评价指标包括资源功能类型相异度、旅游功能明显度、功能的协调度等。

4. 旅游资源规模

旅游资源规模包括景点数量、景区面积、景区容量等指标。不同的旅游资源，其规模及评价指标不同。对于同一种资源，在其他指标相同条件下，旅游资源规模与旅游资源价值通常成正比。

5. 旅游资源组合及分布

旅游资源组合，一是指自然旅游资源与人文旅游资源的结合与互补情况，二是指各旅游资源单体要素的组合及协调性。旅游资源分布是指旅游资源的空间分布状态，表现为集中，还是分散。资源的组合是单一，还是多样，各个要素是紧密融为一体，还是处于分离状态，分布是集中，还是分散，会直接影响旅游资源质量的高低。最佳的风景区都是以资源类型多样、要素组合完美和谐、分布集中而见长，如杭州西湖、铜仁梵净山等。旅游资源分布评价指标包括：景点集中度、景点相异度、资源结构协调配套组合关系等。

二、旅游资源环境条件的评价

1. 自然环境条件

自然环境条件包括自然条件和环境生态两个方面。在自然条件方面，主要指气候、生物、地质地貌、水文等环境要素，评价指标有：绿化率、舒适指数、环卫指数等。在环境生态方面，主要涉及生态度、植被度、珍稀度等，相关的评价内容及指标包括：生态系统的垂直地带性、生物多样性、生态结构特殊性、生态环境原始性、环境生态协调性、环境生态美观度等。

2. 社会环境条件

一般来说，旅游资源自身价值越高，社会环境条件越好，其开发利用价值越高。若其所处的社会环境条件较差，开发利用价值就会明显降低。社会环境条件评价内容主要包括：政治环境（政治局势、社会治安）、政策法令、经济条件、人力资源、基础设施（交通、通信、电力等）、城镇分布与功能、投资环境、施工条件、社区居民对旅游业的态度等。评价指标主要有：可进入性、接待可行性、供需调节度、游览适宜度、社会安全系数、工程建设难易度、法规法令执行度等。

三、旅游资源开发条件的评价

1. 旅游资源容量评价

旅游资源容量又称为旅游承载力，是指在保持旅游活动质量的前提下，旅游资源所能容纳的最大旅游者人数或旅游活动量，也是旅游资源可持续利用的最大边界。其评价指标有容人量、容时量、环境容量等。一般来说，旅游资源景观数量越多、规模越大、空间越大，容量就越大，反之，则相反。旅游资源容量常用的测算方法有面积法、线路法，具体公式见 6-1、6-2。

（1）面积法计算公式：

$$C=\frac{S_A}{S_B}\times\frac{X}{Y} \qquad 6\text{-}1$$

公式 6-1 中，C、S_A、S_B、X、Y 分别表示旅游景区日容量、游览规模（平方米）、游览空间标准（平方米/人）、景区每天开放时间、每个游客滞留时间。

（2）线路法计算公式：

$$C=\frac{2L}{I}\times\frac{X}{Y} \qquad 6\text{-}2$$

公式 6-2 中，L、I、X、Y 分别表示旅游景区游览线路总长度（米）、游览线路间距标准（米/人）、景区每天开放时间、每个游客滞留时间。

2. 区位条件

旅游资源区位条件主要是指旅游资源所在地区的地理位置、交通条件以及旅游资源与其所在区域内的其他旅游资源、周边区域旅游资源的关系等。旅游资源所在地的地理位置及交通条件决定着游客的可进入性。另外，旅游资源与其所在区域内的其他旅游资源、周边区域旅游资源的关系往往存在互补关系或替代关系。不同的资源区位关系对资源的影响作用不同，区位条件对旅游资源的吸引力有加强或削弱的作用，必须做认真分析和恰当评价。区位条件评价指标包括：地理区位条件、交通区位条件、市场区位条件以及与其他资源地之间的关联区位条件。

3. 客源条件

旅游资源开发必须坚持以客源市场为导向。客源市场大小及需求的产品类型，决定着旅游资源开发的规模和类型。客源数量及消费层次，影响旅游资源开发的经济效益。因此，必须认真分析、评价旅游资源开发的客源条件。旅游资源开发的客源条件可以从两个方面进行分析：一是在时间方面，分析客源随季节变化可能形成的旅游淡、旺季；二是在空间方面，分析旅游资源所能吸引的客源范围、客源层次、数量和最大辐射半径。客源条件评价指标有：客源范围、辐射半径、客源层次、客源回馈、客源季节性变化等。

4. 旅游资源开发程度评价

旅游资源开发程度评价是基于景区现有开发项目的基础上进行的评价，其相应评价指标包括旅游资源开发度、成熟度、资源开发顺序及投资条件。

第三节　旅游资源评价方法

一、旅游资源定性评价方法

旅游资源定性评价是通过人们的感性认识对旅游资源做出定性的评价或分级，一般无具体数量指标。定性评价法使用广泛、形式多样、内容丰富，评价的结果主要与评价者的经验和水平有关。定性评价法主要有：一般体验性评价法、美感质量评价法、“三三六”评价法、“六字七标准”评价法等。

1. 一般体验性评价法

一般体验评价法是指评价者根据自己的亲身体验，对某一旅游资源单体或某一系列的旅游资源就其整体质量进行定性评估的方法。通过统计大量旅游者在问卷上有关旅游资源的优劣顺序，或统计旅游资源在报刊、旅游指南、书籍上出现的频率，或邀请相关领域的专家讨论评议等，从而确定一个国家或地区最优旅游资源的排列顺序，其结果能够反映这些旅游资源的整体品质和大众知名度。这种评价多由传播媒介或行政管理机构发起，其评价目的多着眼于推销和宣传，评价的结果往往可以使某些旅游地知名度提高，客观上也会对旅游需求流产生导向作用。

特点：评价的项目很简单，只要求就旅游资源进行整体质量评价，或是在问卷上按表示质量优劣的序号填上评价者认定的旅游资源即可。这种评价方法常局限于少数知名度较高的旅游资源开发地，无法用于一般类型或尚未开发的旅游资源。

2. 美感质量评价法

美感质量评价法是一种专业的旅游资源美学价值的评价方法，通常是在对旅游者或专家体验深入分析的基础上，建立规范化的评价模型。评价的结果多为具有可比性的定性尺度或数量指标。目前，比较公认的有四大学派：专家学派、心理物理学派、心理学派、现象学派。

(1) 专家学派

代表人物：休顿。该学派以受过专业训练的观察者或专家为主体，以艺术、设计、生态学以及资源管理为理论基础对景观进行评价。专家学派认为凡是符合形式美原则的风景就具有较高的风景质量，因而，对风景的分析基于其线条、形体、色彩和质地四个要素，强调多样性、奇特性、协调统一性等形式美原则在风景质量分级中的主要作用。目前，美国及加拿大等国的土地管理部门、林务部门及交通部门多采用专家学派的评价方法进行风景评价。

美国土地管理局的风景资源管理系统（VRM）对于自然风景质量的评价最为经典。VRM 系统中，选定 7 个风景质量因子进行分级评分，然后将各单项因子的得分值加起来作为风景质量总分值（见表 6-1）。依据总分值进行质量等级分类：A 级——特异风景，总分 19 分以上；B 级——一般风景，总分 12～18 分；C 级——低劣风景，总分 0～11 分。

表 6-1　VRM 的风景质量分级评价体系

因子	内容说明	质量	
		等级	赋值
地形	高度复杂多变，奇特怪异或罕见的地形	高	5
	有相当的变化，有吸引人的细部特征的地形	中	3
	平坦，缺少变化和细部的地形	低	1
植被	植被类型丰富，有吸引人的形态、质感	高	5
	植被只有 1～2 种变化类型	中	3
	植被类型相同，缺少变化	低	1
水体	清澈透明的宁静水面或飞溅的瀑布等，在风景中起主导作用	高	5
	无论是宁静的还是流动的水面，在风景中只属次要地位	中	3
	缺少水面或即使有水面也难以见到	低	0
色彩	有丰富的色彩构成，土坡、岩石、植被、水面有明快的对比，色彩多样和生动	高	5
	色彩有一定变化，土壤、岩石和植被也有一定对比，但在风景构图中占次要地位	中	3
	色彩变化和对比微弱，常常单调乏味	低	1
奇特性	为当地极稀少的风景，其中也包括珍贵动植物	高	6
	尽管与其他风景有相同的地方，但仍保持突出的自身特点	中	3
	尽管当地极常见，但风景仍能引起人们注目	低	1
人文影响	对该风景质量起积极作用	高	2
	因不协调人工因素而产生一定的破坏	中	0
	大规模地破坏了原风景	低	－4
相邻景观	对提高风景质量有显著作用	高	5
	对提高风景质量有一些作用	中	3
	对提高风景质量几乎不起作用	低	0

资料来源：https://wenku.baidu.com/view/1a85e9a8ef3a87c24028915f804d2b160b4e86e7.html? _wkts（最后一次访问时间：2024 年 5 月 28 日）。

（2）心理物理学派

代表人物：施罗德、丹尼尔。该学派把风景与风景审美理解为一种刺激-反应的关系，把心理物理学中的信号检测方法引入到风景质量评价中来，具体做法是通过测量公众对风景的审美态度获得一个反映风景质量的量表，然后将该量表与风景组成成分之间建立起确定的数学关系。心理物理学派的评价方法在小范围森林风景的评价研究中应用较广。

（3）认知学派

代表人物：卡普兰、布朗。该学派把风景作为人的生存空间、认识空间来研究，强调风景对人的认识作用在情感上的影响，试图用人的进化过程及功能需要来解释人对风景的审美过程。卡普兰认为人在风景审美过程中，既注重风景中那些易于辨识和理解的特性，又对风景中蕴藏的具有神秘感的信息感兴趣。因此，具有这两种特性或信息的风景质量就高。

（4）经验学派

代表人物：温撒尔。该学派把人的主观作用提到了绝对高度，用历史的观点，以人及其活动为主体来分析景观的价值及其产生的背景，而对客观景观本身并不注重，把人对风景审美的批判看作是人的个性及其文化、历史背景、志向与情趣的表现。

3．“三三六”评价法

“三三六”评价法由卢云亭先生提出，包括“三大价值”“三大效益”“六大条件”。

“三大价值”，即历史文化价值、艺术观赏价值和科学考察价值。历史文化价值的评价要看旅游资源的类型、年代、规模和保存状况及其在历史上的地位；艺术观赏价值主要指客体景象艺术特征、地位和意义，若景象中具有奇、绝、古、名等某一特征或数种特征并存，则艺术观赏价值越高；科学考察价值指景物的某种研究功能，在自然科学、社会科学和教学上各有什么特点，能否为科教工作者、科学探索者和追求者提供现场研究场所和实证。

“三大效益”，即经济效益、社会效益、环境效益。经济效益是指风景资源利用后可能带来的经济收入；社会效益是指对人类智力开发、知识储备、思想教育等方面的功能；环境效益是指旅游资源的开发，是否会对环境和资源本身带来破坏。

“六大条件”，即旅游资源所在地的地理位置和交通条件、景象地域组合条件、旅游环境容量、旅游客源市场、投资能力、施工难易程度。

（1）地理位置及交通条件。地理位置及交通条件不仅影响旅游区的可进入性，而且影响客源市场。

（2）景象地域组合条件。旅游资源开发需要考虑景象地域组合条件，具体包括三方面的内容：旅游资源的地域组合分散还是集中，相距遥远还是近；地域组合类型多样，还是单一；各旅游资源单体要素的组合及协调程度。

(3) 旅游环境容量。指开发地的容人量和容时量。旅游区容纳的游人数为容人量，它是旅游区的用地、设施和投资规模在设计时的依据；容时量是指旅游区游览所需要的基本时间，它体现了旅游区的游程、内容、景象、布局等内容。

(4) 旅游客源市场。旅游资源的开发需要考虑客源市场条件，因为客源市场大小及需求的产品类型，决定着旅游资源开发的规模和类型；客源数量及消费层次，影响旅游资源开发的经济效益。

(5) 投资能力。旅游资源开发需要投入大量资金，旅游区的社会经济环境、经济发展战略以及给予投资者的优惠政策等直接影响投资者的开发决策。

(6) 施工难易程度。旅游资源开发，还需考虑到项目施工的难易程度和工程量的大小。它取决于工程建设条件，如地质、水文等自然条件和基本供应设施条件，包括设施的建设条件、食品供应条件、建筑材料条件等。

4. “六字七标准”评价法

“六字七标准”评价法由黄辉实提出，主要从旅游资源自身和旅游资源环境两个方面进行评价。

旅游资源自身采用“六字标准”，即“美、古、名、特、奇、用”。美是指旅游资源给人的美感，如从色彩、形状、规模、听觉等方面给人以愉悦的感觉；古是指旅游资源是否具有悠久的历史，一般来说，旅游资源经历的历史时间越长就越具有价值；名是指旅游资源是否是高知名度的事物或与名人有关的事物；特是指旅游资源是否是特有的、别处没有的或少见的稀缺资源；奇是指旅游资源能否给人以新奇之感；用是指旅游资源是否具有应用价值。

旅游资源环境评价采用“七项标准”，即季节性、环境污染状况、与其他旅游资源之间的联系性、可进入性、基础结构、社会经济环境、客源市场。

二、旅游资源定量评价方法

旅游资源定量评价是通过统计、分析、计算，用具体的数量来表示旅游资源及其环境等级的方法。定量评价结果客观并具有可比性。一般分为单因子定量评价和综合多因子定量评价。

（一）单因子定量评价

单因子评价是指旅游资源各要素适宜于游客从事特定旅游活动程度的评估。一般对于开展专项旅游的旅游区，如避暑地、滑雪场、登山旅游区、海水浴场等尤为适用。

1. 地形适宜性评价

作为关键的旅游资源因子，地形要素对运动型旅游活动，如滑雪、漂流、攀岩等至关重要，此外，地形对风景观赏也有一定的影响。一方面，崎岖、陡峭的地形给游客空间移动带来了困难（通常能借助人工设施解决），另一方面，地形的这种特性本身又能提高风景的美感质量。各种参与性旅游活动对地形的倾斜程度都有严格的要求，如滑雪要求的坡度必须在35°以下，但滑雪区缓坡所占面积太大，又会影响滑雪者的体验水准，难以吸引大量滑雪者。各种旅游活动对于地形的要求，成为评估地形适宜性的衡量标准。

2. 气候适宜性评价

气候不仅影响旅游流的分布和时间，而且影响旅游者的观赏效果和舒适程度。如冬季，我国南方气候温暖，北方寒冷，大量的北方游客，尤其是东北的游客涌向南方的三亚、北海、珠海等城市。

1966年特吉旺（W. H. Teriung），在对美国大陆生理气候的评估中，选用气温、相对湿度、风速三项指标，用气温和相对湿度的组合来表示舒适程度的不同状况，用气温和风速的组合来表示风效的状况，通过获得的舒适指数和风效指数对气候的适宜性进行生理评价。舒适指数和风效指数的具体计算公式见6-3、6-4。

$$THI = RH - 0.55(1 - RH)(t - 14.4) \qquad 6\text{-}3$$

式6-3中，THI、RH、t分别表示舒适指数值、空气的相对湿度（%）、气温（℃）。舒适指数是指人们对周围空气环境感觉舒服的程度，根据大多数人的感受，特吉旺把温度和湿度的不同组合分为11类（见表6-2），舒适指数为－1～1的日期为适宜旅游的季节，其中“0”区持续的日期为最佳旅游季节。

表6-2 舒适指数分级表

代号	－6	－5	－4	－3	－2	－1	0	＋1	＋2a	＋2b	＋3
大多数人的感觉	极冷	非常冷	很冷	冷	稍冷	凉	舒适	暖	热	闷热	极热

$$W = (100V + 10.45 - V)(33 - t) \qquad 6\text{-}4$$

式6-4中，W（风效指数）为不考虑人体皮肤蒸发、完全遮阴情况下空气的总冷却率（$J/m^2 \cdot h$）、V为风速（m/s）、t表示气温（℃）。风效指数是指人们裸露皮肤在气温和风速的不同组合下感觉冷暖的程度，根据大多数人的感觉，特吉旺将温度和风速的组合分为12类（见表6-3），风效指数为“－a”的暖风期和“－c”的凉风期为适宜旅游的季节，而风效指数为“－b”的舒适风期为最佳旅游季节（见表6-3）。

表 6-3 风效指数分级表

符号	4.18 kJ/(m²·h)	大多数人的感觉	符号	4.18 kJ/(m²·h)	大多数人的感觉
－h	＜－1 400	外露皮肤冻伤	－b	－200～－300	舒适风
－g	－1 200～－1 400	极冷风	－a	－50～－200	暖风
－f	－1 000～－1 200	很冷风	n	＋80～－50	不明显风
－e	－800～－1 000	冷风	a	＋160～＋80①	热风
－d	－600～－800	稍冷风	b	＋160～＋80②	不舒适热风
－c	－300～－600	凉风	c	＞160③	非常不舒适热风

注:①气温 30 ℃～32.7 ℃;②气温＞32.8 ℃;③气温＞35.6 ℃。

(二) 资源要素组合的技术性评价

1. 海水浴场评价

主要考虑海滩和海水状况等决定因素对活动的影响程度。美国土地管理局对其制定的土地供游憩活动适宜性评估系统中,对于浴场的技术评估选用 7 个资源因素实行分级评价,这 7 个因素为:水质、危险性、水温、水的颜色与浑浊度、风况、深水域距海岸线距离及海滩状况。每个因素分三级评分,最后将各因素得分之和作为评估海水浴场适宜性的等级划分依据,具体见表 6-4。

表 6-4 海水浴场适宜性评估(美国)

决定因素	评估标准及计分					
水质	清澈	5	浑浊	4	污染	1
危险性	无	5	有一点	4	有一些	1
水温	大于 22.2 ℃	5	19.4～22.2 ℃	4	小于 19.4 ℃	1
颜色与浑浊度	清明	3	稍浑浊	2	浑浊	1
风	全季适宜	3	大于 1/2 季适宜	2	小于 1/2 季适宜	1
1.5 米深水域(距海岸线)	大于 30.5 米	3	15.25～30.5 米	2	9.15～15.25 米	1
海滩状况*	良好	5	一般	4	差	1

注:分等,A=26～29,B=21～25,C=13～20。

*包括:坡度、平滑、稳定性、障碍度。良好级:坡度低于 10%的海岸平滑,稳定性高,障碍物少且易于移除。一般级与差级,以此类推。

资料来源:保继刚,楚义芳. 旅游地理学[M]. 北京:高等教育出版社,1999.

2. 滑雪旅游资源的评价

美国土地管理局对其制定的土地供游憩活动适宜性评估系统中,对于滑雪旅游资源的技术评估选用雪季长短、积雪深度、干雪保留时间、海拔、坡度等 7 个资源因素实行分级评价，并按四级进行评分，最后，根据因素评分之和总值将滑雪旅游资源分为三等，具体见表6-5。

表6-5　滑雪旅游资源的技术性评估（美国）

决定因素	评估标准及计分			
雪季长短	6个月(6)	5个月(5)	4个月(4)	3个月(2)
积雪深度	>1.22米(6)	0.92～1.22米(4)	0.61～0.92米(2)	0.305米以下(1)
干雪	3/4季节时间(4)	1/2季节时间(3)	1/4季节时间(2)	0季节时间(1)
海拔	>762.5米(6)	457.5～762.5米(4)	152.5～457.5米(2)	45.75～152.5米(2)
坡度	很好(4)	好(3)	一般(2)	差(1)
温度	>10℃(3)	−17.8℃～6.7℃(2)	<−17.8℃(1)	—
风力	轻微(4)	偶尔变动(3)	偶尔偏高(2)	易变(1)

* 注：分等，A=29～23，B=21～28，C=8～20。
* 坡度：最理想的坡度须兼具下列三等坡度：初等坡度（10%～20%）占全区的15%～25%；中等坡度（20%～35%）占全区的25%～40%；高等坡度（35%～65%）占全区的30%～40%。
* 资料来源：保继刚，楚义芳. 旅游地理学[M]. 北京：高等教育出版社，1999.

（三）综合多因子定量评价

综合多因子定量评价是在考虑旅游资源所在区域的特定空间的多因子基础上，运用一些数学方法，通过建模分析，对区域旅游资源及其环境和开发条件进行综合评价。评价的结果为数量化的指标数值，便于对不同地区旅游资源的评价结果进行比较。现有的综合性多因子评价方法很多，主要有国家标准规定的综合打分评价法、层次分析法、主成分分析法、模糊综合评价法等。

1. 国家标准规定的综合打分评价法

《旅游资源分类、调查与评价》（GB/T 18972—2017）中的共有因子评价法从实践应用的角度对我国旅游资源的评价进行了最新总结，既相对科学合理，又简单易行，适用于自然旅游资源和人文旅游资源的评价，值得推广应用。

（1）评价体系

依据“旅游资源评价赋分标准”进行赋分（见表6-6）。

本系统设评价项目和评价因子两个档次（见表6-6）。

评价项目为旅游资源要素价值、资源影响力、附加值。其中，“旅游资源要素价值”项目中含“观赏游憩使用价值”“历史文化科学艺术价值”等5项评价因子，“资源影响力”项目中含“知名度和影响力”“适游期或适用范围”2项评价因子，“附加值”含“环境保护与环境安全”1项评价因子（见表6-6）。

（2）计分方法

评价项目和评价因子用量值表示。资源要素价值和资源影响力总分值为100分，其中，"资源要素价值"为85分，分配如下："观赏游憩使用价值"30分、"历史文化科学艺术价值"25分、"珍稀或奇特程度"15分、"规模、丰度与概率"10分、"完整性"5分；"资源影响力"15分，其中："知名度和影响力"10分、"适游期或使用范围"5分；"附加值"中"环境保护与环境安全"，分正分和负分。每一评价因子分为4个档次，其因子分值分为4档。旅游资源评价赋分标准，见表6-6。

表6-6　旅游资源评价赋分标准

评价项目	评价因子	评价依据	赋值
资源要素价值（85分）	观赏游憩使用价值（30分）	全部或其中一项具有极高的观赏价值、游憩价值、使用价值	30～22
		全部或其中一项具有很高的观赏价值、游憩价值、使用价值	21～13
		全部或其中一项具有较高的观赏价值、游憩价值、使用价值	12～6
		全部或其中一项具有一般的观赏价值、游憩价值、使用价值	5～1
	历史文化科学艺术价值（25分）	同时或其中一项具有世界意义的历史价值、文化价值、科学价值、艺术价值	25～20
		同时或其中一项具有全国意义的历史价值、文化价值、科学价值、艺术价值	19～13
		同时或其中一项具有省级意义的历史价值、文化价值、科学价值、艺术价值	12～6
		历史价值，或文化价值，或科学价值，或艺术价值具有地区意义	5～1
	珍稀或奇特程度（15分）	有大量珍稀物种，或景观异常奇特，或此类现象在其他地区罕见	15～13
		有较多珍稀物种，或景观奇特，或此类现象在其他地区很少见	12～9
		有少量珍稀物种，或景观突出，或此类现象在其他地区少见	8～4
		有个别珍稀物种，或景观比较突出，或此类现象在其他地区较多见	3～1
	规模、丰度与概率（10分）	独立型单体规模、体量巨大，组合型旅游资源单体结构完美、疏密度优良，自然现象和人文活动周期性发生或频率极高	10～8
		独立型单体规模、体量较大，组合型旅游资源单体结构很和谐、疏密度良好，自然现象和人文活动周期性发生或频率很高	7～5
		独立型单体规模、体量中等，组合型旅游资源单体结构和谐、疏密度较好，自然现象和人文活动周期性发生或频率较高	4～3
		独立型单体规模、体量较小，组合型旅游资源单体结构较和谐、疏密度一般，自然现象和人文活动周期性发生或频率较小	2～1
	完整性（5分）	保持原来形态与结构	5～4
		形态与结构有少量变化，但不明显	3
		形态与结构有明显变化	2
		形态与结构有重大变化	1

续表

评价项目	评价因子	评价依据	赋值
资源影响力（15分）	知名度和影响力（10分）	在世界范围内知名，或构成世界承认的品牌	10～8
		在全国范围内知名，或构成全国性的品牌	7～5
		在本省范围内知名，或构成省内的品牌	4～3
		在本地区范围内知名，或构成本地区品牌	2～1
	适游期或使用范围（5分）	适宜游览的日期每年超过300天，或适于所有游客使用和参与	5～4
		适宜游览的日期每年超过250天，或适于80%左右游客使用和参与	3
		适宜游览的日期每年超过150天，或适于60%左右游客使用和参与	2
		适宜游览的日期每年超过100天，或适于40%左右游客使用和参与	1
附加值	环境保护与环境安全	已受到严重污染，或存在严重安全隐患	−5
		已受到重度污染，或存在明显安全隐患	−4
		已受到轻度污染，或存在一定安全隐患	−3
		已有工程保护措施，环境安全得到保证	3

(3) 计分与等级划分

根据旅游资源评价赋分标准，对旅游资源单体各评价因子进行打分，然后，将各评价因子得分进行求和，得出该单体旅游资源评价总分。

依据旅游资源单体评价总分，将其分为五级。从高级到低级为：

五级旅游资源，得分值域≥90分。

四级旅游资源，得分值域≥75～89分。

三级旅游资源，得分值域≥60～74分。

二级旅游资源，得分值域≥45～59分。

一级旅游资源，得分值域≥30～44分。

此外还有：未获等级旅游资源，得分≤29分。

其中：五级旅游资源称为“特品级旅游资源”；五级、四级、三级旅游资源被通称为“优良级旅游资源”；二级、一级旅游资源被通称为“普通级旅游资源”。

2. 层次分析法(AHP)

层次分析法最早是由美国运筹学家托马斯·塞蒂提出，其将复杂的问题分解成若干层次，在比原问题简单多的层次上逐步分析，将人的主观判断用数量形式表达出来，主要步骤如下：

(1) 将旅游资源的评价进行层次划分，划分出总目标层、评价综合层、评价项目层和评价因子层，构成旅游资源评价模型树。

(2) 给出评价因子的大类、类和层的权重，对决策树中各层次分别建立反映其影响关系的判断矩阵。通常是应用德尔菲法，邀请专家以填表的方式，按同等重要、稍重要、重要、明显重要、极端重要等判断级别，各自以 1、3、5、7、9，或其倒数作为量化标准，对同一层次中的各因素相对于上一层次的某项因子的相对重要性给予判断，获得判断矩阵的取值。

(3) 在计算机上进行整理、综合、计算和检验，得到旅游资源评价综合层、评价项目层和评价因子层的排序权重及位次。

在具体进行旅游资源评价时，则从最基础的评价因子层着手打分，最后将评价因子的得分汇总，便可得到旅游资源的最终评价。

旅游资源定量评价模型树如图 6-1 所示。

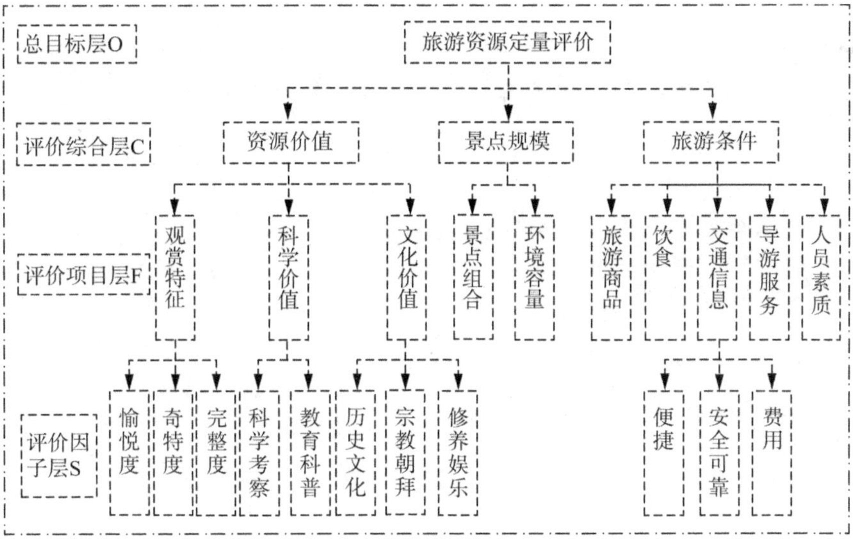

图 6-1 旅游资源定量评价模型图

3. 主成分分析法

主成分分析法是一种多变量数学分析方法，能将众多具有错综复杂关系的指标归结为少数几个综合指标(主成分)，每个主成分都是原来多个指标的线性组合。通过适当地调整线性函数的系数，既可使各主成分相对独立，舍去重叠信息，又能将各原始指标所包含的不十分明显的差异集中地表现出来，使研究对象在主成分上的差异反映明显，便于做出较直观的分析判断。

在旅游资源评价中，对旅游资源等级的评定一般采用专家打分法，但是单一的专家打分法所得的结果仅仅是对各评价指标得分的简单加和，而忽略了各指标间的相关性，不能准确反映旅游资源实体的真实情况。主成分分析法既吸收了传统专家打分法的优点，又能消除各指标的重复信息，在旅游资源实体等级评价中是一大进步。

4. 模糊评价法

模糊评价法以模糊数学为理论基础，通过数量化的描述和运算，对系统中多个相互影响的因素进行综合评价。模糊评价法的基本原理是将评价对象视为由多种因素组成的模糊集合(评价指标集)，通过建立评价指标集到评语集的模糊映射，分别求出各指标对各级评语的隶属度，构成评判矩阵(或称模糊矩阵)，然后根据各指标在系统中的权重分配，通过模糊矩阵合成，得到评价的定量解值。模糊评价法根据模糊隶属度理论将定性评价转化为定量评价，较好地处理了多因素、系统模糊性及评价的主观判断问题，实现了定性与定量的有机结合。但是，根据最大隶属度或主导因素原则对综合评价矩阵确定等级，容易丢失各评价单元之间的相关信息，从而可能会造成与实际不符的评价结果。

课后思考

1. 简述旅游资源评价的原则。
2. 简述旅游资源评价的内容。
3. 简述“三三六”评价法。
4. 简述国家标准综合打分评价法。

案例分析：

罗布泊地区位于我国新疆塔里木盆地东部，中国最大沙漠塔克拉玛干沙漠的最东缘，是世界上著名的干旱中心，海拔 780 米左右，以其神秘色彩令人神往。该地区著名的旅游资源有：楼兰古城保护遗址、野骆驼自然保护区、汉代烽火台、营盘汉代遗址、龙城雅丹、太阳墓等。罗布泊地区身居内陆，属于温带大陆性气候，气候异常干燥、炎热，年平均气温 11.6 ℃，夏季最高气温大于 40 ℃，冬季最低气温在－20 ℃以下，年降水量 20 毫米，蒸发量大于 3 000 毫米，自然环境十分恶劣。

资料来源：罗布泊相关网络资料。

试运用所学知识对罗布泊地区旅游资源进行评价。

参考文献

[1] 肖星,王景波.旅游资源学[M].天津:南开大学出版社,2013:158-178.

[2] 谢泽明.旅游资源学[M].北京:机械工业出版社,2022:99-114.

[3] 王伟.旅游资源学[M].武汉:华中科技大学出版社,2023:176-184.

[4] 杨阿莉.旅游资源学[M].北京:北京大学出版社,2020:186-208.

[5] https://wenku.baidu.com/view/1a85e9a8ef3a87c24028915f804d2b160b4e86e7.html(最后一次访问时间:2024年5月28日)。

[6] 杨瑞.基于AHP的农村旅游资源评价——以陕西韩城市为例[J].农业技术与装备,2022(10):86-88.

[7] 余敏.层次分析法在旅游资源评价中的应用[J].西南民族大学学报(人文社科版),2003(6):100-102.

[8] 程道品,林治.模糊评价法在旅游资源评价中的应用[J].桂林工学院学报,2001(2):186-190.

[9] 赵宏利,姜玲,陈修文,等.模糊评价法在旅游资源评价中的应用——以云浮市郁南县为例[J].广东石油化工学院学报,2013,23(6):73-75.

[10] 马丽君,孙根年,孙亚军.中国西部10省(市)区旅游资源综合实力评价[J].统计与决策,2007(24):105-107.

[11] 骆华松.遥感技术、数字地球与旅游资源评价及开发利用[J].云南师范大学学报(自然科学版),2000(6):69-72.

第七章　旅游资源开发

学习目标：

1. 能够用自己的语言阐述旅游资源开发、区域旅游资源整合开发、旅游资源数字化、数字化景区的概念。

2. 熟悉旅游资源开发的原则、模式、程序。

3. 掌握旅游资源开发的内容与方式、旅游资源数字化开发的内容、数字化景区建设的主要措施。

4. 把握区域旅游资源整合开发的基础及实施途径。

5. 能够结合实例阐述旅游资源数字化开发的优点。

思政目标：

通过对旅游资源开发与保护协调原则的学习，正确认识旅游资源开发与保护的关系，树立旅游资源保护的意识。

通过对区域旅游资源整合开发内容的学习，深刻认识到合作的重要性，树立团队合作意识。

第一节　旅游资源开发概述

一、旅游资源开发概念内涵

旅游资源只有经过开发，转变成旅游产品，供游客消费，才能发挥其作用，进而实现其经济效益、社会效益和生态环境效益。旅游资源开发的含义有广义和狭义之分。狭义的旅游资源开发是指单纯的旅游资源利用。广义的旅游资源开发是指在旅游资源调查和评价的基础上，以发展旅游业为目的，以市场需求为导向，有组织有计划地把旅游资源加工改造成具有旅游功能的吸引物或旅游环境的技术经济工程。广义的旅游资源开发并不仅限于资源本身的开发，还包括在特定区域经济条件的基础上对有关配套条件进行建设，以使旅游资源所在地成为一个有吸引力的旅游环境和接待空间。本书探讨的旅游资源开发是指广义的旅游资源开发。

广义的旅游资源开发可以从以下四个方面来理解：

(1) 旅游资源开发要以资源调查和评价为基础。只有通过旅游资源调查，摸清区域旅游资源的类型、数量、特征、规模、开发潜力、开发条件等，才能在此基础上，对区域旅游资源进行评价，进一步明确区域旅游资源的优势、劣势、机遇、威胁、特色及等级，才能据此确定区域旅游资源开发方向、开发重点、开发时序，避免盲目开发、重复开发，才能实现区域旅游资源的可持续利用。

（2）区域旅游资源开发的主要目的是发展旅游业。发展旅游业能够产生良好的经济、社会和生态环境效益，如增加区域经济收入、提供大量就业岗位、促进生态环境修复和文化传承等。正因为如此，全球绝大部分国家和地区都对发展旅游业表现出了浓厚兴趣，我国也不例外。

（3）旅游资源开发要以市场需求为导向。旅游资源开发，其中一项重要的内容就是对资源本身进行开发，即把旅游资源加工改造成旅游产品。旅游产品能否卖出去、卖出多少，取决于旅游者是否需要这种产品以及需求量的大小，而且随着社会经济的发展，旅游者对旅游产品的需求呈现出显著的多元化、个性化趋势，因此，旅游资源开发要以市场需求为导向，重点开发市场需求量大的旅游产品。

（4）旅游资源开发是一项综合性的技术经济工程。旅游资源开发首先要进行资源评价，并对项目可行性进行论证。在资源开发的过程中不仅要对资源本身进行开发，还需要对旅游基础设施、旅游服务设施、旅游客源市场、旅游环境等方面协调开发。旅游资源的开发既要讲经济效益，又要兼顾社会效益和生态环境效益。因此，旅游资源开发是一项综合性的技术经济工程。

二、旅游资源开发的必要性

从是否已经开发利用的角度看，旅游资源分为现实的旅游资源和潜在的旅游资源两大类。显然对于尚未开发的潜在旅游资源，只有通过必要的人为开发，才能变成既能吸引旅游者，又能为旅游目的地产生经济、社会和生态环境效益的旅游产品；对于现实存在的、正在被利用的旅游资源，同样也需要根据旅游者的偏好和资源利用程度的变化不断地进行再生性开发，即深度的挖掘、整合、提升，目的是为了改善和提高旅游资源对游客的吸引力，延长其生命周期，进一步提高其综合效益；此外，随着社会经济的发展，旅游需求呈现出了新的趋势，即惊险、刺激体验型的旅游产品需求显著增加，为了满足市场的需求，旅游目的地需要凭借现有经济、技术条件，人为创造旅游资源并创新旅游产品，如迪士尼公司利用现代高科技手段开发的旅游产品——翱翔·飞跃地平线（游客坐在一个座椅上，座椅可以进行旋转、倾斜、震动等动作，同时在前方安装了一个大型投影屏幕，屏幕上投影出不同场景下的逼真图像，如城市、森林、大海等，游客以飞行的方式遨游太空，领略世界各地的标志性建筑、城市和各个自然奇观所在地），为游客创造出一种仿若真实的飞行体验，深受游客的喜爱，成为上海迪士尼乐园最受欢迎的旅游产品之一。

由以上分析可知，旅游资源只有经过不断地开发，才能更好地满足旅游者的需求，才能为旅游目的地带来持续的经济、社会和生态环境效益。

三、旅游资源开发的原则

旅游资源开发的目的是向旅游者推出适合他们需求的旅游产品，为旅游目的地带来持续的经济、社会和生态环境效益。为了能够实现这一目的，在旅游资源开发过程中，需要遵循以下原则：

1. 市场导向原则

市场导向原则是指旅游资源在开发前一定要进行市场调查和市场预测，准确掌握市场需求内容、规模、层次及其变化规律，结合旅游资源特色，寻求资源条件与市场需求之间的最佳结合点，确定开发的主题、规模和层次。市场导向原则要求根据旅游者的需求来开发旅游资源，但是并不意味着凡是旅游者需求的都能开发，如游客喜欢吃野生动植物，但有些野生动植物是国家保护的物种，禁止捕杀和采摘，这样的需求就不应得到开发。

由于市场需求处于动态变化之中，这使旅游资源的开发不仅仅局限于客源市场的现实需求的满足，还应把握市场的各种形成因素，认清现实的基本需求，了解长期的发展方向，预测潜在需求的变化趋势，从而用一种动态、持续、长期的发展战略进行旅游资源开发，并使该项工作富有前瞻性和应变性。

市场导向原则要求了解和掌握的旅游市场需求状况，包括需求的内容、需求的规模、需求的结构、满足程度、发展趋势、潜在需求状况。

2. 突出特色原则

特色是旅游资源吸引游客的灵魂和动力。旅游资源开发应把挖掘当地特有的旅游资源作为出发点，尽可能突出旅游资源的特色，做到“人无我有”“人有我优”“人优我特”，从而形成强大的吸引力和完整、独立的旅游形象。如云南省就是由于认准了该省旅游资源在少数民族民俗文化方面的独特优势及对非少数民族客源市场的强大吸引力，进而大力投资开发了民俗旅游资源，取得了中国旅游强省的地位。突出特色原则要求在具体旅游资源开发建设过程中，要保留自然风光和历史遗存的原始性、彰显异域文化的民族特性、激发旅游设计的创意性，只有这样才能使旅游资源具有旅游特色和市场需求。

3. 效益统一原则

旅游资源开发的目的是通过发展旅游，增加地方收入，促进区域经济发展，即实现经济效益。这就需要对开发项目的可行性、投资的规模、建设周期的长短、对游客的吸引力、回收期限及经济效益等进行深入分析。但经济效益不是唯一目标，还要考虑旅游活动不能超过当地社会和环境的限度，否则会造成资源破坏、环境质量下降等负面影响，不利于当地旅游业的持续发展，所以，旅游资源开发必须遵循经济、社会、环境三效益统一的原则。

4. 开发与保护协调原则

旅游资源开发能够产生良好的经济、社会效益，如增加区域经济收入、提供大量就业岗位等。正是因为如此，很多地方政府受利益的驱动，不顾旅游环境容量的限制，过度开发旅游资源，导致旅游资源及其依存的环境受到严重破坏。旅游资源及其依存的环境受到破坏后，一部分在人为适当的干预下会恢复，但需要很多的人力、物力及较长的时间，如生物、水体旅游资源的恢复；另一部分则根本不可能恢复，如古生物化石、文物古迹等。旅游资源及其依存的环境受到破坏，旅游产品质量会严重下降，对旅游者的吸引力下降，进而会影响旅游目的地的经济收入和旅游业的可持续发展，因此，必须正确处理旅游资源开发与保护的关系。在旅游资源开发中，要将保护工作放在首位，切实加强保护措施，通过开发促进旅游资源的保护及其依存的环境的改善；同时，保护的成果又会反过来提高旅游资源质量，增强其对旅游者的吸引力，进而实现区域旅游资源的可持续利用及旅游业的可持续发展。

5. 游客参与原则

旅游资源开发工作不能只局限于旅游客体-旅游资源上，而要将眼光放到消费者-旅游市场上，改变过去那种走马观花式的景点组合和旅游资源开发方式，把旅游市场和旅游资源融为一体进行考虑。

游客参与原则要求在旅游资源开发过程中创造更多的空间和机会，便于游客自由活动。各种旅游服务设施可以采用渗入、延伸或扩大视野等方法设置于旅游资源所处的大环境中，使游客在整个游览娱乐活动过程中有广阔的自主活动空间、主动接触大自然的机会及充分展示自我意识的环境。这样才能真正体验到人与环境协调统一、和睦相处、融为一体的感受。

游客参与原则还要求在旅游资源开发过程中要根据旅游资源的特性，合理开发游客参与的项目和环节，通过让游客参与旅游项目，使游客深刻体会某种旅游项目的魅力及其蕴含的丰富文化内涵，进而提高游客的旅游质量。如六盘水市野玉海景区根据当地彝族文化旅游资源的特性，开发了游客参与的旅游项目——彝族舞蹈表演。游客亲自参与跳彝族舞蹈，可深刻体会彝族舞蹈的魅力及其蕴含的丰富彝族文化。

第二节　旅游资源开发的内容与方式

一、旅游资源开发的内容

1. 旅游景区景点的规划和建设

任何一种旅游资源不经过有意识的开发和建设是无法开展大规模的旅游接待活动的，只不过在开发的深度和广度上有所差异。因此，这项工作是旅游资源开发的核心部分，也是整个旅游开发工作的出发点。不论自然景观还是人文景观旅游资源都是在特定的自然、历史、社会背景下形成的，绝大多数资源本身与旅游活动没有直接关系，因而缺乏旅游活动开展的基本条件，如游步道、观景平台、游客中心、旅游厕所等。这也就对旅游资源开发和建设提出了客观要求。这种开发建设从内容、形式上说，既可以是对尚未利用的旅游资源的初次开发，也可以是对已经利用了的景观或旅游吸引物的深度开发，或进一步的功能发掘；既可以是对现实存在的旅游资源的归类和加工，也可以是从无到有的一个新景点的创造。从其性质来看，既可以是以建设为主的开发活动，也可以是以保持维护为主的开发活动。并且，从动态来说，这种开发活动的内容、性质也是在发展变化的。

2. 解决和提高旅游资源地的可进入性

所谓可进入性是指旅游资源所在地同外界交通往来的通畅程度以及目的地内部交通运输的便利程度。旅游活动的异地性特征表明旅游者通常是经过一定距离的旅行后方才进行游览活动的，也就是说旅游者从所居住的地方到目的地必须借助于一定的交通条件。因此，没有一定的交通设施和交通条件，旅游活动就不可能实现，旅游资源的开发就毫无意义。特别是在现代旅游业中，旅游者的出游范围越来越大，远距离旅游已成规模，这对可进入性条件的具体指标如交通线路的通达性、交通方式的舒适性与便捷性、交通运营的合理安排等都提出了较高的要求。景区内的交通同等重要，通常要求做到“进得来、散得开、出得去”。所以，在旅游资源开发中，解决和提高旅游资源所在地的可进入性是其开发的一项重要内容。解决和提高旅游资源所在地的可进入性不仅包括必要的交通基础设施的建设、交通工具的选择，还包括交通运输的运营安排等。

3. 建设和完善旅游配套设施

旅游吸引物是旅游者到达旅游地后游览的主要目标，但在此过程中旅游者还有基本生活需求，这就决定了旅游地必须建设向旅游者提供相关服务所必需的旅游配套设施。

旅游配套设施包括旅游服务设施和旅游基础设施两种。旅游服务设施主要是供外来旅游者使用的，一般包括餐饮设施、住宿设施、购物设施等，其中很小一部分也为本地居民服务；旅游基础设施是提供给旅游资源地当地居民和旅游者共同使用的设施，如交通、电力、供水、通信、金融、医疗保健等。

由于旅游配套设施一般投资大、周期长，因此，必须对其建设规模和布局进行严格论证和审批，做到适度超前，避免设施的不足和浪费。

4. 完善旅游服务功能

旅游服务是旅游产品的核心。旅游者购买并消费旅游产品除了在餐饮和旅游生活中消耗少量有形物质产品外，大部分是接待和导游服务的消费。所以旅游资源只是旅游活动的吸引物和旅游产品的基本条件，其开发必须注重旅游服务的完善。

旅游服务从经营阶段划分，可分为三个阶段，即售前服务、售中服务和售后服务。售前服务主要包括旅游线路安排、各种咨询、出入境手续办理、货币兑换等；售中服务包括当地旅行社为游客提供的导游服务、交通部门提供的客运服务、酒店餐饮业提供的食宿服务、商业部门提供的购物服务、娱乐服务业提供的娱乐服务等；售后服务包括托运行李、代办保险、邮寄旅游购品等。

旅游服务是由各种单项服务组合而成的综合服务，提供服务的人是来自旅游业各部门的从业人员及当地群众，他们服务质量的好坏直接取决于自身素质的高低，而这又影响到旅游资源地对旅游者的吸引力。因此，必须通过各种方式，根据客源市场的变化和旅游业发展的要求，对从业人员不断进行提高性培训，以提高服务水平和质量，达到完善旅游服务功能的目标。

5. 营造良好的旅游软环境

旅游软环境包括一个国家和地区的旅游政策、出入境管理措施、政治动态、社会稳定与治安、民风习俗、卫生环境及当地居民的文化修养、思想观念、对游客的态度等，它可以充分展示旅游资源的地域背景，从而直接或间接地对旅游者产生吸引或排斥作用，进而影响旅游资源开发的效果。因此，营造良好的旅游软环境既可突出本地旅游资源的特色，又可提高旅游者对旅游资源的认可度和满意程度。

该项工作主要包括：制定有利于旅游业发展的旅游政策；制定方便外来旅游者出入境的管理措施；维持稳定的政治环境、安全的社会秩序和整洁的卫生环境；提高当地居民的文化修养，培养旅游观念，养成文明礼貌、热情好客的习惯等。

6. 人力资源的开发

旅游区的竞争从某种角度讲是人才的竞争，是旅游区从业人员整体素质的竞争。旅游资源开发规划过程中，要重视和强调人力资源的开发。稳定、高水平的从业人员，能够有效提高旅游资源的吸引力和竞争力，进而推动区域旅游业的发展。人力资源开发包括：从业人员需求的预测（包括需求量、需求结构等），从业人员的招聘、培训、安置等方面的工作。

二、旅游资源开发的方式

旅游资源开发的方式通常包括新建、利用、提高、改造和修复五种。

1. 新建

新建指创造性地建设新的旅游吸引物，如主题公园和游乐园，以满足游客的旅游需求。这种方式重在创新，出奇制胜，必须创造出“人无我有”“人有我优”“人优我特”的具有鲜明个性和独特风格的景物，方能在激烈的旅游市场上站稳脚跟。所以，新建旅游吸引物必须有创意，其中所包含的新奇特色应有浓厚的地域文化背景作为依据，从而产生主题明确、个性突出的效果。国内外成功的案例有迪士尼乐园、西安大唐芙蓉园、杭州宋城、开封清明上河园等。

2. 利用

充分利用原有的非旅游功能的资源，使之成为旅游吸引物。随着社会的进步和人类生活水平的提高，人们的旅游需求及消费行为特征发生了显著变化。所以，可以根据人们旅游需求的新变化，开发利用那些原有的非旅游功能的资源，使之成为新的旅游景区景点。如利用671工厂的旧场址（含厂房、厂区、职工宿舍等）经巧妙创意开发的文化休闲娱乐场所——671三线文化园；利用三峡大坝开发的三峡大坝旅游区；此外，还有北京大学、武汉大学等名校的校园等。

3. 提高

提高是指一些旅游资源由于自然或历史的原因衰败，但在旅游者中仍有一定的知名度和影响力，应对其进行整修，使其重新成为旅游吸引物；或是现有旅游地的设施无法适应旅游业的发展，需要增加一些旅游设施或新的服务项目，以提高其整体质量和吸引力。如桂林阳朔“印象刘三姐”大型山水实景演出、张家界玻璃栈道、印象武隆等。

4. 改造

改造即投入相当数量的人力、财力、物力对已有资源进行全局或局部的改造，使其符合旅游发展需要，成为旅游吸引物。如成都锦里古街、六盘水市水城河两岸旅游休闲带、杭州河坊街等都是近年通过大规模改造成功进行旅游开发的案例。

5. 修复

由于自然或历史的原因被损毁，但又有很高的科学研究、历史文化、科普教育、艺术观赏价值的旅游资源，可对其整修、修复或重建，使之重新成为可供旅游者参观游览的景点。如山东的台儿庄古城、江西的滕王阁、湖北的黄鹤楼、北京的太和殿等。

在实践中，以上五种旅游资源开发方式很难完全分开，通常是结合现状与需求，确定具体的开发方式及其组合。

第三节 旅游资源开发的模式与程序

一、旅游资源开发的模式

由于旅游资源性质、价值、区位条件、规模、组合、结构以及区域经济发达程度、文化背景、法律规范、社会制度、技术条件等方面因素的不同，加之旅游资源开发的深度与广度不一，旅游资源开发的模式也趋于多元化。根据不同的影响因素和划分标准，旅游资源开发的模式可分为不同的类型。

（一）按资源类型划分

1. 自然类旅游资源开发模式

自然类旅游资源是指由地质、地貌、水体、气象气候和生物等自然地理要素所构成的，具有观赏、文化和科学考察价值，能吸引人们前往进行旅游活动的自然景物和环境。

自然类旅游资源以其特有的天然风貌和淳朴本色，对旅游者特别是来自城市的旅游者产生强烈的吸引力，它一般具有观光游览、休闲体验、度假享乐、康体健身、参与性游乐、科学考察以及各种专题性旅游等功能。

自然类旅游资源的开发一般要尽量突出资源的本色特点，力求保持自然景观的原始风貌，在保障旅游者可进入以及环境保护设施达到要求的前提下，尽量减少和避免人为的干扰性建设以及资源地的城市化倾向，使之源于自然、体现自然。而对于自然、人文兼具的旅游资源，由于人类对大自然的长期作用，往往在资源地打上了深深的烙印，这类旅游资源开发应在突出自然美的基础上深入挖掘其文化底蕴，做到情景交融，自然美和人文美交相辉映，相辅相成。

2. 文物古迹类旅游资源开发模式

文物古迹类旅游资源是人类文明的瑰宝，具有观光游览、考古寻迹、修学教育、学习考察、访古探幽、文化娱乐等多种旅游功能。

文物古迹类旅游资源的魅力在于其历史性、民族性、文化性和科学艺术性，其开发也应从展现资源的历史价值、科学价值、艺术价值、民族文化价值、美学价值、稀缺性价值等方面入手，着重反映和展示资源所代表的历史时期的政治、经济、文化、社会、文学艺术等的发展水平及其历史意义，着力打造特色鲜明、主题突出的文物类旅游产品。

3. 社会风情类旅游资源开发模式

异国风情、他乡风俗习惯也可以成为吸引旅游者的重要因素。社会风情类旅游资源具有观光游览、愉悦体验、文化交流、参与娱乐等旅游功能。与其他旅游资源的开发方式不同，社会风情类旅游资源的开发利用更强调参与性、动态性和体验性，要尽可能地使旅游者参与到旅游地的社会活动和民俗仪式中去，让他们对当地的社会风情、民族习惯有一个切身的体验。具体可通过举办各种富有当地和民族特色的旅游活动来吸引旅游者。不过需要指出的是，对这类旅游资源的开发一定要保持当地风情的原汁原味，不能单纯地为了商业目的而改变当地民风民情的特色。

4. 宗教文化类旅游资源开发模式

宗教文化是人类精神财富的一个重要组成部分，其深厚的哲学理念、虔诚的精神导向、强烈的信徒吸引力、深邃的文化艺术性，使它成为一种非常重要的人文旅游资源。一方面，宗教文化含有浓重的精神文化色彩，文化艺术性极强；另一方面，宗教文化具有较广阔的客源市场，不但对广大信徒有强烈的吸引力，而且也深受非宗教信仰者的喜爱；同时，宗教活动具有浓厚的氛围、神秘的表演性和广泛的参与性，且节庆日较多，易于开展各种专题旅游活动。宗教文化类旅游资源具有观光游览、朝拜祭祀、猎奇探秘、参与性游乐等旅游功能，其开发往往由宗教组织来进行，而且开发者必须深谙宗教特色及其内涵。

5. 现代人工吸引物开发模式

建造人工吸引物对于那些旅游资源缺乏，但又具备开展旅游活动良好外部条件（如经济发展、交通便利、客源丰富）的地区来说，是旅游资源开发一种较好的思路。现代人工吸引物一般具有参与娱乐、演艺体验、观光游览、休闲游憩等旅游功能。不过建造人工吸引物投资大、周期长，且要和周围的环境、已有建筑物相互协调，是一种难度较大的旅游资源开发模式。它需要在地点选择、性质与格调确定、产品定位、市场定位、规模体量、整体设计等方面都进行认真细致的调研，并要特色突出、个性鲜明,在某一方面具有垄断性,注意大众化、娱乐性和参与性。

（二）按开发主体划分

旅游资源开发模式按开发主体,可分为政府主导型、企业主导型、社区主导型、政府＋企业＋社区联合开发四种模式:

1. 政府主导型开发模式

政府主导型开发模式就是一些旅游资源的开发要在政府的严密规划、监督、规范下实施,以促进资源的保护和可持续利用;该模式下旅游资源开发所需的资金主要由政府提供。政府主导型开发模式适用于世界遗产(世界自然遗产、世界文化遗产)、国家重点文物保护单位等旅游资源的开发。

2. 企业主导型开发模式

企业主导型开发模式就是一些旅游资源的开发主要由企业负责实施,即企业根据市场需求,结合区域资源特色,确定开发项目、开发重点,建设和完善旅游资源开发所需的基础设施及旅游配套设施等。该模式下旅游资源开发所需要的资金主要由企业投资。

3. 社区主导型开发模式

社区主导型开发模式就是一些旅游资源的开发主要由旅游资源地的社区负责实施,即社区根据市场需求,结合本地资源特色及社会经济实际情况,确定开发项目、开发重点,合理安排基础设施及旅游配套设施等。该模式下旅游资源开发所需要的资金主要来源于三个渠道:一是当地社区居民通过集资入股方式筹集的资金;二是国家或上级政府对乡村振兴的扶持资金;三是当地社区通过银行贷款筹集的资金。社区主导型开发模式的优点在于全体社区居民都是景区的股东,景区开发经营的好坏直接决定他们的收益,因此,大大提高了他们参与景区开发经营的主动性以及保护旅游资源的自觉性。

4. 政府＋企业＋社区联合开发模式

政府＋企业＋社区联合开发模式就是一些旅游资源的开发由政府、企业、社区联合完成。在这个模式中政府、企业、社区的分工不同。政府主要完成进入旅游资源开发区的外部基础设施的建设,包括交通、通讯、电力、供水等,此外还负责旅游资源开发各部门的协调工作以及通过政府公众平台对旅游资源开发地及其开发的产品进行大力宣传、推销;企业主要完成旅游资源开发区内部的基础设施及旅游配套实施的建设,以及根据市场需求,结合区域资源特色,确定开发项目、开发重点等;社区主要参与旅游资源开发地软环境的营造、民俗文化的传承以及景区的服务等工作,如当地社区居民营造热情好客的旅游氛围、主动传承特色民俗文化等。该模式下旅游资源开发所需要的资金主要由政府、企业、社区联合出资，收益一般根据三者出资的比例进行分配。政府＋企业＋社区联合开发模式的优点：一是有效解决了政府、当地社区旅游资源开发资金的不足，二是提高了社区居民参与景区开发经营的主动性以及保护旅游资源的自觉性。政府＋企业＋社区联合开发模式在经济落后地区旅游资源开发中常常采用。

（三）按地域划分

旅游资源开发模式按地域，可分为东部地区的精品开发模式、中部地区的特品开发模式和西部地区的极品开发模式。

1. 东部地区的精品开发模式

我国东部地区社会经济发展水平高，旅游市场广阔，对外联系极为便利，高素质人才多，具有发展旅游业的综合优势。因此，东部地区旅游资源开发，应着眼于努力提升旅游产品层次和旅游资源开发水平。在原来旅游资源开发的基础上，着重突出构建旅游产品的精品项目，使低层次旅游资源开发转变为高层次资源开发，为旅游者提供全面的、高质量的旅游产品和服务。在继续开发建设好观光游览旅游产品的同时，重点开发建设休闲度假、会展商贸、康体保健等高层次旅游产品。

2. 中部地区的特品开发模式

从地理位置看，我国中部地区位于沿海向内陆经济梯级发展的中间过渡地带，有着承东启西、延承旅游业发展、转送旅游客流的区位条件。因此，中部地区旅游资源开发，一方面，要着眼于旅游设施相对落后的现状，继续努力加强基础设施建设，改善旅游发展条件；另一方面，要面对和东部旅游产品竞争所处的相对劣势，大幅度提高旅游资源开发和利用的水平，重点开发建设特色旅游产品，即发展主题旅游，以便能够和东、西部旅游产品形成优势互补。

3. 西部地区的极品开发模式

我国西部地区的旅游资源不但数量多，而且种类丰富，很多旅游资源在全国甚至世界具有唯一性和垄断性。因此，西部地区旅游资源开发要充分利用这一重要优势，全力打造旅游资源开发的“极品”工程，一方面，继续努力开发观光旅游产品；另一方面，重点开发旅游“极品”项目，即开发具有不可替代性的专项旅游，面对和东、中部地区旅游产品竞争的劣势，能够以旅游产品的独有性和唯一性来吸引旅游者。不过该区域发展旅游业还存在三大制约条件：一是远离经济发达地区，区位较差；二是生态环境脆弱，环境容量小；三是基础设施落后，旅游可进入性差。所以，西部地区发展旅游业的首要任务是加快基础设施建设，尤其是交通建设，改善其交通区位条件，提高游客可进入性；其次，加强生态环境修复和建设，提高环境容量，为游客创造良好的活动空间，提高旅游的质量；最后，要采取实地推介和网络推介（小红书、抖音、微博、微信等）相结合的方式，积极向客源地宣传和推销旅游产品。

（四）按资源、区位、经济条件综合划分

1. 价值高、区位优、经济条件好：全方位开发模式

由于具备资源、区位和经济发展等方面的诸多优势，该类旅游资源地可以进行旅游资源的全方位开发。要重视充分有效地利用各类旅游资源，开展丰富多彩的旅游活动，完善旅游活动所需要的各类层次结构，从食、住、行、游、购、娱等方面满足旅游者的需求。特别要重视开发购物场所和娱乐设施，提供专项特色服务，提高旅游服务档次，增加旅游收入中弹性收入部分的比例。

2. 价值高、区位一般、经济条件差：重点开发模式

该类旅游资源地与其他资源地相比，其资源丰富且价值高，但区位条件一般，经济发展水平较差。受地方经济条件的限制，往往缺乏发展旅游业所必需的开发资金，因此，该类旅游资源地旅游资源开发要积极争取国家或上级政府的扶持资金，或通过招商引资，有选择、有重点地开发一些受市场欢迎的旅游项目；同时，还需进一步改善交通条件，提高旅游地的可进入性，并且完善旅游配套设施的建设，提高旅游服务质量。

3. 价值高、区位差、经济条件差：特色开发模式

该类旅游资源地的资源价值高，加之常年“养在深闺无人知”，往往带有很强的神秘色彩，但由于地理位置较偏、交通条件滞后、地方经济落后，导致旅游开发成本较高。该类旅游资源地的旅游资源大多处于未开发或初步开发状态，其开发的关键在于改善旅游资源地进出交通条件，提高可进入性，因此，该类旅游资源开发地应将改善区域交通条件作为突破口，同时，受地方经济条件的限制，应有选择地开发一些高品位的、有特色的旅游资源，开展一些有市场吸引力的特种旅游活动，逐步配套相应的服务接待设施，进而培育和改善旅游业发展的环境和条件。此外，该类旅游资源地虽然资源价值高，但常年“养在深闺无人知”，因此，开发需要借助各种媒体进行宣传，提高资源地及其资源的曝光率，以便于被旅游者所熟知。

4. 价值低、区位好、经济条件好：参与体验型开发模式

该类旅游资源地与其他资源地相比，其区位条件好、区域经济发展水平较高，具备发展旅游业的社会经济基础和广阔的客源市场，但缺少高品位的旅游资源。因此，该类旅游资源地进行旅游开发时，要充分利用区位优势和经济优势去弥补其高品位旅游资源少的缺陷，在注重利用现有资源的基础上，重点开发建设娱乐型、

体验型、高消费型的沉浸式旅游项目，如“主题乐园”项目、高级度假区项目等。

5. 价值、区位、经济条件均一般：差异化开发模式

该类旅游资源地与其他资源地相比，其地理区位、资源价值、经济条件均一般，没有明显的优势，因此，该类旅游资源地旅游资源开发应先下手为强，通过抢先开发获得先机，同时做好周围地区已开发或正在开发旅游项目的调查，在此基础上，重点开发与周围旅游地不同的，且深受市场欢迎的旅游项目，创造区域内的拳头旅游产品。另外，还需进一步改善区域交通条件，提高服务质量，赢得市场赞誉，同时加强对外宣传和促销，逐步树立鲜明的旅游形象。

（五）旅游资源开发的其他模式

1. 旅游扶贫开发模式

旅游扶贫开发模式是结合国家西部大开发战略和《中国农村扶贫开发纲要（2001—2010年）》所探索出的适用于贫困地区旅游资源开发的一种新模式。旅游扶贫开发模式即坚持开放式扶贫方针，引导旅游资源丰富的贫困地区群众在国家的必要帮助和扶持下，以市场为导向，通过开发当地旅游资源，发展旅游业来实现产业结构的调整和就业门路的开拓，走出一条符合实际、有自己特色的发展道路，变输血为造血，以提高贫困地区和贫困农户的自我积累、自我发展能力。该模式下资源开发由大企业、外商、集体、个人等承担，而政府的责任主要是加强水利、交通、电力、通信等基础设施建设，重视科技、教育、卫生、文化事业的发展，改善社区环境，提高生活质量，坚持可持续发展，为旅游资源开发创造良好的环境。旅游扶贫开发模式最显著的特点是在开发建设中广泛吸纳当地社区居民参与，不仅为当地剩余劳动力提供就业机会，增加经济收入，而且有助于促进广大干部群众思想观念的转变，帮助他们发挥自己的积极性和创造性，自强不息，不等不靠，苦干实干，主要依靠自身的力量改变贫穷落后面貌，从而使旅游扶贫开发对区域经济社会的发展起到有效的整合作用。

2. 圈层开发模式

圈层开发模式是指旅游资源地根据该地旅游资源和城市分布状况，构建以高质量旅游资源所在地为中心的旅游圈，将旅游资源开发从圈层内核向周围逐步扩散，形成圈层推进式开发格局。圈层开发模式可以显著优化区域旅游基础设施、旅游资源开发重点空间布局，以及强化旅游信息资源的共享和旅游行业内部的联合，促进区域之间的协作，形成规模经济和系统经济，产生相应的规模效益。

二、旅游资源开发的程序

旅游资源的开发建设是一项比较复杂的系统工程，具有其自身的客观规律，需要按照一定的程序和步骤进行。总的说来，旅游资源开发程序包括开发项目的确定、开发项目的可行性研究、旅游规划的编制、项目的实施与监控四个方面。

（一）开发项目的确定

开发项目的确定就是根据当地旅游资源的独特性、旅游客源市场需求特点、区域经济发展水平和旅游业发展水平，确定开发的旅游资源项目并对未来开发工作有一个初步的构想。开发项目的确定是旅游资源开发工作的起点。确定旅游资源开发项目的基本依据是旅游资源的独特性、旅游客源市场需求特点和趋势、地方经济发展水平、区域旅游业发展的主题形象等。

（二）开发项目的可行性研究

开发项目的可行性研究就是论证项目中所涉及的旅游资源或旅游项目是否具备开发前景，以及是否具备开发建设的必要性和可行性。可行性研究是建立在广泛、深入的实地调查和市场调查，以及科学准确的旅游资源分析评价和其他相关因素的客观评价基础之上。它不仅要求研究现实的旅游资源、开发条件、开发的必要性、建设的可能性，而且还要对开发前景做出科学的分析与预测。旅游资源开发是一项经济技术活动，需要进行可行性分析论证来确定其在经济效益方面是否合算，能否产生良好的社会效益和环境效益，技术能否达到要求。如果项目可行，则进入下一步工作，否则，将重新确定新项目。旅游资源开发的可行性研究主要包括以下五个方面：

1. 开发者的实力和资格

在并非由政府投资开发的情况下，这一内容尤为重要。但是根据我国的情况，旅游资源的开发多由各级政府投资进行，因而人们往往不注重这方面内容的研究。实际上，即使是由政府投资，也应根据量力而行的原则对当地的经济实力和经营管理能力进行分析与评价，否则开发工作便会承担风险。如果由某个企业或社区提出要求开发，并且由有关的贷款机构（如银行）负责有关开发项目的可行性研究，那么了解开发者的经济实力、经营资格就更为必要了。

2. 旅游资源调查和评价

旅游资源调查和评价是旅游资源开发的首要工作，其目的是掌握旅游资源的类型、性质、数量、体量、特色、结构、等级、空间分布等，并做出客观、定量和科学的评价，从而为旅游资源地旅游业发展和旅游区总体规划提供参考依据。

旅游资源调查可以通过实地调查和对文献资料收集、分析和总结的方式进行。旅游资源评价则是根据旅游资源调查的结果，结合旅游资源开发利用要求，对区域旅游资源进行定性和定量评价，评价内容包括资源要素价值（包括观赏游憩使用价值、历史文化科学艺术价值、珍稀奇特程度等）、资源影响力（知名度和影响力、适游期或使用范围）和环境保护与环境安全等，评定旅游资源价值、功能、空间组合特征及旅游容量。旅游资源评价的结果对旅游资源开发利用的方向和旅游地建设与发展都将产生直接影响，是判断项目可行与否的重要依据。

3. 旅游客源市场分析

旅游资源开发必须以市场为导向，根据市场需求筛选资源、确定开发的规模，经过一定的经济技术过程，将资源开发成产品推向市场，接受市场的检验。因此，市场因素是旅游资源开发是否成功的关键。客源市场分析首先要进行多方面的实地调查：客源地环境调查，包括区位条件、经济及社会环境等；市场需求和潜在需求调查，包括出游人数、出游率、游客流量变化、出游动机等；还有游客旅游行为调查以及人口统计学特征等。其次，是市场的制约因素，如旅游产品空间竞争力、市场竞争态势等。最后，预测客源市场的游客数量、人均消费和消费总额等。

4. 旅游开发条件分析

旅游开发条件涉及开发地区社会经济和环境承载力，如投资环境、基础设施、政治环境、当地居民对发展旅游的态度、人口结构及素质、经济发展水平等，旅游资源开发不可能孤立于当地的社会经济环境。区域的社会经济背景一方面反映了进行旅游资源开发的能力、实力和条件，另一方面则反映了对旅游资源开发提供的保障情况。此外，旅游资源开发必然对资源环境产生压力，这就要分析和评估这种影响压力是否超出环境的承受能力，具体分析影响的类别、大小、程度、范围和可弥补的措施等。如果对环境的影响压力超出其承受能力，则应质疑可行性，停止开发项目。

5. 项目投资风险预测

旅游资源开发投资风险预测就是对开发项目的投入与产出的预测。投入资源的预测一般要根据资源开发的具体项目，如交通、基础设施、环保设施、游憩设施等，分类计算出投资额度，再汇总出投资总额。产出效益评估，则是利用从客源市场分析中获得的年游客数量、人次消费金额、年人均消费水平等资料，根据预算投入资金，资金流动周期，从中核算出旅游收入总额、投资回收期限、盈利水平等。同时，产出效益除了经济效益外，还包括社会效益和环境效益，如增加就业机会，促进基础设施建设和资源、环境保护、生态环境建设，促进区域间文化、科技和信息交流等。只有具备显著的经济、社会和环境效益的旅游资源开发项目才是可行的、具有开发前景的。

（三）旅游规划的编制

1. 旅游区总体规划

旅游区总体规划是在旅游资源调查和评价的基础上，根据市场需求，为实现发展目标而进行的项目计划的设计过程和实践过程，是从总体上指导开发建设工作的计划和蓝图。规划可以由一个或多个规划机构承担，最后在不同的规划方案中选出最佳方案。规划承担者应及时与项目投资或主管部门进行沟通，不断修改和完善规划，最后提出规划文本和必需的图件资料。

总体规划主要是对宏观发展战略和整体发展思路的把握，具体包括资源调查分析、总体布局、功能分区、发展目标，同时应注重详细的市场细分、主要项目的策划、营销策略的筹划、特色产品的开发（主要指线路组织）、主题形象的设计、产业结构的调整、环境保护的规划以及支持保障系统的规划等。

2. 旅游区控制性详细规划

旅游区控制性详细规划是以总体规划为依据，确定旅游开发地区的土地使用性质和使用强度的控制指标、道路和工程管线控制性位置以及空间环境控制的规划要求。具体的设计应详尽到建设项目的各项经济技术指标的控制、环境的改造、景区容量的控制、市场的前景和开拓市场的手段以及具体旅游活动项目的实施参考方案等，需要具有较强的可实现性和可操作性。

3. 旅游区修建性详细规划

旅游区修建性详细规划是以总体规划或控制性详细规划为依据，制定用以指导各项建筑和工程设施的设计与施工的规划设计。修建性详细规划指导具体施工，是操作性较强的规划。

（四）项目的实施与监控

在开发项目通过相关部门的审批后，完成项目立项，就进入具体的项目建设和管理阶段。在项目建设实施过程中，主要解决的是资金筹措和部门分工问题。筹措资金的方式多种多样，可以采取政府融资、集体融资、私企融资或国际融资等方式。为了保证开发项目的顺利开展，需要成立专门的组织机构，负责整个项目的领导、指挥、协调和监管，以保证各部门能合理分工，优化人力资源配置。

在旅游资源开发实施过程中，还要随时对开发的工程质量、经济支出进行统计监管，将统计结果与预定目标和财务预算进行比较，找出差距和原因，从而调整实施方案或预定目标,但前提是基本按总体规划执行,保证旅游资源开发过程中的动态平衡。

第四节　区域旅游资源整合开发

20 世纪 90 年代以来,随着经济全球化和区域一体化的发展,越来越多的国家和地区在旅游发展过程中积极去寻求与其他国家或地区建立一种相互合作、相互依存的关系。旅游市场的竞争也发生了很大的变化,已经由景点竞争、城市竞争和线路竞争发展到区域旅游经济一体化的联合竞争。为了避免恶性竞争带来不必要的损失,各地纷纷走上合作共赢开发的道路。创新与区域合作已成为 21 世纪我国旅游业发展的两大主题。因此,整合区域内的旅游资源,突出特色,形成区域旅游发展合力,不仅是区域旅游业发展的内在要求与实现各地方共谋多赢的必然选择,也成为各地提高旅游竞争力、改善区域旅游总体形象、实现旅游业持续、快速、健康发展的重要途径。区域旅游资源整合开发已成为当今世界旅游业发展的一种趋势。如地中海沿海区域的旅游资源整合开发、东南亚国家的旅游资源整合开发、加勒比海区域的旅游资源整合开发等。

与此同时,我国的区域旅游资源整合开发也呈现出迅猛发展的态势。改革开放后,珠江三角洲的 14 县市率先形成区域旅游资源整合开发的格局。2003 年 7 月,在杭州举行的旅游高峰论坛上,上海、南京、杭州等 16 个城市签署了《长江三角洲旅游城市合作宣言》,决定把长江三角洲地区建成中国首个跨省区无障碍旅游区,由此翻开了我国区域旅游资源整合开发新的一页。

一、区域旅游资源整合开发的概念

区域是一个整体的地理范畴,是指一定范围的地理空间,具有一定的地理位置。区域具有一定的面积、形状、范围和界限,有明确的区位特征,但不一定具有明确的界限,一般行政区具有明确的界限,而自然区划一般没有明确的界限,界限具有过渡性。一个区域其内部某些特征相对一致,并与其他区域有所区别。地理学和区域经济学对区域的研究,注重其空间性和整体性。

在旅游学科领域,选择某一特定区域进行研究,同样注重其空间性和整体性。从供给角度看,区域旅游是从区域整体的自然、经济、社会、交通和区位条件出发,以区域作为相对独立的个体,接待旅游者、组织安排旅游活动的经营服务方式。从需求角度看，区域旅游则是旅游者将区域内的整体旅游吸引物作为旅游目标，利用其旅游基础设施，在区域内开展的一种旅游活动。因此，可以认为区域旅游是在特定的区域范围内发生的旅游活动及其相关联的经济关系的总和，包括区域内的旅游资源、旅游产品、旅游企业及其与旅游活动相关的行业部门之间的相互关系。区域旅游的发展需要对区域内的旅游区与行政区进行融合，但这种融合不是对区域内行政区与旅游区的简单、机械的拼凑，而是需要对内在运行机制进行革新，对区域内的旅游资源进行有效整合，对合作方之间的利益关系进行协调处理，它所追求的是区域旅游的整体协调发展。

区域旅游资源整合开发，是指旅游资源的管理者和经营者根据区域旅游发展的总体目标和旅游市场供求情况，以增强区域旅游整体竞争力为核心，对区域内各种相关资源要素进行整体规划、系统开发和联动开发，使之成为具有统一功能的整体，从而实现区域旅游资源市场价值最大化和综合效益最大化的过程。区域旅游资源整合开发包括区域之间的旅游资源整合和区域内部旅游资源的整合。区域旅游资源整合开发的目的是为了提高区域旅游资源的利用率，获取更好的经济效益，推动区域旅游健康发展。面对日益激烈的旅游市场竞争，只有加强区域旅游合作，有效整合各区域优势资源，形成区域旅游品牌，才能赢得市场先机，实现共同发展。

二、区域旅游资源整合开发的意义

1. 有助于提高区域旅游整体实力，实现全局共赢

区域旅游资源整合开发较之于分散孤立的旅游开发，能产生“整体大于部分之和”的聚集互补效益。区域旅游资源整合能够保证区域旅游资源开发的整体性、系统性和全面协调性，可以避免近距离低水平的重复建设和恶性竞争带来的不必要损失，实现在资源、市场、产品、信息、人才等多方面的优势互补和分工合作，进而提高区域旅游资源利用率，改善区域旅游整体形象，提升区域旅游的整体吸引力和竞争力，实现全局共赢。

2. 有助于实现资源共享，获得成本优势

区域旅游资源整合开发可以产生“资源共享、优势叠加”的综合效果。区域旅游的双边或多边合作，可通过控制在开发总成本中占比重大的价值活动的驱动因素来获得成本优势；相互之间通过共享资源设施，实现一体化的开发以形成“规模经济”，从而减少资源浪费，降低开发成本；通过共享品牌形象，共享销售队伍、销售渠道来降低宣传费用和销售成本；通过共享市场，实现旅游客源交汇，从而使成本内化。这些都为降低区域旅游经济的运行成本、产生规模效益提供了可能。

3. 有助于客源共享,保证稳定的客流量

从旅游者的空间行为规律看,旅游者在选择目的地时,一方面重点考虑与自己本身所处的环境有较大的自然、文化差异的地区;另一方面,对于相似的旅游地,一般选择较近的进行旅游。省际毗邻地区旅游景区景点之间,所拥有的旅游资源一般都具有一定的差异性和互补性,且相互之间距离较近,交通便利,因此,其本身既是旅游目的地,又可作为彼此的客源地,这种合作区内部的目的地与客源地之间的互补与结合,使区内联系更加密切,旅游行为更容易实现,旅游环境进一步改善,从而促进了区内旅游发展的良性循环。

4. 有助于树立区域旅游整体形象

旅游者对旅游目的地的选择越来越趋向于根据当地的整体形象信息,而非分散的产品信息。旅游整体形象是一种品牌,它能够转换成旅游吸引力,这就使得各个旅游区树立、改造、传播该区域的整体形象进而引起旅游者的注意显得非常必要。然而,旅游整体形象的树立要鲜明、深刻、宏观,要能体现出地域特性,如大三峡旅游经济圈、环渤海旅游区等。因此,单独的一个地区树立起来的旅游形象是单薄无力的,而且相邻地区树立的相近的形象又会产生“排斥效应”,而最终不能在旅游者脑海中留下深刻印象;此外,单独一个地区维护一个较好的旅游形象也比较困难。这就有必要在两个以上的行政区域共同塑造旅游形象,形成合力,增强旅游整体形象的影响力。区域旅游资源整合开发,应当从一个更高、更广阔的角度来审视区域整体旅游业的发展,适时加强区域旅游合作开发,开发新产品、新项目,开拓新市场,提升旅游产品的竞争力,实现区域旅游的“结构优化、提质增效”。

5. 有助于促进区域旅游资源优化配置

旅游业发展的过程中,有些地方之所以出现产业发展质量不高、低水平资源重复配置、产业整体竞争力不强等问题,很大程度上是由于旅游资源的分散经营,加剧了市场的竞争格局而引发的。一些旅游开发项目盲目上马,景区、景点近距离重复建设、个性不鲜明,旅游资源开发与旅游产品营销各自为政,旅行社、宾馆、饭店等旅游企业为了争夺客源进行恶性竞争,这一切不仅使得旅游资源的利用率和旅游企业的利润率普遍下降,也极大地损伤了旅游业的整体形象,挫伤了旅游开发的积极性,甚至对旅游资源带来严重的破坏。旅游业的单点突破、超前发展已经成为过去,旅游发展不再是自身规模的简单扩大、孤军深入,而需要从全局出发,打破界限,通过旅游资源整合实现新的资源配置和产品组合,最终实现区域旅游资源效益最大化,区域旅游资源优势品牌化。

三、区域旅游资源整合开发的基础

1. 旅游资源的相似性

区域旅游资源的相似性导致竞争,但也能成为旅游空间合作的基础。在同一区域出现的相似性旅游资源,如果将其置于一个大的区域范围之内,它们就是构成完整旅游地域系统的要素。我国省际毗邻区由于地缘相近、文脉相连,风景名胜区的分布类型大都属于凝聚型,同类旅游资源常常集中分布,十分有利于通过整合将相似的旅游资源产品做大、做强,使资源要素的集聚功能和辐射力得到充分的体现,资源得到充分的利用,从而带来单个地域单个旅游资源开发所无法获得的聚集和规模效益。在旅游资源难以整合的情况下,则可充分利用区域合作所形成的广阔领域分布的优势,把握区位差,时间差,合理协调开发次序,利用资源的节律性更替实现互补,以便在增强市场的适变速度和应变能力中,使旅游效益得以不断提高。

2. 地域要素的互补性

所谓互补性是指区域各种旅游资源及其组合在地区间的差异性。这种旅游资源及其组合要素在时空分布上的不均匀性,造成各旅游地域都具有自身独特的功能和优势,成为吸引人们前来旅游的基本动力。邻近地区风景资源结构及其旅游功能的差异性,是旅游地之间形成空间互补、增强效应的物质基础。省际毗邻地区自然地理上的多样性、地方文化的多元性,使各个地区的旅游资源及其他旅游地域要素各有特色,将互补的旅游资源产品进行整合,可以使各类资源要素实现互补,产生叠加效应,并形成复合价值,提高旅游产品的质量和吸引力。利用资源种类与数量的优势,丰富旅游活动内容,扩大旅游活动的时间容量,从而也增强了组成旅游合作系统的各地域单元个体或要素的吸引力,客观上为旅游地域系统内部产生功能分异,促进各旅游地间紧密联系提供了条件。

3. 空间联系的便利性

旅游地间的互补性,是产生旅游地空间相互作用,导致游客移动和区域联合的前提条件。要构建旅游空间合作体系,还必须借助于地区间便利、通达的空间联系来实现。旅游地空间联系的便利性和通达性,首先,表现在空间距离的相邻上。旅游地之间的距离往往会制约旅游地之间联系的紧密程度。两旅游地之间的距离越大,则旅游地之间联系所需的时间和环节就增多,费用增大,产生相互作用的阻力就增大,因此,两地之间距离过长,即使它们之间存在互补性,相互作用也难以发生。旅游地空间联系的便利性还表现在旅游交通发展水平上。旅游业的发展对交通网络的依赖性十分明显,任何旅游业网络都应该以交通网络为基础而建立,毗邻地区的地缘优势为建立快捷、通畅、高效的区域旅游运输网络系统,提升旅游产品的各资源功能承载单元之间的空间联系提供了可能。

四、区域旅游资源整合开发的原则

1. 整体性原则

整体性原则是区域旅游整合开发必须坚持的最基本原则。根据系统理论和协同学理论,区域内部各方配合良好能够产生协同效应,获得 1+1>2 的效果。整体性原则主要体现在以下几个方面:①要求区域这个整体,不仅把自身当做系统,还要放在更高层次的区域系统来看,了解区域在更大范围内所处的地位,了解区域和其所处的环境之间的关系;②区域内部各地区由于政治、经济、文化等发展水平的差异及旅游资源的特性,区域本身具有层次性、系统性,是一个整体,合作是为了促进区域旅游协调发展,不能偏废任何一方;③在旅游资源开发规划中形成整体兼顾、集中连片、各有特色的经营理念,不能任意破坏旅游资源的整体性特征。

2. 循序渐进原则

区域旅游整合开发必须坚持循序渐进的原则。众多的区域旅游合作实践可以证明,区域旅游合作的发展是一个渐进的过程。在区域财力、物力还不雄厚,地方经济发展水平还不很高的情况下,集中资金重点开发,按照先易后难、先急后缓、集小为大的发展顺序,合理投资,稳步发展,不断增强区域旅游的合力。直到区域旅游的规模越来越大,最终扩展到整个区域,实现多层次、多领域、全方位的合作,提高区域旅游的整体竞争实力。

3. 品牌战略原则

鲜明的特色是旅游资源的生命力所在,是对旅游者产生吸引力的根本原因,是旅游产品拥有市场的法宝。因此,区域旅游合作的一个重要原则就是突出特色,建立强势的品牌战略,树立区域品牌形象。区域内虽然具有地方差异,但整个区域由于历史、地理等原因,必然具有某些共同的或相似的特征,对这些特征加以提炼从而形成区域的主题形象。区域以提炼的主题形象为品牌,凸显资源特色和文化特色。区域在旅游产品开发上充分发挥资源优势,突出区域和地方特色,坚持唯我独有、唯我所长,不断开发"独、特、新"的旅游产品,塑造独特的区域旅游形象,以提高区域旅游产品的吸引力。只有强势的品牌,才能带来真正的市场竞争优势。区域内旅游企业应不断进行特色旅游产品创新,并提供与品牌形象相称的优质服务,如谈到"故宫"人们就会联想到皇家宫殿,"周庄"使人向往小桥流水人家,"香格里拉"能把人的思绪拉到世外桃源的仙境。

4. 平等互利原则

进行旅游合作,平等是基础,合作是手段,互利是目标。参与整合的各方,无论旅游资源的多寡、知名度的大小、发展水平及行政区域级别的高低,都处于平等的地位,都必须建立起平等的伙伴关系。各方都要尽自己的义务,承担各自的责任,享受整合带来的利益。同时,互利又是合作的出发点和归宿,没有利益,合作就没有吸引力。只有在互利的基础上,利益共享,合作才能成功。

五、区域旅游资源整合开发的实施途径

区域旅游资源整合开发的基本要点是按照市场经济规律的客观要求,在比较优势理论和区域整合理论的指导下,以旅游经济的自然联系和资源、区位的优势互补为纽带,以交通、资源、市场的整体布局和景区优势群的规划发展为重点,形成优势互补、资源与客源共享、良性互动的可持续发展的局面。

1. 完善区域旅游协调管理机制

完善区域旅游协调管理机制,可以为区域旅游资源整合开发提供强有力的保障。完善区域旅游合作协调机制,一要建立政府主导型机制,打破目前各县(市)行政区的禁锢,探索建立由各县(市)政府有关部门共同参加的旅游经济协商制度,倡导建立区域旅游发展年会制,实行各县(市)轮流做东,共同商讨区域旅游合作大计。表现在行政管理层面上,政府必须加强区域之间旅游政策、制度和法规的相互借鉴与合作,在宏观层面上促进合作的顺利开展,例如,目的地的开放条件、开放范围、出入境政策、口岸与边境管理、旅游企业合资合作条件等方面。二要建立协会、中介自律机制,建立区域旅游协会联合例会制度,促进区域民间旅游组织交流沟通。三要建立企业、市场合作机制,积极为旅游企业搭建合作平台,引导企业在区域范围内开展联营、重组等,鼓励企业向集约化、网络化、品牌化方向发展。四要开展旅游人才和技术的交流与合作机制。区域之间旅游人才、经验和技术的广泛交流有利于相互间管理水平进步和服务质量的提高,长期看来,也有利于产业素质的稳步提升。

2. 整合开发区域旅游产品和线路

旅游资源整合开发不等同于联合开发,整合开发的核心是确定旅游资源开发的定位。一要从以行政区为主转变成以资源区为主,以区域内旅游资源的历史文脉为背景,以区域交通为纽带,针对旅游市场特征,优化配置区域内旅游资源,实现旅游资源共享,形成跨空间、系列化、规模化的内容和层次较为丰富的区域性旅游产品,从而进一步开拓旅游市场。这个市场既包括合作地之间的本土游客互访,也包括各合作区域统一形象和特色,共同开拓更广阔的市场;进一步

丰富区域旅游内涵，形成规模效应，提升其核心竞争力。二要在服从服务区域旅游主题品牌的基础上，结合各地实际，推出一系列个性鲜明、互补性强的拳头旅游产品。三要切合景区实际，构建内涵式精品旅游线路，着力打造大区域旅游线路；同时，要创新设计，形成多元特色旅游文化群，提升区域旅游核心竞争力。

3. 搭建旅游整合营销平台

旅游形象和品牌已成为旅游发展最重要的竞争工具。基于整合营销理念的区域旅游联合促销，有利于将有限的资金集中使用，统一塑造一个更具吸引力的区域旅游整体形象。一要实现区域营销资源共享。通过共享品牌形象，共享销售队伍、销售渠道，共享市场，“互为目的地、互为客源地”，实现旅游客源空间拓展，降低区域内交易成本。二要强调营销整合中的统一计划。把广告、营销推广、包装、公共关系等一切与区域旅游有关的对外传播和活动都归于统一的活动计划中，共同策划旅游主题宣传，联袂举办诸如区域旅游主题年会等大型节庆活动，联合组团参加国内、国外旅游展销博览会等。三要强调营销沟通的统一口径。区域旅游宣传要以一致的传播资料面对消费者，综合运用和协调使用各种各样的沟通手段，使营销沟通发挥出最佳沟通效果，如使用统一的旅游促销主题、宣传口号、形象识别标志等。四要建立统一的信息平台。强化旅游信息网络平台建设，通过对区域内各行政区的旅游信息、旅游资源、旅游接待设施和旅游产品等有效汇集与整合，引入群团式消费，实现旅游的“乘数效应”。五要构建立体传播体系。根据旅游消费者的不同特点，在不同的时间和地点，选择最恰当的传播方式，要根据市场需求变化和特点，运用市场细分的原理，找准目标市场、目标人群，制定有效的市场策略，积极探索多种营销方式，力求以最少的投入取得最佳效果。如利用区域特色旅游购品展览会、博览会等，开展捆绑式促销；借助网络优势，在区域开展代理式促销；通过文学作品，开展文化式促销；举办体验式活动，开展生活式促销等，实现区域旅游联合促销。

4. 加强旅游资源的市场化运作

旅游资源的市场化运作是必然的发展趋势，真正有效的旅游资源整合是通过市场竞争来达到规模企业对旅游资源的集约经营。

（1）制定相关的扶持政策，加强区域内各行政区的沟通协作，打破行政区划的禁锢，消除地方保护主义壁垒，为旅游企业实现旅游资源的市场化运作提供金融、法律、咨询等服务，营造公开、公平、公正的市场环境和宽松、高效、廉洁的政务环境。

（2）鼓励旅游企业通过合作开发、合资、参股、委托经营等方式，在产权部门和管理部门的监督指导下取得对景区的经营权，实现旅游资源所有权与经营权的分离。

（3）努力培植和鼓励旅游企业跨区域经营，通过兼并、收购、控股等多种方式发展壮大，加强企业合作和形成企业战略联盟，实现规模化经营，形成区域旅游产业经营的大型旅游企业集团化、中型旅游企业连锁化、小型旅游企业专业化，以降低经营成本，优化市场服务，使旅游企业成为区域一体化发展的"黏合剂"。

（4）加强旅游行业区域联合管理，规范旅游企业在旅游资源市场化运作中的经营开发行为，防止旅游企业囤积旅游资源，变相开发，或以牺牲生态环境为代价的低档次粗放式开发，切实使旅游资源整合开发走上可持续发展道路。

5. 构建区域旅游交通网络

旅游资源整合开发，必须打破行政区的分割，以服务旅游者为目的，整合提升现有交通资源，推进以区域内核心城市为中心，连接各景区、景点的快速旅游交通网络的形成，实现区域旅游一体化目标。一要迅速提升现有的旅游交通网络。二要重点建设旅游交通集散中心。要大力发展旅游专线交通、异地汽车租赁和水上旅游交通运输，营造便捷友好的旅游交通环境；要按照"高起点规划、高标准建设、高强度投入、高效能管理"的要求，逐步实现区域内快速交通的全面融合，保证旅游者的旅游活动快捷方便、畅通无阻。

第五节　旅游资源数字化开发

旅游业的蓬勃发展，除了受国民经济生活水平持续上涨的影响，也越来越受益于网络信息化的高速发展。网络信息化大大提升了旅游业的信息化水平，为开放性的旅游业注入了勃勃生机，也促进了旅游业业务环节的现代化与高效化。旅游信息化的迅速发展，不仅改变了人们的出游观念，也改变了原来的旅游经营模式。网站在旅游地和风景区的形象宣传、大型系列旅游活动的策划与推出、旅游产品销售等方面已经发挥了重大作用。以计算机为核心的数字化、网络化技术的广泛应用，为我们提供了多种多样的数字化设备，创造了数字化的条件。在旅游资源调查评价与开发规划工作中，为了使旅游资源的普查更详尽，表现更直接，方式更丰富，也为了更好地营销旅游产品，使游客更及时方便地了解旅游地的各类信息资源，用数字化方式展现旅游资源全貌是十分必要的。

一、数字化景区与旅游资源数字化

1. 数字化景区

数字化景区也就是通常所说的景区数字化，它是指借助于计算机硬件设备，综合运用信息技术，如网络宽带技术、“3S”技术(GIS、RS、GNSS)、多元数据库技术、电子商务、虚拟现实技术、无线网络技术、搜索引擎技术、互联网数据中心(IDC)、网格服务等技术，实现对景区的基础设施、旅游资源、旅游环境、游客活动、旅游管理进行自动采集和动态监测，并通过整合这些信息为游客提供便捷服务，为景区的规划建设和管理提供决策。数字化景区建设是以景区实现“资源保护数字化、经营管理数字化、产业整合网络化”建设为目标。

2. 旅游资源数字化

旅游资源数字化是指运用现代数字化信息技术，将自然、人文和生态旅游资源的语言文字、影像图片、视频资料等丰富信息转换成数字信息，利用网络资源科学管理并进行广泛的视觉文化传播。现代快节奏生活方式对旅游业提出了全新的要求，便利、快捷、准确、高效是游客衡量旅游地的重要标准。以数字化为核心的现代信息技术可以为公众提供准确、及时、可靠、丰富的旅游资讯。旅游资源的数字化主要通过建立影像数据库的方式，把旅游地的各类资源加以收集和整理，采取数字虚拟现实技术，对旅游资源进行模拟与复原。这在很大程度上改变了它的“自然”属性，使旅游资源具备某种可操作、可调度的“人化”特性，并且通过网络化的传播途径，公众还能及时获得旅游地相关信息。从管理方面看，它也改变了传统的人工方式，可以及时更新和添加信息(比如，追加对各个人文景区的后续开发信息等)，从而有效避免由于信息不畅造成的旅游资源浪费。

从发展来看，旅游资源数字化开发大致经历了三个阶段或者叫三个层次：1990年至2000年，是信息化阶段；2000年至2010年，部分景区开始转入数字化建设；2010年以后，各景区进入智能化或智慧化建设阶段，这三个阶段是不断递进的。数字化、智能化或智慧化都是信息化，代表了信息化的程度，当前使用的旅游景区信息化是指旅游景区的初级信息化，最终目的或结果则是建设完全信息化的智能化(智慧)景区和智能化(智慧)旅游。

智慧旅游是旅游信息化的最新发展，是基于新一代信息技术(也称信息通信技术)，为满足游客个性化需求，提供高品质、高满意度服务，而实现旅游资源及社会资源的共享与有效利用的系统化、集约化的管理变革(张凌云，2012)。智慧旅游面向旅游者个体的泛在化的旅游信息服务，导致了旅游信息流重构、旅游业重组、旅游组织优化，也引起了旅游者行为方式、旅游营销方式、旅游管理方式、旅游服务方式的根本性变革(李云鹏,2012)。智慧旅游的服务包括了旅游管理部门提供的公益性信息服务,也包括旅游企业提供的营利性商业服务。

二、旅游资源数字化的优点

1. 获取信息方便及时

数字化方式可以使分布在世界各地的旅游景点的各种信息方便地被公众获得,旅游资源在网上"一目了然",游客出游也就不再盲目,出游前可以在网上选好地方,并获取该地大量信息。旅游资源的数字化可以通过数据库的方式把旅游的各类资源详细记录,这样就改变了传统的人工方式,可以及时更新,快速查阅,从而避免由于信息不畅造成的旅游资源浪费。例如,北京故宫在册文物有100多万件,现在展出的文物不足库中的2%,由于温度、湿度和场地的限制,大多数文物不能和普通观众见面。但是,2004年中国故宫博物院与日本合作成立的"故宫文化资产数字化应用研究所",利用虚拟现实(VR)技术开发的首部"故宫VR太和殿"项目,成功构建了太和殿广场建筑物群体的现状,观众通过遥控器就能自己选定速度和角度,观赏故宫中的雕梁画栋和稀世珍品文物。该研究所还表示,今后在开发"故宫VR"的同时,还将开展故宫相关建筑物和文物的三维测量,建立数据库,最终实现博物馆的数字化,建立"数字博物馆"。

通过数字化设备,旅游资源的信息可以随时更新,以确保旅游者所查信息的准确,而且缩短了时间和空间的距离,景区可以快速准确地向游客发布信息,避免了以往信息滞后的缺点。准确的旅游资源数据为管理者和开发商提供了强大的数据支持,有利于开发与管理并节省了大量的资金。同时,网上视频直播与论坛系统的建立,极大地提高了信息发布的效率。旅游资源的数字化同样使游客受益,游客可以通过网络,及时获得关于旅游景点的最新消息。

数字化设备可以充分发挥数字媒体的特性,汇集公众需求、行业需求、旅游统计信息,为资源管理部门决策时提供准确全面的参考依据,能够增加旅游资源管理的透明度和广泛性。

2. 增加市场宣传力度

数字化的旅游资源,可以通过网络向世界各地的人们宣传自己。互联网上的传播视角多、容量大、速度快。利用多媒体制作的光盘可以从视觉、听觉等方面使游客仿佛身临其境地感受当地的旅游资源。旅游资源的数字化可以通过多媒体的形式将旅游资源生动形象地保存在光盘中,或者上传到网上。扩大旅游地资源的宣传,使世界不同角落的人们可以了解当地的旅游资源状况,比如故宫网站因收录了2 326万字和30万件文物的影像,目前每天访问者超过20万人次，起到了很好地宣传效果。

3. 改变旅游信息不对称状况

由于信息耗散、信息畸变和信息本身的问题，旅游者掌握的信息往往比较少，在信息交流中处于弱势地位，在消费中处于被动地位。改善这种信息不对称状况，能够规范旅游市场，维护旅游秩序，保护旅游者的利益。通过数字化设备，旅游产品出售方可以直接地、及时地、有针对性地把相关信息传递给旅游者。旅游者可以根据自己的需要选择相关信息，有利于维护旅游者的知情权。

4. 有利于旅游资源的核查与保护

旅游资源研究的基础在于对旅游资源信息的提取、分析和认知。随着旅游资源数据库的建成以及数字化采集、处理和储存工作的不断进步，各类旅游资源被详细记录下来，数据化信息会成为旅游资源中一个重要的组成部分，为各个部门的科学研究、保护管理、交流、知识普及等工作构筑了一个全新的发展平台。通过数据库，专家可以登录、检索或统计各类旅游资源的基本信息；通过高清晰度的图像数字化系统，可以充分有效地利用数字图像信息，借助数字虚拟现实技术，对有关资源进行模拟与复原，以便展示、研究和保管。另外，数字化的引导系统将游客按照比较合适的比例分流到各个游览区，可以有效引导游客避免进入核心区或破坏严重的区域，有利于易损资源的保护与被破坏旅游资源的恢复。数字化系统可以时时监测旅游地资源的变化情况，及时更新破坏统计数字及地点，更清晰地观察旅游资源的保护状况，及时保护，避免旅游资源被破坏。

三、旅游资源数字化开发的内容

（一）旅游资源数字化硬件、软件的规划

为了避免网络建设因重复投入而造成的资金浪费和资源浪费，旅游资源开发部门应当请旅游资源规划管理及信息数字化管理方面的专家对旅游资源管理做出全面科学的设计和规划，对旅游资源数字化的硬件基础、软件资源、管理人员队伍组成等做出切实可行的科学规划，并实实在在地逐步推动规划的实施。

（二）旅游资源数字化系统的构建

旅游资源数字化的目标是既要建立起一个旅游资源的完整而全面的数字化数据库，又要向人们提供丰富、准确的旅游资源信息，提供通过网络快速检索和浏览旅游资源信息的 Web 界面。因此，旅游资源数字化需要解决两个问题，一是选择合适的数据库管理系统，存储各个旅游资源的相应属性和数字化的视频

信息、文字信息、语音信息和图片信息；二是利用动态网页设计技术，设计一个动态呈现旅游资源信息的网站。

1. 数据库系统的选择与数据表的设计

开发旅游资源数字化系统是以后台数据库为基础的，因此，对旅游资源的数字化管理和利用的关键技术在于数据库的建设，它关系着整个系统的质量问题。在设计和构建旅游资源数字化系统之前，必须设计好数据库的结构。

考虑到数字化的旅游资源数据库既要存储文本信息，又要存储视频信息和图像信息，因此，应该选择数据管理能力强、数据读取速度快的大型数据库管理系统 Sybase 作为数据库管理系统；由于每个景区有许多景点，因此，旅游资源数据库应该由多个数据表组成，其中最主要的应该有总表和各景点分表。总表必须包含的属性有：景区编号、景区名称、所在省区、所在县区、所在乡(区)、景区类型、景区级别、面积、经纬度、海拔高度、文字介绍、语音介绍、概要视频等；每个景区内的各景点必须包含的属性有：景区编号、景点编号、景点名称、景点类型、文字信息、音视频的介绍、图片介绍等，两个表之间用景区编号建立关联，以减少数据的冗余度。

2. 流媒体服务器的设计

旅游资源数字化数据库中包含有大量的视频资源，提供给用户通过网络观看视频信息的功能，因此必须设计一个流媒体服务器。当前流式音视频解决方案主要有三个：Real Media、Windows Media、Quick Time。Real Media 是 Real 公司开发的一整套流式音视频解决方案；Windows Media 是美国微软公司开发的流式音视频解决方案；Quick Time 是苹果公司开发的流式音视频解决方案，服务器和编辑软件一般都以 Mac 为操作平台。后两者在网络上使用率不是很高，现今最流行、被广泛使用的流式音视频解决方案是 Real Media，而对应的流媒体服务器是 Real Server。Helix 服务器是 Real Server 8 的后续版本，9.0 版本使用 Helix 作为它新的名称。Helix 服务器是 Real Networks 公司功能强大的流媒体服务器产品，是公认的优秀的流媒体服务器，是多操作系统平台的服务器软件，所以，选用 Helix Server 比较理想。

3. 用户界面的开发技术

在建好后台数据库之后，需要一个平台来展示这些数据，方便用户对这些数据进行访问。实现网络动态交互的主要技术有 CGI、ISAPI、ASP、ASP. NET、JSP 等。ASP. NET 又叫 ASP+，是 Microsoft 推出的新一代 Active Server Pages 脚本语言。ASP. NET 是一个用于 Web 开发的全新框架，包含许多新的特性。通过 ASP. NET 可以建立动态的、交互的、高效的 Web 服务器应用程序，而且 ASP. NET 所使用的脚本语言都在服务器端执行，用户的浏览器不需要执行这些脚本语言，当程序执行完毕后，服务器仅将执行的结果返回给用户浏览器，避免了源程序的外泄，同时，也提高了交互的速度。

在设计平台时，主要考虑以下几个方面：系统具有一定的通用性和较好的兼容性；能方便地进行输入、校对、修改等工作；为旅游资源管理部门提供通过注册为合法会员后可以直接向数据库上传资源信息的功能和权限，以便实现数据库的动态更新；用户界面良好，对话性强；实用性强，容错能力强，使用方便，易学易用；具有强大的检索功能，可根据不同的要求对系统中资源进行查询。

四、数字化旅游景区建设的主要措施

1. 建立网络营销体系

景区网络营销的优势主要有以下几点：

(1) 细分市场，精准营销。与传统营销相比，通过互联网可以准确地细分市场目标人群，客户是喜欢休闲还是探险，喜欢自驾车还是乘坐公共交通工具，喜欢自然风光还是喜欢历史人文，喜欢住宾馆还是露营等。用户可以根据个人的兴趣和喜好定制个性化的服务。景区可以针对客户的不同需求和特点，采取有针对性的营销手段。

(2) 信息丰富，表现形式多样。互联网可以提供海量的信息，信息的表现形式更是丰富多彩。通过新闻、论坛、微博、微信、邮件、小红书、抖音等多种渠道，利用文字、图片、视频、游戏等多种展现形式，向客户提供各种旅游资讯信息和服务。

(3) 不受时间、地域、语言的限制，全球营销。

(4) 投资少，效果可以跟踪、量化。相对报纸、电台、电视等传统媒体，网络营销投资少，持续时间长，并且营销的效果可以通过技术手段进行有效的跟踪、量化和分析，帮助客户及时有效地整合营销方案，优化资源配置。

旅游信息大量充斥于网络中，因此关键不是信息的量，而是信息的质。当人的注意力成为稀缺资源，网站信息的质量就成为网络营销成败的关键因素。衡量网站信息价值的重要指标包括：网站点击率、全球排名、网站内容的展现形式、网站易达性(搜索引擎排名)、网站的交互性与友好性、电子商务业务占销售额的百分比等。

网络营销常用的方法有综合网站推广方法、搜索引擎推广方法、电子邮件推广方法、资源合作推广方法、信息发布推广方法、病毒性营销推广方法、快捷网址推广方法、网络广告推广方法、移动手机门户推广方法、线上活动策划、建立在线客服中心、设立在线视频、对用户信息收集和分析等。

2. 开发旅游电子商务平台

旅游电子商务主要是实现网上预订和在线支付功能，预订可分为专业网站预订和景区门户网站预订。专业网站包括携程网、艺龙网、途牛网、去哪儿网、飞猪网等，用户可以方便地在上面实现机票、酒店的快捷预定和电子支付，这也是目前中国用户使用最多的预定渠道。另一种是景区门户网站，可以实现本景区的门票及周边酒店、票务的快速预定和电子支付，国内做得好的景区网站有九寨沟、黄山、峨眉山等景区官方网站。

3. 建设虚拟旅游景区

虚拟旅游景区是指以全景虚拟现实为主要技术手段的虚拟现实技术，全面展示旅游景点风貌，给游客身临其境的感受，目前常用的虚拟旅游景区有三种形式：

(1) 景区 3D 虚拟动画。用 3D 动画的形式来展现景区的风貌，这是最普遍的一种做法。

(2) 与网络游戏联合，打造虚拟景区。如丽水飞石岭景区与天畅科技网络"大唐风云"的合作。

(3) 数字伴游综合体。这是一种综合互联网技术、电子商务、移动通信、无线视频等的旅游移动信息服务平台。用户通过使用这种终端设备，在实现移动电子导游功能的同时，还可以随时随地地获得食、住、行、游、购、娱等全方位的旅游资讯和服务。旅游供应商则可以通过这种数字伴游综合体，进行产品、服务的宣传和实时交易。

4. 实现景区的无线数字化

无线网具有安装周期短、成本低、后期维护容易、不受特殊地理环境的制约、一网多用等优势。无线网在景区的应用主要有以下三种：

(1) 无线通信。未来景区工作人员可以配置支持 WiFi 和 GSM 的移动终端设备在景区内部享受语音和实时多媒体通信服务。在紧急情况下游客可以通过景区内的无线语音呼叫点与景区管理中心联系，获得及时帮助。控制中心可以快速确定事故发生地点，寻找距离事件发生地最近的景区工作人员进行处理。

(2) 无线数据接入和定位。在有无线覆盖的区域内，任何设备都可以接入景区网络，且景区管理中心可以在电子地图上对设备进行实时定位，包括手机、电脑、掌上电脑和无线标签。景区管理中心可以随时了解员工和设备的工作情况，甚至远距离登录某个设备进行监控和维护。

(3) 无线视频传输。在有无线覆盖的区域内，可以通过无线摄像头，甚至移动摄像机将现场影像资料实时传送到景区管理中心，在出现伤病紧急救治、交通事故或森林火灾时，可以帮助景区管理中心了解事故现场的情况，从而为应急行动的部署和指挥提供科学的依据。

课后思考

1. 简述旅游资源开发的原则。
2. 简述旅游资源开发的内容。
3. 简述区域旅游资源整合开发的原则。
4. 简述旅游资源开发的方式。
5. 简述旅游资源开发的程序。
6. 简述区域旅游资源整合开发的基础。
7. 简述区域旅游资源整合开发的实施途径。
8. 简述旅游资源数字化的优点。
9. 简述旅游资源数字化开发的内容。
10. 简述数字化旅游景区建设的主要措施。

案例分析：

贵州屋脊——韭菜坪

贵州境内有两座名叫“韭菜坪”的山峰，分别是“大韭菜坪”和“小韭菜坪”，属于赫章县阿西里西风景名胜区。大韭菜坪位于毕节市赫章县兴发苗族彝族回族乡，是世界上最大面积的野韭菜花带、全国唯一的野生韭菜花保护区。小韭菜坪坐落在毕节市赫章县南部，毗邻威宁县二塘镇、六盘水大湾镇。小韭菜坪主峰韭菜坪海拔 2 900.6 米，位于毕节市赫章县珠市彝族乡，为贵州最高峰，素有“贵州屋脊”之称。

韭菜坪位于贵州西部，距省会贵阳 240 余公里，车程约 3.5 小时；距赫章县约 40 公里，车程约 1 个小时；距六盘水市约 50 公里，车程约 1.2 小时。大韭菜坪景区距赫六高速出口约 5 公里。小韭菜坪景区距都香高速大湾出口约 20 公里。

韭菜坪风景名胜区属暖温带温凉气候区，具有夏季气温低、海拔高度适宜人的生活与生产劳动、自然地理风貌与生物多样性等特征。据统计，韭菜坪 2 000 米海拔高度山区夏季(6 月至 8 月)平均气温为摄氏 17.8 ℃～22.4 ℃，最高温度一般在摄氏 23 ℃～28 ℃之间，最低气温在 16.7 ℃～20 ℃之间，高于 30 ℃的极端最高温度日数非常少见。冬季平均温度在 2 ℃左右，低于 0 ℃的天数大约为 2 个月，冬季山腰以上积雪较厚。

韭菜坪梁子呈西北东南走向，南坡缓长，北坡陡短。梁子岭脉亘于群峰之上，为四周群峰簇拥，峰上有峰，岭外有岭。梁子岭脉绵延，山体宏大，岭高峻而不陡险。大部为草山，草地铺茵似毯，间有箭竹和灌丛，牧群如云，云雀凌空弹翅婉歌。靠主峰东西两侧，有两座次高峰，从两边将主峰托起，好似擎天巨人之双肩。梁子东西两头之南北两侧，岭脉呈对称四伸，延展出四片小山群，峰群林立耸翠，从而将主峰衬映更加挺拔雄伟，可谓"山海之上耸巨峰，巨岭脊上挺危峰"。小韭菜坪以地质奇观著称，区内喀斯特地貌广布，有各具特色的石林，有的如山门，有的似利剑。拥有三叠系中统地层的海生爬行动物化石，距今已有两亿六千多万年，是迄今为止世界上发现的年代最早的古三叠纪古生物化石群点。以鱼龙为主，有贵州龙类、海龙类、混鱼龙类，还有鳞齿鱼、助鳞鱼、龙鱼等，对研究三叠纪时期海生爬行动物的演化，古生态和海洋环境等方面都具有十分重要的意义。

韭菜坪植被垂直分带较为明显，在海拔 2 500～2 600 米之间，生长成片的高大乔木；在海拔 2 800 米之间，则以乔灌木混合林为主，在海拔 2 800 米以上，则为大面积的灌木丛、草场。植被十分丰富，有国家珍稀植物西兰山茶、高山榕，成片的岩风杨，满山盛开的乌蒙杜鹃花，一簇簇的箭竹，如毡般的野韭菜，是世界上最大面积的野韭菜花带、全国唯一的野生韭菜花保护区。

在赫章县阿西里西风景名胜区的珠市彝族乡韭菜坪景区里，环山而居的彝族同胞们三五户自成一寨，星罗棋布地散居山麓，由于地域偏远，很少受现代文明的濡染，因此彝族文化里许多面临消失的民族传统，在这里却活化石般地保留下来，形成了独特的"阿西里西"文化。彝族酒礼歌，敬酒歌，铃铛舞以及顺风耳等彝族传统歌舞以及彝族火把节成为重要的人文遗产。离韭菜坪景区不远处，有闻名遐迩的可乐遗址。据汉文献记载，赫章可乐位于"本夜郎国"之内；彝文献记载，可乐(彝语称为"柯洛倮姆"，意为中央大城)是夜郎的国都。1958 年赫章可乐遗址首次发掘，出土大量文物，周恩来总理批示"加强对可乐考古文物的保护"。2000 年秋，可乐再次发掘，其出土的文物以及富有民族特色的"套头葬"轰动中外，评为"2001 年全国十大考古新发现"，被国务院批准为国家级文物重点保护单位。

韭菜坪规划区内所涉及的村寨均已在路、水、电、通讯设施方面形成网络。此外景区接待中心、酒店、餐饮等接待设施也日趋完善，并向游客开放。

韭菜坪景区所涉及的县级行政区为钟山区、威宁县、赫章县，总体上看，这 3 个县(区)的经济发展水平较低，投资能力较弱。2014 年钟山区一般公共预算收入为 16.85 亿，赫章县为 2.97 亿，威宁县为 7.94 亿。

资料来源：根据韭菜坪相关网络资源整理。

结合材料及所学内容，分析解决以下问题：

（1）按开发主体划分，韭菜坪景区旅游资源开发适宜采用哪种模式？为什么？

（2）按资源、区位、经济条件综合划分，韭菜坪景区旅游资源开发适宜采用哪种模式？为什么？

（3）简述韭菜坪景区旅游资源开发的方向。

（4）赫章、钟山区、威宁旅游资源整合开发的可行性及其策略。

参考文献

[1] 肖星，王景波．旅游资源学[M]．天津：南开大学出版社，2013：202-217．

[2] 谢泽明．旅游资源学[M]．北京：机械工业出版社，2022：138-153．

[3] 王伟．旅游资源学[M]．武汉：华中科技大学出版社，2023：186-196．

[4] 杨阿莉．旅游资源学[M]．北京：北京大学出版社，2020：242-273．

[5] 刘纬华．关于社区参与旅游发展的若干理论思考[J]．旅游学刊，2000(1)：47-52．

[6] 王迎涛．我国区域旅游资源整合研究进展与发展建议[J]．地域研究与开发，2009，28(1)：68-72．

[7] 林明水，鄢沂，曾春水，等．中央苏区红色旅游资源跨区域整合开发研究：文化生态学视角[J]．自然资源学报，2021，36(7)：1734-1748．

[8] 张慧．区域旅游整合开发研究——以鄂西地区为例[D]．武汉：华中师范大学，2008：1-59．

[9] 杨晓燕．长三角区域旅游资源整合研究[D]．上海：上海师范大学，2005：1-69．

[10] 闫柏青，尹嘉诚，薛文峰．内蒙古文化旅游资源数字化开发及设计应用研究[J]．西部旅游，2024(2)：29-31．

[11] 魏来，梁永宁．旅游景区数字化建设研究——以云南石林为例[J]．数字与缩微影像，2009(1)：23-27．

[12] 文谨，王瑾．旅游资源的数字化建设及其开发利用——以北京为例[J]．首都师范大学学报(自然科学版)，2004(2)：71-74．

[13] 查爱苹．虚拟现实在旅游景区中的应用研究[J]．社会科学家，2005(4)：116-118+124．

[14] 杜佩．基于AR技术的三江源区宗教旅游资源的数字化保护研究[D]．西宁：青海大学，2018：1-60．

[15] 刘德谦．关于区域旅游合作的思考——当前中国区域旅游合作的难点与机遇[J]．旅游学刊，2008(3)：13-18．

第八章　地域分异与旅游资源分区

学习目标：

1. 认识旅游资源的形成受地域分异规律的影响、旅游资源分区的重要性。
2. 掌握我国旅游资源的地域分异与分布规律，我国旅游资源分区的空间范围、资源特色及开发方向。
3. 熟悉旅游资源分区的原则。

思政目标：

通过旅游资源地域分异与分区的学习，深刻认识区域旅游资源开发必须立足自身优势，因地制宜，树立正确的人地观。

第一节　地域分异与我国旅游资源

一、地域分异规律与旅游资源

地域分异规律(rule of territorial differentiation)也称空间地理规律，是自然地理环境各要素及其所组成的自然综合体在地表按一定层次发生分化并按确定的方向发生有规律的分布，形成多级自然区域的现象。

地域分异规律分为纬度地带性规律、经度地带性规律、山地垂直地域分异规律。

纬度地带性规律是由于太阳辐射纬度分布不均造成的。太阳辐射由低纬向高纬度递减，依次形成了热带、亚热带、温带、寒带，导致自然带(植被、土壤等)出现了沿南北(经线)方向更替、东西(纬线)方向延伸的规律，即纬度地带性规律。

经度地带性规律是由于距海远近不同造成的。从沿海到内陆降水量一般来说逐渐递减，导致自然带(植被、土壤等)出现了沿南北(经线)方向延伸、东西(纬线)方向更替的规律，即经度地带性规律。

山地垂直地域分异规律是由海拔不同造成的。从山麓到山顶，水热条件不同，导致自然带(植被、土壤等)出现了沿垂直方向更替、水平(等高线)方向延伸的规律，即山地垂直地域分异规律。

水平地带性分异(纬度地带性分异、经度地带性分异)和垂直分异反映了自然地理环境的大尺度分异，它们直接塑造出复杂多样、地域特征明显的自然旅游资源。如赤道附近的亚马逊平原是热带雨林景观，两极地区是冰原、苔原景观；北纬40°的亚欧大陆两岸是温带落叶阔叶林景观，同纬度内陆则是荒漠、草原景观；非洲的乞力马扎罗山山麓是热带景观，山顶则是冰雪景观。

人文旅游资源的形成与历史、民族等因素密切有关，但也深受自然环境的影响和制约。文化的地域分异现象是在自然地理分异的基础上形成的，具有间接性特征并与自然地理环境存在一定的对应关系。分布于不同自然带内的地域文化，在聚落形态、建筑材料、空间布局、饮食习俗等方面存在着显著的地域差异。例如我国南方的饮食以米食为主，北方的饮食以面食为主，欧洲的饮食以牛奶及其制品为主，主要是因为我国南方地区气候湿热适合水稻生长，北方地区降水少，适合小麦生长，欧洲地区光热不足，不利于发展种植业，但适合多汁牧草的生长，乳畜业发达，因此，三个地区的饮食习俗有较大的差异；我国华北平原的农村建筑多以四合院为主，且屋顶较平，比较低矮，建筑材料以砖为主，云贵高原地区农村建筑多以吊脚楼为主，且屋顶较尖，比较高大，建筑材料以木材、竹子为主，主要原因是华北平原降水量少，冬季气温低，低矮的四合院利于保暖，且平原地区木材、石块较少，但土层深厚，因此，建筑材料多选择用土烧制的砖块；云贵高原地区属于亚热带季风气候，降水量大，夏季较热，且地表崎岖，顶尖、高大的吊脚楼容易依山而建，利于排水、通风散热，且山地地区木材、竹子较多，因此，建筑材料多选择木材、竹子。

二、我国旅游资源地域分异

我国地域辽阔、差异显著、历史悠久、民族众多，自然旅游资源和人文旅游资源丰富多彩、特色突出。受自然地理环境、人类地域空间活动等因素的影响，我国旅游资源的分布呈现出一定的规律性。

（一）旅游资源的东西差异

自然旅游资源所表现出的综合形态大体有两种：一种是由各自然要素相互协调、衬托辉映的调和型综合形态；另一种是由各自然要素构成的相互矛盾、对立抗衡的矛盾型综合形态。就我国而言，两种形态的地区差别主要体现在东西部地区之间（黑龙江漠河-云南腾冲线）。东部地区的旅游资源往往是层次丰富、相互协调、相互烘托的统一体，形成自然资源美的综合形态。如东北地区森林、冰雪等要素有机组合，相互烘托，形成了独特的“林海雪原”景观；黄山的云雾、山顶、日出等要素有机组合，相互映衬，造就了“彩色云海”这一奇观。西部地区由于受地形地势和深居内陆的影响，自然资源总体特征多以矛盾型综合形态存在。如在沙漠中的短命菊、仙人掌、胡杨树，在干旱或高寒气候条件下出现的大草原等，都是在对立抗衡的关系中发展起来的。

东部地区是汉族的发祥地和主要聚居区，人文旅游资源以汉文化为特色。数千年来，汉族人民通过在该地域内的生产和生活活动，通过对国外异族文化和国内少数民族文化的兼收并蓄，创造了博大精深的汉族文化。西部地区少数民族众多，人文旅游资源以少数民族文化为特色。西部地区浓厚的少数民族文化特色，充分体现在风俗习惯、节日庆典、语言文字、宗教信仰、文化艺术、生产活动，以及吃、住、穿、娱乐等各个方面。

（二）旅游资源的南北差异

1. 西部地区的南北差异

西部地区，以昆仑山和祁连山为界，分为南北两大部分。南部是青藏高原区，高和寒是本区的特点，在此背景下形成的自然旅游资源多具有高寒特色，如高山冰川、雪峰、草甸等，北部地区属于新疆，身居内陆，降水少，干旱是本区的特征，在此背景下形成的自然旅游资源多具有干旱特征，如浩瀚的沙漠、造型奇特的风蚀地貌等。西部地区，由于自然条件、民族构成等条件的不同，人文旅游资源差异也特别明显。南部临近南亚各国、海拔高、气温低，民族以藏族为主，所以，其人文旅游资源的特点是：佛教文化、藏文化特色突出，生产生活设施景观都具有高寒性特点。北部地区南邻西藏，西与中亚国家接壤，北靠俄罗斯、蒙古，东与内蒙古自治区相邻，气候干旱，民族构成以维吾尔族、回族、蒙古族为主，所以，其人文旅游资源的特点是：伊斯兰教文化、佛教文化都比较发达，牧场、绿洲和古城特色突出。

2. 东部地区的南北差异

东部地区以秦岭-淮河为界，分为南北两大部分。南部地形以低山丘陵为主，属亚热带、热带季风气候（少部分地区），水热条件较好，植被茂盛，动物多样，自然风景清新动人，从而使这个地区的旅游资源形成了以“秀”为主的风景特色。北方地区属于温带季风气候，水热条件较南方差，因此，生物和水域景观逊于南方，但该地区有雄（如泰山）、险（如华山）为特色的名山，有强烈流水侵蚀塑造而成的各种黄土地貌，还有茫茫的林海雪原，其“雄”的特点较南方突出，从而构成了南秀北雄的旅游资源特点。东部地区，由于受自然条件和历史条件的影响，人文旅游资源同样呈现南秀北雄的特点。如北部有巍峨的宫殿、高大的陵墓、气派的园林、雄伟的礼制建筑等，处处给人以雄的美感，而南部从一般的民宅建筑、私家园林，到田野风光，处处都体现秀的特色。总体来说，我国东部地区人文旅游资源“南秀北雄”的分布特征的形成，是人类社会经济活动、文化活动与所处的自然地域环境相适应的结果。

(1) 南北方自然条件的不同。北方地区属于温带季风气候，地形以平原为主，南方地区属于亚热带、热带季风气候(少部分地区)，地形以低山丘陵为主，降水、温度、湿度、地形等有很大的差异，所以南北方的建筑结构、形式、材料、颜色以及生产生活设施都表现出很大的不同，如南方建筑屋顶较尖、颜色以灰白为主色调，与南方降水多、空气湿度大相适应；北方建筑屋顶较平、颜色以红黄为主色调，与北方降水少、空气比较干燥相适应。

(2) 历史的原因。北方地区自古以来绝大部分时间是我国的政治、经济、文化和人类活动的中心，统治阶级为了满足其统治、奢侈享受、显示威严权贵的需要，往往倾国家之财力，打造各种庞大的工程，如宫殿、陵墓、园林和各种礼制建筑等。这些建筑不仅工程浩大，气势雄伟壮观，而且用料讲究，艺术性极高，极为富丽堂皇。而南方地区这类建筑较少，但经济发达，有钱的商人和富户较多，私家园林和宅院建筑一般较北方气派，无论建筑形式、建筑结构，还是用工材料都极为讲究。但是这些建筑终因是私家民宅，其建筑式样、结构、色彩都受到诸多限制，故南方建筑多秀丽淡雅。

(3) 北方是历代王朝战略争夺的重点，有许多大的历史战争发生于此。游览这些战争遗址，往往也会使人产生一种雄浑、悲壮的意境。而且北方的古人类遗址较多，这些遗址对游人具有神奇的吸引力，会给游人留下原始、粗犷的自然美感。而南方的一些人文古迹文明程度较高，常给游人留下精巧秀雅的美感。

三、我国旅游资源分布规律

1. 三大阶梯交界处是旅游资源富集区

我国旅游资源主要分布在三大地形阶梯的过渡区域，这是我国旅游资源分布最明显的地理规律。在第一阶梯与第二阶梯的过渡区域，即昆仑山-阿尔金山-祁连山-岷山-邛崃山、横断山脉，聚集了众多国家级风景名胜区，如敦煌石窟、九寨沟、四姑娘山、玉龙雪山、三江并流区等。在第二阶梯与第三阶梯交界过渡区，即大兴安岭-太行山-巫山-雪峰山一线，主要分布着五大连池、承德避暑山庄、五台山、华山、龙门石窟、神农架、长江三峡、武陵源等著名景区。第三阶梯向沿海过渡区的山脉主要分布在长白山山脉-千山山脉-武夷山脉一线，著名的景区有镜泊湖、松花湖、长白山天池、金石滩、泰山、黄山、千岛湖、武夷山等。

2. 三大纬向构造带也是旅游资源的富集区

我国由北向南，每隔 8 个纬度分布着一个巨纬向地形，形成了三大纬向构造带。居北的是天山-阴山-燕山，集聚着如博格达峰、吐鲁番、长城、西夏王陵、北戴河等。居中的是昆仑山-祁连山-秦岭-大别山。其中重要的旅游资源有昆仑山、祁连山、华山、武当山等。居南的是南岭，重要的旅游资源有丹霞山、大瑶山等。

3. 自然旅游资源富集区多为生态脆弱区

我国以自然旅游资源为主的景区，包括风景名胜区、自然保护区、国家森林公园、国家地质公园等，主要分布在山区、高原、荒漠等区域，这些区域生态环境比较脆弱。

山区虽然拥有茂密的森林，但受到多年砍伐的威胁，以及本身地质构造的复杂活跃，谷深坡陡，一旦被破坏，恢复困难，而且地质灾害严重，如横断山区、武夷山区。

高原或因喀斯特地区、或因黄土流失、或因高寒等，植被稀疏，地表裸露，生态环境十分脆弱，如云贵高原、黄土高原、青藏高原等。

荒漠地区干旱缺水、植被非常稀疏，本身就是恶生态区域。

第二节　旅游资源分区的意义与原则

一、旅游资源分区的意义

旅游资源分区是对客观存在的旅游资源区域所进行的逐级划分和归并，目的在于为国家和地区合理开发利用旅游资源、因地制宜地发展旅游业打下科学的基础。总的来看，进行旅游资源分区具有如下四方面的意义：

(1) 有助于全面认识国家或地区的旅游资源特点乃至科学制定各级旅游资源开发利用规划，使其更具有全面性、适应性和可操作性。

(2) 有助于准确把握各地旅游资源优势和开发利用方向，为因地制宜开发旅游资源和合理布局旅游业提供依据。

(3) 有利于塑造鲜明的区域旅游形象，打造区域旅游品牌，既便于有针对性地进行市场开拓，也便于旅游者自主选择旅游目的地。

(4) 有助于具体指导旅游经营者安排各种富有地方特色的旅游活动，从而卓有成效地开展区域旅游。

二、旅游资源分区的原则

区域旅游资源分区是一项复杂的工作，一般来说，它应遵循以下原则：

1. 地域性原则

无论中国还是世界，多种多样的旅游资源莫不受到自然地理分异规律和人文历史发展规律的制约，表现出显著的地域性特征。这是旅游资源最本质的特征之一，也是旅游资源分区的基础和依据。旅游资源根据属性不同，分为自然旅游资源和人文旅游资源两大类。对于自然旅游资源来说，其分异受自然要素地域分异规律，即纬度地带性、经度地带性和垂直地带性规律的影响。人文旅游资源的空间分布有其历史、民族和人文诸因素的作用，但也深受自然环境的影响和制约。因此，地域性原则是我们遵循的根本原则，也可以说是区划的总原则。

2. 资源相似性原则

资源相似性原则要求在旅游资源分区时，将那些成因上具有共同性、形态与特征上具有类似性、功能上具有通用性和发展方向上具有一致性的旅游资源归并在相同的旅游区内，使所划分的同一区域内部旅游资源相似性最大，而差异性最小；区际间则差异性最大而相似性最小。这样，就有助于深入发掘同一旅游区内各种旅游资源之间的内在联系和规律，以及不同旅游区之间旅游资源的本质差异，从而为旅游资源开发提供较为系统的科学依据。

3. 行政区划相对完整原则

旅游资源分区的目的在于方便人们更好地开发利用旅游资源，对旅游资源区域进行有效的管理。旅游资源开发涉及政府多个相关部门，需要这些部门紧密配合才能完成，因此，在进行旅游资源分区时，为了便于今后旅游资源开发，并出于方便管理的考虑，应尽可能照顾行政区域的完整性，即旅游资源分区应尽可能在行政区范围内进行，不要轻易打破行政区域界限。

4. 层级性原则

旅游资源的相似性和差异性具有相对性，一般而言，区划单位的等级由高到低，相似性逐渐增大，差异性逐渐减小。从全国到地方客观存在的完整的旅游资源区体系，有不同的功能类型和不同的等级层次结构，因此，只有按照一定的层次等级划分旅游资源区，才能真实地反映出不同等级层次旅游资源区的区内相似性和区域差异性程度，以及区际的客观从属关系。

5. 主导性原则

主导性原则要求在分区过程中，面对类型多样、分布广泛的旅游资源，必须在综合分析各种资源在空间组合上和时间演变中所具有的共性特征的基础上，寻找区域旅游资源的主要特点，尤其是突出能够反映本区特色和体现区域差异的主导因素；对不同等级，甚至同一等级内的不同地域，则突出其一两个因素，作为划分旅游区的主要依据，从而使区域旅游主题和形象更加鲜明。

6. 综合性原则

综合性原则是对主导性原则的有益补充，因为，一方面旅游资源是在自然地理各要素与人类的政治、经济、文化活动长期相互作用过程中所形成的，即旅游资源具有综合性；另一方面，旅游资源分区既要以旅游资源为主导因素，同时，还要兼顾旅游功能、旅游活动、市场需求等多种因素，因此，旅游资源分区还需遵循综合性原则。

第三节　我国旅游资源分区

我国旅游资源分区长期以来一直是业界和学界关注的课题，但是，迄今为止仍未形成业界和学界达成共识的分区方案。笔者对肖星、王伟等学者关于我国旅游资源分区的方案进行分析总结，取众家之长，形成本书关于我国旅游资源分区的方案（见表 8-1）。

表 8-1　我国旅游资源分区（一级）及范围

旅游区名称	范围
东北林海雪原、近代名城旅游区	黑龙江省、吉林省、辽宁省
中原华夏文明、山海形胜旅游区	北京市、天津市、河北省、河南省、陕西省、山西省、山东省
华东山水园林、都市风光旅游区	上海市、江苏省、浙江省、安徽省
华中峡谷名山、文化胜迹旅游区	重庆市、湖北省、湖南省、江西省
华南南国海滨、中西文化旅游区	广东省、海南省、香港、澳门
西南奇山异水、民族文化旅游区	四川省、云南省、贵州省、广西壮族自治区
西北丝路古迹、大漠绿洲旅游区	甘肃省、宁夏回族自治区、新疆维吾尔族自治区
塞外草原风光、民族风情旅游区	内蒙古自治区
青藏雪域高原、宗教文化旅游区	青海省、西藏自治区
闽台海岛风光、客家文化旅游区	福建省、台湾省

一、东北林海雪原、近代名城旅游区

东北林海雪原、近代名城旅游区位于我国东北部，包括黑龙江省、吉林省、辽宁省。本区旅游资源的突出特色为：林海雪原景观、近代名城。

该旅游区由于纬度位置高，冬季漫长严寒且降雪充沛，加之该地区多山（大兴安岭、小兴安岭、长白山等），森林茂密，形成了冬季奇观——林海雪原风光。此外，吉林雾凇，哈尔滨的亚布力滑雪场、冰雪节、冰雪大世界，牡丹江市的雪乡等，也是游客青睐的旅游资源。与此同时，近百年的沧桑岁月，给本区的哈尔滨、长春、大连、沈阳等近代名城留下了不可多得的独特建筑风貌和厚重的历史文化沉淀；与俄罗斯、朝鲜相邻，又为该旅游区增添了不少别有韵味的异国情调。如哈尔滨市具有欧陆风情的中央大街，具有俄式建筑特色的圣索菲亚教堂、马迭尔宾馆；大连市的欧式花园广场以及具有俄国及日本风格的建筑；长春市的伪满洲国皇宫及“八大部”建筑；旅顺的日俄战争遗址；沈阳的张氏帅府和“九一八”陈列馆等。

此外，该旅游区纬度位置较高、森林茂密、河流湖泊多，导致夏季气温低，非常凉爽，成为避暑、疗养度假的理想去处，如大兴安岭、长白山、漠河北极村、松花湖等；长白山的天池、宁安市的镜泊湖、漠河的极光、大连的海滨风光、长春市的“汽车城”、沈阳的故宫、五大连池的火山地貌景观、集安市的高句丽王城、满族、朝鲜族、赫哲族等少数民族的民族风情等，也是该旅游区的优势旅游资源。

本区旅游资源开发方向：冬季以冰雪观赏、冰雪运动旅游为主，夏季以森林生态、避暑、疗养度假、科学考察、研学等旅游为主，全年则适宜开展近代名城欧陆东洋风情旅游。

二、中原华夏文明、山海形胜旅游区

中原华夏文明、山海形胜旅游区位于黄河中下游地区，包括河南省、陕西省、山西省、河北省、山东省、北京市、天津市。本区旅游资源的特色在于华夏古今文明和山海形胜。

黄河中下游地区是中华民族的重要发祥地，数千年的华夏文明史给这里留下了丰富的历史遗址遗迹和建筑设施旅游资源，如故宫、万里长城、天坛、颐和园、秦始皇兵马俑、平遥古城、龙门石窟、云冈石窟、曲阜三孔（孔庙、孔林、孔府）、承德避暑山庄、周口店“北京人”遗址、殷墟、五台山、少林寺、“蓝田人”遗址、“仰韶文化”遗址、“大汶口”文化遗址、半坡文化遗址、四合院、窑洞、红旗渠、京杭大运河等；本区是古代帝王定都最多的区域，我国七大古都（西安、北京、洛阳、安阳、开封、杭州、南京），有五大古都（西安、北京、洛阳、安阳、开封）位于本区，这些古都所在地，地上地下都保存着丰富的、价值颇高的文物古迹；本区还是抗日战争和解放战争的大本营，以延安和西柏坡革命旧址为代表的红色旅游资源在全国独树一帜。此外，北京的都市风貌（如雄伟壮丽的天安门广场、熙熙攘攘的王府井大街等）以及气势恢宏的现代建筑（如鸟巢、水立方等）、天津保存完好的“小洋楼”城市风貌、青岛八大关社区风貌，以及北京的地坛庙会、宝丰的马街庙会、陕北的信天游等汉族民俗风情等，也是中原人文景观旅游资源的重要组成部分。

区内的自然景观以名山胜景和优美的海滨风光为特色。中华五岳名山，本区有四个，即泰山、华山、嵩山、恒山，尤以泰山名气最大，此外，还有佛教名山五台山，道教名山崂山、夏季避暑胜地鸡公山等。本区东部临海，4 000 多千米的海岸线，孕育了优美的海滨风光，汇集了北戴河、青岛、烟台等优良的海滨型避暑胜地。

本区旅游资源开发的方向：应以华夏文明怀古、首都观光购物、名山览胜、海滨疗养度假旅游为主。

三、华东山水园林、都市风光旅游区

华东山水园林、都市风光旅游区地处长江下游，位于我国东部沿海地区，包括上海市、江苏省、浙江省和安徽省。本区旅游资源的特色在于名山秀水、古典园林和都市风貌。

本区名山众多，有“五岳归来不看山，黄山归来不看岳”美誉的黄山（四绝：奇松、怪石、云海、温泉）、有“海天佛国”之称的普陀山（佛教名山）、有“莲花佛国”之称的九华山（佛教名山）、有被乾隆誉为“江南第一名山”的齐云山（道教名山）、有“寰中绝胜”之称的雁荡山、有“万岳归宗”美誉的天柱山等。

本区处于长江下游，地势低平，河湖众多。有烟波浩瀚的太湖和洪泽湖，有景致如画的杭州西湖和扬州瘦西湖，有水碧山青的“两江一湖”（“两江”指富春江、新安江，“一湖”指千岛湖），有瀑多岩奇的楠溪江，有世界上里程最长、工程最大的人工运河——京杭大运河，有被誉为“天下第一潮”的钱塘江大潮等。

园林按占有者身份不同，可分为皇家园林和私家园林。本区的园林为私家园林，其特点是规模小，叠石理水，小巧别致，以灰、白为主色调，著名的园林有苏州的怡园、留园、沧浪亭、拙政园等，上海的豫园、秋霞圃、汇龙潭、古猗园等，扬州的个园、小盘谷、徐园、何园等，绍兴的沈园，嘉兴的绮园，黄山的鲍家花园等，其中，以苏州园林（素有“江南园林甲天下”“苏州园林甲江南”的美誉）最为著名。

本区大都市众多，有“十朝都会”南京、“人间天堂”杭州、“东方巴黎”上海等。

这些大都市以独特的城市风貌和购物天堂的商业氛围对国内外游客产生经久不衰的吸引力。此外周庄、同里等江南水乡古镇、上海的中共一大会址、杭州的灵隐寺、上海的迪士尼乐园、台州的方特主题乐园、皖南古村落（西递、宏村）、金寨的名人故居等，也是本区的优势旅游资源。

本区旅游资源的开发方向，应以会展和商务旅游、都市观光购物、名山览胜、水乡观光度假、红色文化体验、古城古镇古村落观光为主。

四、华中峡谷名山、文化胜迹旅游区

华中峡谷名山、文化胜迹旅游区位于长江中上游，包括重庆市、湖北省、湖南省、江西省。本区旅游资源的突出特色在于峡谷名山和文化胜迹。

横贯本区西部"幽深壮丽"的山水画廊长江三峡，连同大宁河小山峡构成了我国乃至全世界最为亮丽的一道峡谷风景线；举世瞩目的三峡工程的建设使本区出现了极为壮观的"高峡平湖"景观；烟波浩瀚的洞庭湖和鄱阳湖使本区呈现出了水乡泽国的美丽风景；大自然鬼斧神工的杰作——武陵源和三清山（世界自然遗产）、"一柱擎天"的道教名山——武当山（世界文化遗产）、五岳独秀的南岳名山——衡山、原始神秘的国家级自然保护区——神农架（世界自然遗产）以及素有"匡庐奇秀甲天下"之誉的庐山（世界文化遗产）皆位于本区，这些名山不仅景色优美，而且有些还具有深厚的历史文化内涵，是旅游者极为向往的地方。

古往今来，很多文人墨客以这里的名山大川、江河湖为创作对象，加之该区宗教文化源远流长以及历史上三国（魏、蜀、吴）长期逐鹿于此，所以，本区形成了很多高品位的文化胜迹，如本区有因文人墨客诗词名扬天下的我国古代江南三大名楼——黄鹤楼（因崔颢创作的《黄鹤楼》声名大噪）、岳阳楼（因范仲淹的《岳阳楼记》名扬天下）、滕王阁（因王勃《滕王阁序》名扬天下）；有轰动世界的长沙马王堆西汉古墓（20 世纪世界重大考古发现之一）；有中国诗坛上的千古绝唱《离骚》；有"悬崖瑰宝"大足石刻（世界文化遗产）；有"天下第一仙山"武当山（道教名山、武当武术的发源地，山上的道家古建筑群属于世界文化遗产）；有"中国道教第一山"龙虎山（世界自然遗产，道教正一派发源地）；有我国古代"以少胜多，以弱胜强"的七大战役中尚存原貌的古战场遗址——赤壁古战场等。本区还有许多高质量的红色旅游资源，如中国革命史上非常重要的三个革命圣地（井冈山、南昌、瑞金）、多个战争遗址地（如长沙会战、武汉会战、常德会战等遗址）以及伟人故居故里（如毛泽东故居、李先念故居等）；此外，"我国最美丽的小城"——凤凰古城，丰富多彩的土家族、苗族民俗以及风靡全国的渝菜、湘菜等，也是本区的优势旅游资源。

本区旅游资源开发的方向，应以山水览胜、宗教朝圣、文化休闲、红色文化研学与体验、民俗体验旅游和三国遗迹寻踪、生态、漂流、探险、科学考察等专项旅游为主。

五、华南南国海滨、中西文化旅游区

华南南国海滨、中西文化旅游区位于我国南部沿海，包括广东省、海南省、香港、澳门，其中，广东省是我国著名的侨乡。本区旅游资源的突出特色在于热带海滨风光和中西融合的文化。

本区绝大部分处在北回归线以南，且都濒临南海，所以，形成了独特、迷人的热带海滨风光。碧海、蓝天、白云、细浪、椰林、阳光、沙滩是本区热带海滨风光的真实写照。这里有被称为"中国夏威夷"的亚龙湾；有"中国的马尔代夫"之称的蜈支洲岛；有"天之涯、海之角"美誉的天涯海角；有"海上森林公园"之美称的东寨港红树林；除此之外，石梅湾、月亮湾、棋子湾、澄迈湾、龙沐湾、海棠湾、双月湾、鼎龙湾、桔钓沙以及南澳岛、东澳岛、外伶仃岛、海陵岛、下川岛、分界洲岛、西岛、椰子岛、西沙群岛、中沙群岛、南沙群岛等，也都有令人向往的海滨风光。

由于历史原因，香港、澳门受西方文化影响较大，在这两个地区形成了很多有名的中西文化融合的人文景观及美食，如大三巴牌坊、妈阁庙、圣老楞佐教堂、渔人码头、澳门历史城区、香港中银大厦、太子道唐楼、澳门民政总署大楼、香港立法会大楼、葡国鸡、猪扒包、豉油牛排、瑞士鸡翅等。

此外，"中国红石公园"——丹霞山、北回归线上的"绿宝石"——鼎湖山、"中国新一代游乐园的典范之作"——长隆欢乐世界、"深圳之眼"——世界之窗、"小蛮腰"——广州塔、世界文化遗产——开平碉楼、"世界瑶族第一寨"——南岗千年瑶寨、"中国最具国际水准的野生动物园"——长隆野生动物世界、"中国民俗博物馆"——锦绣中华民俗村、"南粤名山"——白云山、"岭海名邦"——潮州古城、"东莱第一山"——南山、世界级地质公园——雷琼海口火山群世界地质公园、"海南民族文化活化石"——槟榔谷、"南国夏宫"——五指山、童话王国——香港迪士尼乐园、著名海港——维多利亚港、广州琶洲会展中心、海口会展中心以及海口国际免税城、白鹅潭酒吧街、九龙尖沙咀广东道等，也都是本区的优势旅游资源。

本区旅游资源开发的方向，应以热带海滨观光、休闲度假、美食购物体验、国际会展商务、侨乡故土寻根、中西文化体验旅游为主。

六、西南奇山异水、民族文化旅游区

西南奇山异水、民族文化旅游区位于我国西南部，包括四川省、云南省、贵州省、广西壮族自治区。本区旅游资源的突出特色在于奇山异水和丰富多彩的民族文化。

本区地表广布可溶性岩石，加上湿热的气候以及地形等因素的影响，形成了全国乃至全球闻名的岩溶山水奇观，如桂林山水、路南石林、黄果树瀑布、黄龙钙化瀑布及五彩池、安顺龙宫、织金洞、九乡溶洞、万峰林、乐业天坑群等。此外，本区的峨眉山、青城山、梵净山、四姑娘山、玉龙雪山、三江并流、马岭河大峡谷、荔波樟江大小七孔、苍山洱海、西山滇池、德天瀑布、北盘江大峡谷等世界罕见的奇山异水，也足以令旅游者叹为观止。

本区是我国少数民族聚居区，主要分布有壮族、布依族、苗族、彝族、傣族、白族等少数民族，这些民族在长期的生产、生活中，形成了独特的民族风情（包括传统节日、风俗习惯、宗教信仰与祭祀、服饰、音乐、舞蹈等），如西双版纳和德宏的傣族风情，大理的白族风情，黔东南、黔南及黔西南的苗族风情，大小凉山的彝族风情，泸沽湖畔摩梭人"女儿国"生活习俗，南宁和柳州的壮族风情，北海疍家人的生活习俗，黔东南的侗族风情，川西地区的藏族风情等。这些民族风情都早已名扬国内外，令人心驰神往。

此外，九寨沟风情区、乐山大佛、丽江古城、都江堰、赤水丹霞、澄江化石遗址、红河哈尼梯田文化景观、遵义播州海龙屯、左江花山岩画、卧龙大熊猫栖息地、广汉三星堆古蜀文化遗址、成都武侯祠、自贡恐龙博物馆、汶川地震遗址公园、动植物王国"西双版纳"、遵义会议会址、百色起义纪念馆、北海银滩、涠洲岛、东兴口岸、打洛口岸、六盘水三线文化遗址以及备受旅游者喜爱的川菜、黔菜、滇菜，六盘水、贵阳、昆明、大理等地的夏季气候，也都是区内高品位的优势旅游资源。

本区旅游资源开发的方向，应以山水奇景览胜、民族风情体验、生态休闲避暑、边境采风购物旅游和宗教朝觐、高山探险、溶洞探险、动植物观赏、生态科考、三线文化体验等专项旅游为主。

七、西北丝路古迹、大漠绿洲旅游区

西北丝路古迹、大漠绿洲旅游区位于我国西北部，包括甘肃省、宁夏回族自治区、新疆维吾尔族自治区。本区旅游资源的突出特色在于大漠绿洲和丝路古迹。

西北地区位于我国和中亚的结合部，地理位置非常重要，自古以来都是我国和中亚以及欧洲国家商贸的必经之地。开拓于两千多年前，在世界文明史上地位显赫的亚欧商贸大道——“丝绸之路”自东向西贯穿本区，沿线保存至今的文物古迹历史之久，数量之多，品位之高，涵盖民族之广，实为世所罕见。诸如“东方雕塑陈列馆”美誉的麦积山石窟、“东方金字塔”美誉的西夏王陵、万里长城西起点嘉峪关、塞外关隘遗址——玉门关、“世界佛教艺术宝库”——敦煌莫高窟、我国四大水利工程之一的坎儿井，维吾尔族古建筑艺术的典范、伊斯兰教著名的喀什艾提尕尔清真寺，以及曾经辉煌一时的高昌、交河、楼兰古城遗址等。

西北地区降水稀少，气候干旱，孕育了雄浑苍凉、别具情趣的大漠风光和唯此独有、生机盎然的绿洲美景。比如堪称奇观的敦煌雅丹地貌、鸣沙山-月牙泉、银川沙湖、乌尔禾魔鬼城、中卫沙坡头，神秘莫测的塔克拉玛干沙漠和腾格里沙漠，瓜果飘香的吐鲁番葡萄沟、伊犁河谷绿洲、张掖绿洲等。

此外，雪峰高耸的帕米尔高原、“瑶池仙境”——天池、千姿百态的透明梦柯冰川和托木尔冰川、如诗如画的喀纳斯湖和赛里木湖、号称“东方好莱坞”的镇北堡西部影城、美轮美奂的张掖丹霞地貌、惊险神秘的天山大峡谷、草丰畜肥的甘南草原、具有浓郁伊斯兰建筑风格的国际大巴扎以及丰富多彩的少数民族（维吾尔族、回族、藏族、哈萨克族等）风情等，也都是区内高品位的优势旅游资源。

本区旅游资源开发的方向，应以丝路胜迹品鉴、大漠绿洲览胜、民族文化体验、生态休闲运动旅游和沙漠探险、登山探险、狩猎、滑翔及汽车拉力赛等专项旅游为主。

八、塞外草原风光、民族风情旅游区

塞外草原风光、民族风情旅游区位于我国北部，空间范围与内蒙古自治区的行政区域重合，地接俄罗斯和蒙古，沿边优势明显。本区旅游资源的特色在于草原风光和蒙古族风情。

内蒙古自治区属于干旱、半干旱地区，与之相伴而生的植被是大面积的草原，夏季时节千里绿海，牛羊如云，骏马奔腾，蒙古包点点，真实地呈现了古代民歌所描述的“天苍苍，野茫茫，风吹草低见牛羊”的场景，以呼伦贝尔、科尔沁、葛根塔拉、鄂尔多斯、锡林郭勒、阿拉善、乌兰布统等地最为典型。

内蒙古自治区是蒙古族居民的集中分布区。这里的蒙古族风情十分独特，其热情豪放的性格和高亢欢快的歌舞早已闻名国内外。每年 7～8 月在各大草原上举行的“那达慕大会”是蒙古族人民一年一度的盛会，期间必不可少的摔跤、射箭、赛马等传统民族体育娱乐活动吸引了无数游客竞相观赏和参与；传统美食烤全羊、风干牛肉、蒙古奶茶、手把肉、奶豆腐、奶皮子等也深受游客的喜爱；此外，区内少数民族鄂伦春族、鄂温克族的民族风情也十分独特，这两个少数民族以狩猎、采集、捕鱼为生，传统服饰多以皮毛制作，食物以猎物的肉及鱼为主要原料，在现代社会，鄂温克族和鄂伦春族依然保留着许多传统习俗和风情。这些传统习俗和风情对非本民族的旅游者具有很强的吸引力。

呼和浩特的大昭寺、鄂尔多斯的响沙湾和成吉思汗陵、满洲里的满洲里国、呼伦贝尔的额尔古纳湿地、乌兰察布的乌兰哈达火山地质公园、赤峰的玉龙沙湖等，也是区内高品位的优势旅游资源。

本区旅游资源开发的方向，应以草原观光、民族风情体验、北国边陲观光旅游和狩猎、边贸等专项旅游为主。

九、青藏雪域高原、宗教文化旅游区

青藏雪域高原、宗教文化旅游区位于我国西南部，包括青海省、西藏自治区，是世界上环境污染较轻且极具神秘色彩的旅游区。本区旅游资源的突出特色在于雪域高原和宗教文化。

青藏高原平均海拔 4 000 米以上，是中国最大、世界海拔最高的高原，被称为“世界屋脊”“第三极”。由于海拔高、气温低，高原顶端终年被积雪和冰川覆盖，因此，被称为“雪域高原”。高原上的喜马拉雅山是世界海拔最高的山脉，这里人迹罕至，极具神秘色彩，每年都吸引着全球无数的登山爱好者、探险者、科考人员前往；雅鲁藏布江大峡谷是世界上最大、最深的峡谷，堪称“地球上最后的秘境”，同样吸引着无数的探险者、科考人员前往；可可西里国家级自然保护区是我国较大的无人区之一，被誉为“青藏高原珍稀野生动物基因库”，具有重要的生态、科研及探险价值；美丽而神秘的三江源（长江、黄河、澜沧江的源头）是我国重要的生态安全屏障和高原生物种质资源库，同样具有重要的生态、科研及探险价值；绒布冰川是珠峰之下的复式山谷冰川，由于景色奇绝，被登山探险者们誉为世界最大的“高山上的公园”；有“高原明珠”之称的青海湖是我国最大的咸水湖，四周高山环绕，夏季气温低，是理想的避暑胜地，每年 4 月底至 7 月初，大量水禽和候鸟在此汇聚，同时，也是理想的观鸟地。

本区居民以藏族为主，主要信奉藏传佛教，城乡各地佛塔、佛寺广布。佛事活动隆重而盛大，到处经幡猎猎，终日香火不断，念经、转经和跪拜朝佛者比比皆是。本区宗教文化之厚重、影响之广泛、氛围之浓烈，是其他任何地方都所不及的。布达拉宫因其建筑的历史悠久、气势非凡以及对研究藏族历史、社会文化、宗教所具有的特殊价值，而成为举世闻名的名胜古迹。此外，西宁的塔尔寺、拉萨的甘丹、色拉、哲蚌三大寺以及日喀则的扎什伦布寺也都是本区的名寺，深受旅游者的喜爱。

本区是藏族聚居区，这里的藏族风情原生纯正、淳朴自然，浓郁迷人。藏族居民特有的生产生活方式、饮食、节日、服饰、舞蹈、文学艺术作品等也是本区的优势旅游资源。

本区旅游资源开发的方向，应以雪域观光、宗教朝圣、藏文化体验、生态运动旅游和探险、科考、狩猎等专项旅游为主。

十、闽台海岛风情、客家文化旅游区

闽台海岛风情、客家文化旅游区位于我国台湾海峡两侧，包括福建省、台湾省。其中，福建省是我国著名的侨乡之一。本区旅游资源的突出特色在于亚热带海滨及海岛风光、丰富多彩的客家文化。

本区绝大部分属于亚热带，且都濒临海洋，因此形成了独特、迷人的亚热带海滨及海岛风光。福建省东部海滨、台湾岛海滨、“海上花园”鼓浪屿以及异彩纷呈的平潭岛、东山岛、猴研岛、湄洲岛、澎湖列岛等，都有令人向往的阳光海滩。

福建是我国客家人占比较高的省份，主要分布于西部和南部的龙岩、三明、漳州等地区。客家人在长期的生产生活中形成了独特的客家建筑及美食，如著名的世界文化遗产——福建土楼（包括初溪、洪坑、高北、田螺坑和大地土楼群以及衍香楼、振福楼、怀远楼和贵楼四座代表性土楼）、“民间故宫”——培田古民居（客家古村落）、“客家大宅门”——芷溪村古民居（客家古村落）、休闲养生度假地——天一温泉度假村（度假村设计融入了许多客家元素）、客家白斩鸡、客家酿豆腐、客家梅菜扣肉、连城白鸭汤等。

此外，“奇秀甲东南”的世界双重遗产——武夷山、“世界宗教博物馆”泉州的多种宗教建筑、宁德世界地质公园、泰宁世界地质公园、三坊七巷（有“中国城市里坊制度活化石”和“中国明清建筑博物馆”的美称）、台胞敬仰的湄洲岛妈祖庙以及台湾的阿里山、日月潭、101 大厦、“台北故宫博物院”、野柳地质公园、清水断崖、高山族风情等，也是区内高品位的优势旅游资源。

本区旅游资源开发的方向，应以亚热带海滨观光、休闲度假、侨乡故土寻根、客家文化及高山族风情体验、森林生态、科学考察旅游为主。

课后思考

1. 简述我国旅游资源的地域差异。
2. 简述我国旅游资源的分布规律。
3. 简述旅游资源分区应遵循的原则。

4. 以自己的家乡为例，判断其属于我国哪个旅游资源分区，并介绍该分区旅游资源的突出特色及开发方向。

案例分析：

中国最年轻的火山岛——涠洲岛

涠洲岛位于北海市南面海中，距市区 36 海里，面积 24.74 平方公里，别名大蓬莱。涠洲即水围之州，意为海水包围的陆地。岛上最高点海拔 79 米。这个由火山喷发堆凝而成的广西第一大岛，也是国内最大的火山岛。现岛上南湾港那个大半圆形状的港湾就是当年的火山口，南湾港海边，还可以找到几厘米至一二米大小、形如鹰嘴状、香蕉状或椭圆状的火山弹，可看到由岩浆形成的环形纹路、状如锅底的岩石结构，残留着因受到火山岩块掉落冲撞而成的大小凹坑，是一部非常真实且极具说服力的“火山地质”资料。涠洲岛地处北回归线以南，属于热带季风气候，冬无严寒，夏无酷暑，年平均气温 22.6 ℃。涠洲岛是我国最美丽的海岛之一，这里风光秀丽，景色迷人，拥有火山、海蚀、生物、气象等独特的自然景观，此外，该地区有着悠久的历史和丰富的人文景观，如岛上的古村落保存完好，拥有着典型的渔家风情和古朴的建筑风格；灯塔是这里的又一著名景点，它建于清朝光绪年间，是中国近代第二座使用钢筋混凝土结构的灯塔，被誉为“中国灯塔博物馆”；天主教堂位于盛塘村，落成于 1880 年，是典型的哥特式建筑，高大雄伟，正门顶端是钟楼，高耸着罗马式的尖塔，有着随时“向天一击”的动势，造成一种“天国神秘”的幻觉。

资料来源：根据涠洲岛相关网络资源整理。

结合材料及所学内容，分析解决以下问题：

（1）分析涠洲岛旅游资源的突出特色。

（2）简述涠洲岛旅游资源的开发方向。

参考文献

[1] 肖星，王景波. 旅游资源学[M]. 天津：南开大学出版社，2013：219-232.

[2] 谢泽明. 旅游资源学[M]. 北京：机械工业出版社，2022：60-65.

[3] 王伟. 旅游资源学[M]. 武汉：华中科技大学出版社，2023：186-196.

[4] 石高俊. 中国旅游资源分区初探[J]. 南京师大学报（社会科学版），1994(3)：13-17.

[5] 董平. 我国旅游资源区划初探[J]. 地域研究与开发，2000(3)：73-76.

第九章　旅游资源保护与可持续利用

学习目标：

1. 认识旅游资源保护的必要性。
2. 能够举例说明旅游资源遭受破坏的原因。
3. 熟悉旅游资源保护的原则。
4. 正确认识旅游资源保护与开发利用的关系。
5. 掌握旅游资源保护的手段、旅游资源保护与可持续利用的途径。

思政目标：

通过学习旅游资源破坏的原因及保护的必要性，深刻认识旅游资源保护的重要性，树立旅游资源保护意识并积极主动参与旅游资源保护。

通过旅游资源保护与开发利用的学习，正确认识二者之间的关系，深刻领悟唯物辩证法。

第一节　旅游资源保护

旅游资源保护是相对于旅游资源开发提出来的，它不仅包括对旅游资源本身的保护，而且还包括对周围环境的保护。

一、旅游资源遭受破坏的原因

随着时间的不断推移，旅游资源不可避免地受到大自然和人类活动的影响，从而出现衰败的迹象，甚至遭到破坏。旅游资源遭受破坏的原因可分为自然破坏和人为破坏两大类。

（一）自然破坏

根据影响的程度和速度，将自然破坏分为突发性破坏和缓慢性破坏两种。

1. 突发性破坏

突发性破坏是指自然界中突然发生的变化，如地震、火山喷发、海啸、泥石流、滑坡等自然灾害。这些自然灾害会直接改变一个地区的面貌，毁掉部分或全部的旅游资源。如在2008年的汶川大地震中，“都江堰·青城山”景区中的二王庙损毁严重(地震造成二王庙片区山体滑坡，秦堰楼下沉，戏楼、厢房、52级梯步、照壁、三官殿、观澜亭等建筑和围墙全部垮塌)；1997 年，夏威夷岛最古老的瓦吼拉神庙被基拉韦厄火山喷出的岩浆淹没，一座有 700 年历史的名胜古迹就此毁于一旦。

2. 缓慢性破坏

缓慢性破坏是指自然界的风化侵蚀，会慢慢改变旅游资源的形态和性质。旅游资源的缓慢性破坏包括自然状态下的寒暑变化、风吹雨淋及生物作用等所导致的旅游资源形态和性质的改变。任何露天的建筑、雕塑、壁画等都时刻受到自然风化的危害，如埃及的基奥普斯大金字塔，近一千多年的风化所产生的碎屑体积已达 5 万立方米，平均每年损耗 50 立方米；长城西段位于我国西北内陆地区，长期遭受风力侵蚀，部分段落已经消失。

微生物对旅游资源的化学分解作用也属于自然风化。位于斯洛伐克的圣伊丽莎白大教堂由于鸽子粪便的堆积腐蚀作用，教堂受到了严重破坏。

（二）人为破坏

旅游资源的人为破坏是多方面的，按破坏产生的根源来看，可分为建设性破坏、生产性破坏、管理性破坏、保护性破坏、旅游活动开展带来的破坏、战争的破坏六种类型。

1. 建设性破坏

建设性破坏主要指城市化发展、工程建设、旅游资源过度开发、影视拍摄活动、旅游开发与建设不当等造成的旅游资源破坏。

(1) 旅游资源过度开发对旅游资源的破坏

近年来，我国旅游产业迅速发展，旅游开发与建设出现了空前的热潮。然而，由于种种原因，开发建设中出现了很多问题，特别是过度开发问题，不但对旅游资源依存的生态系统和人文环境构成了巨大的压力，甚至引起了旅游资源的退化。例如，在我国一度兴起的生态旅游热中，大部分保护区过度开发生态旅游资源，已造成 44%的保护区存在垃圾污染，2%出现水污染，11%有噪声污染，3%有空气污染，22%的自然保护区的保护对象受到损害，11%出现旅游资源退化。

(2) 旅游开发与建设不当对旅游资源的破坏

旅游开发与建设不当，会对生态环境以及旅游资源造成一定程度的破坏，如西岳华山，当年为了建设一条进山路，毁千年绝壁，埋溪流泉水，把 6 000 米长的山道上的树木连同千年古树一起砍光，对华山生态环境及自身景观造成了一定程度的破坏。此外，旅游开发与建设不当，也会造成旅游资源历史文化价值和观赏价值的破坏甚至消失。

(3) 城市化发展和工程建设对旅游资源的破坏

如果城市发展、市镇建设等规划与开发不合理,也会造成对当地旅游资源及景观环境的破坏。如吴江市平望镇本来是一个河网密布的水乡古镇,但近20年来为了市镇建设填平了镇上的大部分河流,昔日“小桥流水人家”的景象已不复存在;中国四大名园之一的苏州拙政园,周围建了6个工厂,烟囱、水塔、高楼等建筑挡住了旅游者的视线,破坏了风景区的整体环境,站在园区内已无法看到雄伟挺拔的北寺塔。

(4) 影视拍摄活动对旅游资源的破坏

为确保影视作品质量,越来越多的剧组进驻名胜古迹、生态保护区等景区拍摄影视作品,在促进当地旅游、经济发展和提高当地知名度的同时,也给外景地造成不同程度的破坏。影视拍摄对外景地的破坏主要表现在三个方面:一是垃圾污染,如《无极》拍摄之后,香格里拉碧沽天池成了大垃圾场;二是搭景破坏,如《惊情神农架》和《情天大圣》主要拍摄场景集中在神农架的大龙潭、小龙潭以及三岔、钢厂坪一带,为了搭建剧中场景,剧组在自然环境优美的山林中人造了假山,还在假山堆上刻上“巴桃园”“情天大圣”的字样,和周围环境格格不入;三是拍摄破坏,如《神雕侠侣》剧组在神仙池钙化层上非法搭建用于拍摄的人工景观,肆意践踏神仙池钙化堤,留下几十个可能多年也不能修复的印记。此外,在影视剧拍摄过程中,如果拍摄地选择文物保护单位、生态保护区,拍摄过程中人的活动、摄像机的光线甚至噪声等都会对文物以及保护区内的生物造成一定程度的破坏和影响。

2. 生产性破坏

生产性破坏是指工农业生产对旅游资源的破坏和对旅游环境的污染。工农业生产对旅游资源以及旅游区自然生态环境的破坏,往往是相当严重的。首先,旅游区外围兴建的化工厂、造纸厂等工厂产生的废弃物(废水、废气、废渣)污染和破坏了旅游资源,如重庆华岩湖景区曾经遭受工业废水污染,泥石染成红褐色,湖水变黄,还有点异味。其次,落后的农业生产方式,无计划的过度采石、伐木、取水等,也造成了对旅游资源的破坏。如云南路南石林,大量的农民到景区采石,导致路南石林伤痕累累,不复往日风采。“水作青罗带,山如碧玉簪”的桂林漓江,由于上游森林过度采伐,蓄水功能下降,出现了86公里游览河段竟然仅能通航6公里的现象。再次,工业生产排放的温室气体,造成全球气候变暖,导致冰雪、海岛等旅游资源不断减少,如喜马拉雅山自2000年以来,随着全球气候变暖,其冰川的厚度平均每年减少0.46米。

3. 管理性破坏

旅游景区管理不善，也会造成旅游资源的破坏。管理性破坏具体体现在以下三个方面：

（1）景区超负荷经营，加速旅游资源的衰退

旅游资源经过开发后，旅游活动的开展，大量游客的涌入，加速了自然风化的速度以及人为磨损的速度，导致旅游资源受到破坏，如我国著名的敦煌莫高窟，过去洞窟中空气干燥，自然风化缓慢，艺术品经千百年仍然栩栩如生。但随着旅游的开发，大量游客进入石窟，人们呼出的水汽和二氧化碳改变了石窟内的空气环境，导致许多壁画的逼真细节已失去光泽，红色和肉色逐渐变为黑色；故宫铺地的"金砖"，每年磨损达 10～20 毫米；颐和园蜿蜒 700 多米的环湖长廊的地砖，每隔几年就要更换一次。

（2）旅游资源保护宣传工作不够，当地居民因个人私利造成对旅游资源的破坏

为谋取暴利，景区周边的一些居民对自然保护区内的各种珍稀野生动植物滥捕滥伐，致使许多生物濒临灭绝。如发生在庐山核心保护区内盗伐珍贵黄山松 1 000 多株的严重毁林事件，发生在西双版纳州的偷捕大象、野牛行为，发生在可可西里保护区的偷猎藏羚羊的行为等。

（3）缺乏有效的游客行为监督机制导致的旅游资源破坏

由于缺乏有效的游客行为监督机制，一些素质较低的游客，在景区内经常发生一些不文明的行为，如乱涂乱刻、攀折花枝、乱扔垃圾、驱散益鸟、攀爬雕像等，这些行为若得不到有效制止，将威胁部分旅游资源的存亡。

4. 保护性破坏

保护性破坏是指以旅游资源的保护为目标，但因措施不当，导致保护设施与周围环境不协调，或因保护性修护方法欠妥，引发对旅游资源的新的破坏。由于保护性破坏有良好的初衷，所以其隐蔽性更强。如某古镇在建筑修复时，直接把旧建筑拆掉，然后，在旧址上人工修建了仿古建筑，再配以现代灯光和设施，不仅使历史性建筑失去了原真性和特有的文化内涵，而且还破坏了古镇的整体环境。

5. 旅游活动开展带来的破坏

在一些旅游景区，旅游活动的开展会造成旅游资源及其依存的环境受到破坏，如旅游者的到访和观赏会破坏野生动物的栖息环境；为满足游客游览需求而配备的交通工具排放的废气、废油、废渣，以及餐馆、宾馆等产生的大量生活污水和生活垃圾，如没有及时有效地处理，会导致旅游资源及其依存的环境受到破坏。

6. 战争的破坏

战争是破坏旅游资源的较直接的方式，也是非常时期破坏程度较重的一种方式。从古至今，有无数的人工奇迹在战火中被损坏甚至毁灭。例如，享有“万园之园”美誉的圆明园在英法联军入侵下化为废墟。

二、旅游资源保护的必要性

1. 保护旅游资源才能实现旅游业的可持续发展

旅游资源是旅游开发的必备条件之一，是构成旅游产品的核心部分。没有旅游资源，就没有旅游业的生存和发展。然而，旅游资源在经过开发成为旅游产品后，会受到不同程度的影响和破坏，如稀世之宝的敦煌壁画、雕塑因发展旅游、接待游客导致许多壁画的逼真细节已失去光泽，红色和肉色逐渐变为黑色；故宫铺地的“金砖”，每年磨损达10～20毫米等。这些破坏无疑会降低或失去旅游资源的美学特征及观赏性、丧失历史文物价值及文化内涵，导致旅游资源对旅游市场的吸引力减退，直接威胁当地旅游业的可持续发展。因此，只有保护好旅游资源，旅游资源才能够永久发挥吸引游客的功能，旅游业才能持续健康发展。

2. 保护旅游资源就是保护生态环境和人文环境

生态环境是自然旅游资源存在的基础，同时自然旅游资源也是生态环境的重要组成部分。有些自然旅游资源主要由可再生资源组成，如生物、水景，若破坏不严重，有可能通过自然调节和人为努力得以恢复，但需要的时间较长，且耗资巨大，如云南昆明的滇池；然而，有些自然旅游资源属于不可再生资源，如山岩、溶洞等，若开发、保护不当，轻则使其失去原有的景观魅力，重则可导致其在地球上彻底消失；人文环境是人文旅游资源存在的基础，同时人文旅游资源也是人文环境的重要组成部分。人文旅游资源多是人类历史长河中遗留下来的文化遗产，一旦遭到破坏，便不能再生，即使付出极大的代价仿造，其内涵、意义也断不相同。因此，保护旅游资源就是保护生态和人文环境。

3. 保护旅游资源是保护旅游地文化的需要

人文旅游资源是旅游地文化的载体，反映旅游地的历史演变、建筑技术、宗教、民俗风情等。正因为人文旅游资源是旅游地文化的载体，具有深刻的文化内涵，才对游客具有很大的吸引力。丰富多彩、独具特色的旅游地文化是吸引旅游者前往旅游地游览、推动当地旅游业发展、促进旅游地经济繁荣的基础。因此，保护人文旅游资源就是保护旅游地文化，使其保持特色，并不断传承发展。

三、旅游资源保护的原则

1. 效益统一原则

坚持经济、社会、环境效益相统一的原则是持久开展旅游资源保护工作的基础条件。以资源为依托，以市场为导向，但过分强调经济效益，忽视社会、环境效益，必然会造成对旅游资源的破坏和对旅游文化的扭曲。只有实现资源经济效益、社会效益和环境效益的统一，在重视社会效益、环境效益的前提下获取最大的经济效益，才能从根本上促进旅游资源开发与保护的协同共进。

2. 社区参与原则

发动当地居民的参与是顺利开展旅游资源保护工作的重要途径。鼓励社区参与，让当地居民介入旅游区的开发和保护工作，及时协调居民与旅游区的利益，才能使旅游保护性开发得到当地居民的支持。在保护旅游资源的过程中，若忽视社区居民利益，不将他们视为实施保护工作的中坚力量，却只是想当然地把他们视为破坏旅游资源的潜在者，无形中就将居民与保护工作对立起来，这样，必然会引起当地居民和资源保护者在利益上的冲突，不利于引导居民主动传承当地文化习俗、保护历史遗迹、维护当地特色。

3. 依法保护原则

依法保护原则是落实旅游资源保护工作的重要保障。要有效保护旅游资源，就必须在遵守国家有关法律条文的前提下，建立合理可行的法律法规，真正做到“依法治旅”。同时也要对旅游者、旅游从业人员、旅游地居民进行相关的普法教育，提高人们保护旅游资源的意识，从根本上预防破坏旅游资源行为的发生。

4. 科学管理原则

科学管理是旅游资源保护工作的关键。负责旅游资源保护工作的单位或企业应采取合理的管理方式，制定科学的保护政策，在实现多方利益均衡的前提下真正落实各项保护措施和手段，同时，还要强化对环境影响评价、环境监测与环境审计的制度化管理，应尽可能地避免一切破坏旅游资源的现象出现。

5. 系统保护原则

系统保护原则是科学实施旅游资源保护的重要思想。受资源多样性和特殊性的影响，旅游资源保护工作是一项复杂的系统工程，不同类型旅游资源的保护需要不同的专业知识，如历史遗迹、园林、民俗、节日等。同时，旅游资源的保护涉及多方利益，需要平衡资源所有者、资源经营者、旅游者、当地社区居民等相关利益团体的利益。因此，开展旅游资源保护工作应基于系统的角度制定全面、周全的保护计划。

四、旅游资源保护的手段

旅游资源是一个国家或地区发展旅游业的“生命线”，旅游业要想持续、快速、健康发展，就必须采取各种手段来保护旅游资源。

1. 旅游资源保护的法律手段

旅游资源保护的法律手段就是通过制定各种涉及旅游资源与环境保护的法律、法规，来约束旅游开发者、旅游经营者和旅游者的行为，以达到对旅游资源进行保护的目的。法律保护手段具有权威性和强制性，是最为有力的保护措施。目前，我国并没有专门的旅游资源保护法，与旅游资源保护有关的法律法规，主要散见于环境与资源单行要素保护法律及行政法规、部门规章中，缺乏系统性和整体性。

2. 旅游资源保护的经济手段

旅游资源保护的经济手段就是国家或主管部门运用税收等经济杠杆，调整各方面的经济利益关系，把企业的局部利益同社会的整体利益有机结合起来，制止损害旅游资源的活动，奖励保护旅游资源的活动。

（1）税收。税收是国家为满足社会公共需要，依据其社会管理职能，按照法律规定，取得财政收入的一种方式，具有强制性、无偿性、固定性的特点。通过税收手段，一方面可以为旅游资源的保护提供有保障的资金，另一方面可以通过减免或增加有关部门或企业的税收，限制或禁止某些对旅游资源和环境造成污染或破坏的建设项目，鼓励和支持那些有利于旅游资源保护的建设项目。

（2）生态补偿费。生态补偿费是开发建设活动利用生态环境、使生态环境质量降低而应缴纳的一种补偿费，是对生态环境质量降低造成的间接经济损失的一种补偿。征收的生态补偿费能够为生态环境修复提供资金。

（3）排污费。排污费是按照国家法律、法规和相关标准，强制排污单位对其已经或仍在继续发生的环境污染损失或危害承担的经济责任，由环境保护行政主管部门代表国家，依法向排放污染物的单位强制收取的费用。对旅游区内的相关企业进行排污收费，可以对防止环境污染，改善环境质量，节约和综合利用能源、资源起到重要作用。

（4）财政补贴。财政补贴是一个重要的环境保护的经济手段。是指政府对旅游业经营单位和个人治理环境污染和其他保护旅游资源及环境的活动和行为给予的资金补贴。通常情况下，这种补贴分为直接补贴和间接补贴。

（5）保证金及押金。保证金是指从事某项活动前向主管部门或有关单位按一定的比例缴纳一定数额的款项，如果按要求完成，则该款项退还缴费单位，否则，予以没收。押金与保证金性质类似，押金是指对可能造成污染的产品加收一项款项，当把这些潜在的污染物送回收集系统避免了污染时，即退还该款项。押金制是一种保护环境资源和实现可持续发展的可操作性很强的经济措施。目前，尼泊尔、巴基斯坦等国在登山旅游中使用了对游人收取押金以促进其回收垃圾的措施。

(6) 利益留成。利益留成是我国环境管理中最常用的鼓励措施之一。是指企业为防治污染、开展综合利用所产生的产品五年内不上缴利润，将该款项留给企业继续治理污染，开展综合利用，开发清洁生产工艺等。

3. 旅游资源保护的行政手段

发展旅游业，如果管理得当，会促进旅游资源保护的进展；如果管理不善，会给环境带来灾难性后果，最终导致旅游业赖以生存和发展的基础被破坏。各级地方政府对旅游资源的行政管理，对发展旅游业和保护旅游资源有着不可替代的作用。

(1) 旅游资源普查。旅游资源普查是旅游资源行政管理的主要手段之一，也是发展旅游业的一项基础性工作。通过旅游资源普查，全面掌握旅游资源状况，拓展旅游资源的范围，对旅游资源做出科学评价，有利于对旅游资源进行合理的保护和开发。地方行政管理部门需要依据国家有关标准开展旅游资源的普查工作，建立旅游资源数据库。旅游资源普查工作涉及内容十分广泛，往往与国土资源、林业、文化、水利、环保等部门发生联系，需要这些部门积极为资源普查提供相关的数据资料和技术支持。

(2) 制定旅游发展规划。旅游规划是旅游资源保护与管理的重要行政手段，其在资源与环境保护方面的内容，主要包括对旅游资源环境现状的评价分析，确定旅游资源开发与环境保护的最终目标和阶段目标，制定达到资源环境保护目标所采取的若干相应措施，确定旅游资源环境保护规划的实施保障等。文化和旅游部负责组织编制全国旅游发展规划，跨省级区域旅游发展规划和国家确定的重点旅游线路、旅游区的发展规划，地方文化和旅游局负责组织编制本行政区域的旅游发展规划。

(3) 旅游资源的日常管理和维护。加强旅游资源的保护，在日常管理中需要制定一套适合当地特点的保护管理措施，真正把旅游资源的保护落到实处。针对旅游景区游客数量过多的情况，需要根据景区环境容量确定每日可以接待的旅游者人数；针对露天旅游资源的自然风化问题，可以在一定范围内改变环境条件使风化过程减缓；针对因自然灾害损坏的景区，应视具体情况采取适宜的补救措施。

4. 旅游资源保护的技术手段

旅游资源保护的技术手段是指运用各种科学技术手段进行旅游资源环境的管理,这些技术手段包括数学手段、物理手段、生物手段、其他技术手段等。

(1) 数学手段。数学手段是指运用数学中的公式、模型、图表等形式来表示旅游资源环境被污染、破坏的程度以及旅游环境演变规律与趋势等,为旅游资源环境管理提供科学、精确的依据。如通过数据、图表,精确、真实地反映旅游资源环境被污染、破坏的情况;用公式、模型来计算、预测旅游景区的容量或承载力,对旅游环境的综合效益等进行分析和预测。根据数学计算、预测的结果,有针对性地制定旅游资源环境保护与管理的政策与措施。

(2) 物理手段。物理手段是指通过某些设施、设备的物理作用,达到处理污染物和保护旅游环境的目的。物理手段多用于自然环境的保护,如污水、废气、噪声、垃圾、恶臭和粪便的处理。

(3) 生物手段。生物手段是指通过利用植物、动物、微生物本身特有的功能,监测、防治资源退化及环境污染和破坏,从而修复资源,达到美化、净化、绿化旅游环境的目的。如绿色植物不仅能调节气候、保持水土,而且能净化空气和污水、降低噪声、吸烟滞尘、吸收土壤污染物,对旅游资源的恢复保养和旅游环境的保护起着重要作用;微生物在废水、污水的净化、处理中具有不可替代的作用。

(4) 其他技术手段。其他技术手段主要有空间技术(卫星与遥感技术、北斗定位系统技术)、地理信息系统技术、激光技术、计算机技术、医学技术等,这些新兴技术手段已经广泛地运用到旅游资源环境管理中,发挥了重要的作用。现在人们可以用医学手段控制珍稀动植物的繁殖、生长、优生等,以保证珍稀物种的繁衍。

5. 旅游资源保护的教育手段

旅游资源保护的教育手段是指通过各种形式的宣传教育,提高人们自觉保护旅游资源的意识。首先,通过各种宣传手段和教育方法,对旅游开发者、旅游经营者、旅游者、当地社区居民进行资源环境教育,特别是资源开发与环境保护技术的教育;其次,还要加强对青少年的环境教育、生态知识普及。在全社会形成旅游道德、环境保护意识。

第二节　旅游资源保护与可持续利用

一、旅游资源保护与开发利用的关系

（一）旅游资源保护与开发利用的关系表现

旅游资源的开发和保护是环境保护与可持续发展在旅游业中的集中体现，也是旅游与环境关系的必要前提。开发和保护的关系贯穿于旅游业的整个发展过程中，并随着旅游业的蓬勃发展而日益显出其重要性。两者之间互相联系又互相矛盾，是辩证的矛盾统一体，并在辩证联系中共同改善旅游资源与环境的关系，推动旅游业的可持续发展。

1. 开发是保护的必要体现

旅游资源开发是旅游业发展的先导，是旅游资源价值的充分体现，一般情况下，合理的旅游资源开发，或对资源加以整修以延长其生命周期，或对资源环境进行改善增加其可进入性，或对历史遗迹进行发掘修复，或对人文旅游资源如民俗进行资料搜集和整理，可以使其旅游价值重现光芒。同时，资源开发促进旅游发展带来的旅游收益的一部分可以通过各种形式返回资源地，用于资源环境的改造、基础设施的建设与完善。从这个意义上，开发意味着保护。

2. 保护是开发的前提

旅游资源是旅游者进行旅游活动的基础和前提，一旦破坏殆尽，旅游业将失去依存的条件，也就无开发可言了。因此，保护是开发的前提，保护归根到底是为了更好地开发。目前，我国很多地区受经济利益的驱使，存在过度开发旅游资源的现象，其后果是造成了旅游资源及其依存的环境受到了严重的破坏，不利于旅游业的可持续发展，因此，当前我国旅游发展的迫切任务是保护旅游资源。

3. 过量的保护会阻碍开发

因开发可能会造成旅游资源破坏，为“防患于未然”，易导致片面强调保护，从而妨碍了对旅游资源的开发。过度地保护而没有对旅游资源进行开发，就不能体现出旅游资源本身所具有的价值，旅游业也就得不到发展。

（二）正确处理旅游资源保护与开发的主次关系

首先，在旅游发展的起步阶段，应以开发为主，开发要一步到位。传统的“以旅游养旅游”观念有值得商榷的地方。旅游地（旅游产品）有其起步、发展、成熟、衰落的发展过程。这样按传统的“以旅游养旅游”观点，前一期开发回收投资再进行新一轮开发投资后，已开发的旅游产品（旅游地）已经呈现出“老态”，资源也已受到不同程度的破坏；新的投资开发也还只停留在局部，未能形成“大气候”。深圳特区的锦绣中华、民俗文化村、世界之窗为我们提供了“一步到位”的成功典范。

其次，当开发条件不具备或不充分时，应主要突出旅游资源的保护。在技术、资金条件不成熟或尚未规划之前，切忌对旅游资源盲目、无序、掠夺式开发，这是由旅游资源的不可再生性特点决定的。保护好旅游资源是可持续发展的重要保证。

二、旅游资源保护与可持续利用的途径

1. 建立健全旅游管理体制

旅游资源的开发是一个复杂的系统工程，它涉及一个地区的经济、社会、资源和环境等多方面的因素，需要各方面人士的广泛关注和参与合作。旅游管理要“坚持严格保护、统一管理、合理开发、永续利用”的原则，实行政府主导与市场导向相结合，有计划地进行。管理手段应包括教育手段、行政手段、法律手段、经济手段、社会舆论、公众参与决策等，促进政府、企业、保护管理机构、科研单位、投资方之间的协作。政府要建立一系列旅游区建设法规，使旅游区的开发纳入规范化、制度化的管理轨道，约束开发中的不良行为，将旅游活动对旅游资源及生态环境的破坏尽可能降低到最低限度。在旅游区要执行“区内旅游、区外吃住”的功能分区的管理办法。区内区外分工协作、相得益彰，从而获得旅游资源所在地的巨大经济、环境和社会效益。

2. 树立旅游资源保护的法治观念

旅游资源保护需要有专门的法律为其提供法律依据。法律法规不健全必然导致旅游资源管理的不合理。自从 1972 年世界上出现第一座国家公园——美国黄石国家公园以来，全球有 120 多个国家先后建立了 2 600 多个国家公园，并且都有国家公园法。如加拿大《国家公园法》规定“不允许在一个国家公园内对自然资源进行商业性的勘探、开采或开发”“商业服务和设施，如旅馆、商店和服务站以及公园管理楼等，凡有可能均应设在国家公园的邻近地域”。美国国家公园体系立法全面，受到许多法律的约束，且管理立法层次较高。不仅有针对国家

公园体系整体的立法，还有分别针对各个国家公园的保护和管理的立法，例如《保护野生动植物迁徙公约》《生物多样性公约》《国际植物保护公约》等。当前我国要禁止和限制在旅游资源所在景区进行的商业性、破坏性开发，必须改变旅游资源保护性立法滞后于开发性产业的立法的状况，建立对旅游资源保护的法规，相应的地方法规和技术规范也要加快出台，证书管理也须加强。只有从健全立法和严格执法入手，才能加强法治力度，达到依法有效保护旅游资源的目的。

3. 加强宣传教育，提高旅游主体保护资源与环境的自觉性

旅游主体是指旅游者、旅游从业人员和当地居民，这三者是否具有保护资源与环境的意识，能否遵守旅游可持续发展的准则，是旅游能否持续、健康发展的关键，所以必须对他们进行资源、环境保护宣传教育，使之树立意识承担起各自责任。

旅游业主管部门的宣传教育可利用以下途径：

（1）充分利用报纸、广播、电视、科教片、布告、标语、图画、抖音、微信短视频、小红书等宣传媒介和平台，对旅游目的地居民、游客进行资源与环境保护的宣传教育，提高居民和游客自觉保护资源与环境的意识。

（2）通过岗前培训、讲座研讨等手段，帮助旅游从业人员了解和掌握旅游可持续发展的思想，熟悉当地旅游可持续发展规划的内容和执行情况。加强导游培训，培养他们对于旅游区资源与环境保护的宣传意识，引导游客消费活动内容和消费行为合理化和生态化。

（3）通过在旅游区内设立景区导游解说指示牌，强化对游客进行资源、环境保护意识的灌输和美学常识的启蒙，使之遵守旅游环境保护有关规定，自觉增强旅游可持续发展的观念。

4. 合理确定旅游区环境容量，适度控制旅游规模

众所周知，旅游区的生态平衡主要取决于人类对旅游区环境和资源影响的方式和强度，以及大自然对这种影响的消除能力。当游客数量超载，旅游污染靠自然力本身不能恢复时，就会造成环境质量下降，生态平衡失调。因此，为了旅游可持续发展，必须加强对旅游区环境容量的研究。旅游主管部门要充分认识到旅游饱和与超载会对旅游区产生的影响和其后果的严重性。在旅游旺季，可采取以下措施对旅游容量加以控制：①分散景点，分散游客；②对于景观优美，但生态系统较为脆弱的景点、景区，采用限额售票或提高门票价格，减少游览人数；③划定范围，实行临时封闭；④选择若干同类区域轮流开放，间歇式开发。

5. 正确处理"旅游资源-旅游业-地方经济"的关系

旅游资源纵然与旅游业密切相关，但它与旅游业本身并无共同之处，它的审美、文化、科学价值不是产品，它既非资金、工具设备和劳动力所能生产，也不能

出售一山一水、一草一木。自然生成的旅游资源，包括地貌、气候、水体、植被等都是人类无法创造出来的。珍贵的人文景观，是前人活动留下的遗迹。这些自然和人文旅游资源只要存在，就会向我们提供审美、文化、科学价值以及各种生态效益。我们必须做的就是保护这些旅游资源不受破坏，不改变它们的形象，从而永远保存它们的固有价值。旅游业的发展，需要适度开发旅游资源，合理利用业已存在的交通、食宿条件等为游客服务，只有做到这样，旅游业才会兴旺发达，旅游业的兴旺发达反过来又会促进交通、食宿、零售等行业的发展。可以说，有旅游资源，才有旅游活动，有旅游活动，才能带动与其相关的地方产业的发展，才能增加地方经济收入。旅游资源是源，旅游产业、地方经济是流，旅游资源与旅游产业、地方经济是源与流的关系。只有正本清源，保护好源，流才能经久不息。古今中外的实践表明，只有保存好自然、人文旅游资源的真实性和完整性，保护好旅游资源所处的空间环境，才能体现出它的科学和历史文化价值，才能源源不断地吸引旅游者，从而带动相关产业的发展，促进旅游区经济发展。

6. 实施科技兴旅战略，不断加大科技投入

现代科技是科学保护和开发旅游资源，实现旅游资源可持续利用的重要基础。将现代科学技术运用到旅游业之中，对于延展旅游资源的开发、弥补资源结构缺陷、提高资源品位、创新旅游资源、扩大环境容量以及旅游资源的保护，都具有极其重要的作用，因此，要想做好旅游资源保护和可持续利用，旅游目的地必须实施科技兴旅战略，不断加大对旅游资源保护和可持续利用的科技投入。

课后思考

1. 简述旅游资源遭受破坏的原因。
2. 简述旅游资源保护的手段。
3. 简述旅游资源保护与开发利用的关系。
4. 阐述旅游资源保护与可持续利用的途径。

课题研讨

研讨主题：如何做到文明旅游？

案例分析：

日益受到破坏的生命禁区——喜马拉雅山

喜马拉雅山是世界上最高大最雄伟的山脉，被称之为“生命禁区”。它耸立

在青藏高原南缘，分布在中国和巴基斯坦、印度、尼泊尔和不丹等国境内，其主要部分在中国和尼泊尔交接处。西起青藏高原西北部的南迦帕尔巴特峰，东至雅鲁藏布江急转弯处的南迦巴瓦峰，全长 2 450 千米，宽 200～350 千米。喜马拉雅山地区雪峰连绵，冰川四溢，是冰川发育的中心，共有现代冰川 17 000 多条。这里的冰川面积广阔，种类繁多，尤其是在中段地区，有世界上最壮观的冰塔林，堪称世界奇观。

珠穆朗玛峰是喜马拉雅山的主峰，海拔高度为 8 848.86 米，是世界海拔最高的山峰。珠穆朗玛峰有着无穷魔力，每年吸引着数千名攀登爱好者来到这里。30 年前，这里没有食物垃圾和塑料垃圾，如今，“在去珠峰营地的沿途村落里，这些垃圾随处可见”。食物垃圾和塑料垃圾对当地的生态环境已经产生了污染。此外，受全球气候变暖的影响，喜马拉雅山的冰川面积不断减少，据科学家测算，自 2000 年以来，喜马拉雅山的冰川厚度平均每年减少 0.46 米。

资料来源：根据喜马拉雅山相关网络资源整理。

结合材料及所学内容，分析解决以下问题：

(1) 喜马拉雅山是如何形成的？简述其旅游价值。

(2) 喜马拉雅山旅游资源受到破坏的原因是什么？如何保护与利用？

参考文献

[1] 肖星，王景波. 旅游资源学[M]. 天津：南开大学出版社，2013：272-299.

[2] 谢泽明. 旅游资源学[M]. 北京：机械工业出版社，2022：122-125.

[3] 王伟. 旅游资源学[M]. 武汉：华中科技大学出版社，2023：203-213.

[4] 杨阿莉. 旅游资源学[M]. 北京：北京大学出版社，2020：280-306.

[5] 夏红芳. 浅谈旅游资源的破坏与保护[J]. 科技信息(学术研究)，2006(7)：42.

[6] 陈琴，张述林，胡科翔. 旅游资源可持续利用研究框架透析[J]. 生态经济(学术版)，2011(2)：193-197.

[7] 李红. 我国旅游资源的可持续利用[J]. 中国市场，2006(18)：68-69.

[8] 杨秋浪，熊腾. 恩施州旅游资源可持续开发利用与保护[J]. 商场现代化，2015(2)：160-161.

[9] 田至美. 论小流域旅游资源的可持续利用途径[J]. 生态经济(学术版)，2008(1)：342-346.